許倬雲

一九三〇年生,江蘇無錫人。著名歷史學家,匹茲堡大學歷史系榮休講座教授,臺灣「中研院」院士。

一九六二年獲芝加哥大學博士學位。先後執教於臺灣大學、匹茲堡大學,受聘為香港中文大學、夏威夷大學、杜克大學、香港科技大學、南京大學講座教授。

一九八六年當選美國人文學社榮譽會士,二〇〇四年獲美國亞洲學會傑出貢獻獎,二〇二〇年獲「全球華人國學大典終身成就獎」,二〇二三年獲「影響世界華人終身成就大獎」。

學術代表作有《西周史》《漢代農業》《求古編》等;另有大眾史學著作《萬古江河》《說中國》《中國文化的精神》等數十種行世,行銷百萬冊。

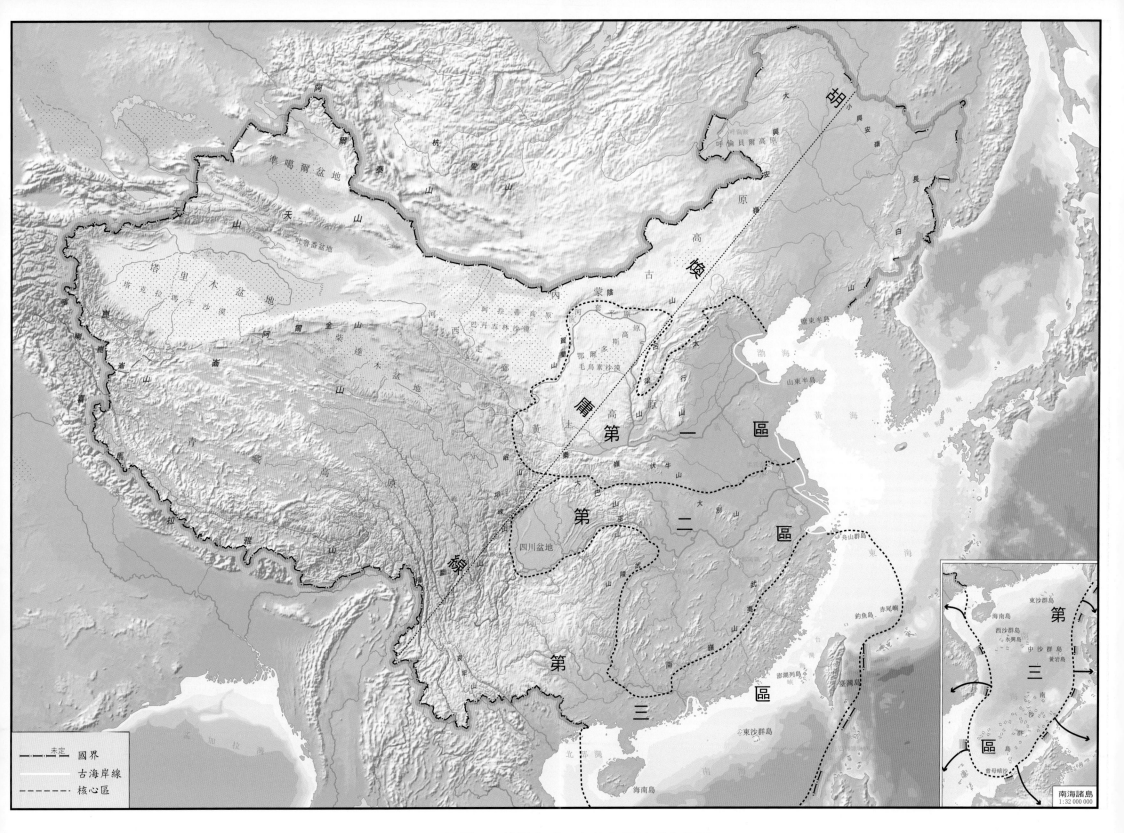

地圖 1　華夏文明三大核心區地理分佈圖

經緯華夏

（繁體增訂版）

許倬雲　著

責任編輯　林　冕
書籍設計　道　轍
書籍排版　楊　錄

書　　名　經緯華夏（繁體增訂版）
著　　者　許倬雲
文稿整理　馮俊文
出　　版　三聯書店（香港）有限公司
　　　　　香港北角英皇道 499 號北角工業大廈 20 樓
　　　　　Joint Publishing (H.K.) Co., Ltd.
　　　　　20/F., North Point Industrial Building,
　　　　　499 King's Road, North Point, Hong Kong
香港發行　香港聯合書刊物流有限公司
　　　　　香港新界荃灣德士古道 220-248 號 16 樓
印　　刷　美雅印刷製本有限公司
　　　　　香港九龍觀塘榮業街 6 號 4 樓 A 室
版　　次　2024 年 7 月香港第 1 版第 1 次印刷
規　　格　16 開（167mm × 234 mm）310 面
國際書號　ISBN 978-962-04-5394-6

目錄

經緯華夏，尋根明志

一

　　許倬雲先生在耄耋之年推出新著《經緯華夏》，無論對於學界還是公眾，都是一大幸事。

　　在兵荒馬亂的歲月中寫出《國史大綱》的錢穆先生，據說曾要求獨立擔綱北大中國通史課的講授，意在一個「通」字，所求者乃太史公「究天人之際，通古今之變」的執著與大氣。許倬雲先生這部大作同樣如此，處處都能讓人真切感受到他呈現完整系統的中國史的使命感，這正是陳寅恪先生所謂「為此文化所化之人」，中西兼通，窗裏窗外，我者他者──正因如此，先生方能看得更透徹、更明白。

　　先生在《餘白》中明言，此書本打算作為《萬古江河》的續編，最終卻「走了完全不同的路線」，而「如此改變，是順著自己的思考路線發展，順其自然」──愚以為，這個「順其自然」的思考路向，就是導言中所謂「中國文化格局的世界性」。如果說《萬古江河》還「大多是中國文化圈內部的演變」，那

麼《經緯華夏》則是要「從世界看中國，再從中國看世界」了。

讀此書，感覺最為認同、最惺惺相惜之處，當屬許先生以地理、地緣和人地關係作為基礎，緩緩為我們展開的這幅華夏畫卷。許先生胸懷華夏、放眼東亞，他儼然是位將軍，又像是位寫意書畫家，睥睨天下，揮灑自如。他將中國地理與文化大勢比喻為圍棋裏的一條「大龍」，其所壓之處，處處是活眼，內部彼此影響又互相仰仗，而這條盤踞著華夏棋局的巨龍，最終又在東亞乃至世界棋盤上大放光彩。如此一覽眾山小的豪放之氣，正是「經緯華夏」此一書名的應有之義。

觀史如觀畫，都需要遠近長短的距離感，微觀看細部，宏觀看格局。觀畫的距離感在於空間，觀史的距離感則涵蓋了時間和空間兩個維度。全球史的概念及全球通史類作品的出現，至多是半個多世紀前的事，此前的任何史著，可以說都是區域視野的區域史。從全球文明史的視角看區域文明，處處有比較文明史理念下的觀照，是這幾十年以來才有的史學新氣象。言之知易，行之何難！在此類書籍之中，許先生的作品無疑是針對當前這個大時代的思考結晶，堪稱典範。

二

許先生在述及這本書與《萬古江河》的不同時，特意強調「因應著考古材料的眾多，有一半以上的論述是有關考古成果的啟示」，這構成了此書的一大特色。前七章的論述，主要建立在對考古材料分析梳理的基礎上。先生大量引用層出不窮的考古材料，涵蓋學界最新的發現與認識，致力於「將似乎有個別特色的許多遺址，組織為古史的代表；從這種序列，也可以看到時間維度上某一個文化系統本身的演變」，進而「將中國歷史歸納為時間之序列、空間之擴散，從而理解人類的移動軌跡，以及族群之間、國別之間互動的形態。……將大面積、長時段、以其特徵為代表的大文化群——即這些個別的、有特色

的群體──放在一區一區，也就等於以大型結構體的組合，敘述歷史上長時段推演的故事」。

囿於專攻學科和自身學力的局限，我對先生的貫通性研究不敢過多置喙，但仍想藉此機會與讀者分享一些自己的理解與感受。

中國學術界關於中國文明起源認知的最大公約數，是多元一體理論。這一理論框架來源於社會學範疇的多元一體格局，指的是一種橫向的當代民族觀。而考古學上的多元一體理論，指的是華夏族群縱向的演化趨向──從多元化到一體化。所謂「最大公約數」，指的是在這一問題上，認可度最高，爭議最少。書中明確提出的三個「核心區」的概念，就是對上述多元一體理論框架的深入闡發。第一區在黃河流域，從關隴直到渤海，應即黃土高原與黃土平原及左近地區，此區一向被視為中國古代文明的「中原」；第二區是長江流域，從長江上游直至「吳頭楚尾」的長江口和太湖一帶；第三區則是從南嶺、武夷山以南的沿海長帶地區，順著西江延伸到中國西南部雲貴地區。許倬雲先生對第三區予以充分的強調，頗具深意，這是環太平洋文化圈的一個重要組成部分，同時也是此後近古乃至現代中國融入世界的重要窗口。先生進一步指出，「傳統考古學所認定的『中原地區』，從西到東，其實都與草原文化有脱不開的關係」，「中華文明並非由某個單獨的中心形成、進化，然後傳播到其他地區。我所列舉的三個核心區，都有各自發展的條件以及發展的過程；最後，它們在文化上終於構成一個龐大的群體。上述幾個核心區的貢獻，最終都融合在這一整體之內」。

關於中國文化不斷開展的歷程，許先生早先曾借用梁啟超《中國史敍論》所述觀念，將中國文化圈當作不斷擴張的過程，由中原的中國，擴大為中國的中國、東亞的中國、亞洲的中國，以至世界的中國。循著眾多前輩的學術志向和探索業績深入探究，就我一個考古人的視角而言，如果仍然借用梁啟超和許倬雲先生的觀念，從全球文明史的角度看中國：「中國的中國」應大致相當於玉帛古國的良渚、大汶口──海岱龍山和仰韶──中原龍山等新石器時代文化所處的距今五千年至四千年前的那個時代，那是一個限於東亞大陸的鬆散的史前

中國互動圈漸趨形成的階段;「歐亞的中國」相當於以二里頭為先導的中原青銅文明（夏、商、周三代王朝）被納入歐亞青銅文化的「世界體系」，經秦漢而至隋唐，東亞大陸的國家群與亞歐大陸西部和中部不斷溝通互動的時代，這也是以中原為中心的時代;「世界的中國」則大致相當於由宋至清的近古帝國時期，逐漸面向海洋，都邑由中原東移，南北變動，步入擁抱世界的新紀元。

因了考古學的興起，我們可以把眼界進一步放開，從而有了更宏闊的視域。《世界體系》一書曾提出「五百年還是五千年？」這樣的問題，在我們看來，「世界體系」最初形成的契機，當然是五千年前席捲整個亞歐大陸、距今三千七百年前後進入東亞並催生了中原王朝文明的青銅大潮，而非五百年前的「大航海」貿易。如此而言，先生以考古學為基石的論述，當屬從這一宏觀視野對華夏文明乃至全球文明史的考察。

關於中國信史時代的展開，許倬雲先生強調自從西周以後，中國內、外之間的區別，乃是一個多重結構的共同體的內和外;不是單純的華夏和夷狄，而是「網內」與「網外」多層次的我者與他者。他指出，「游牧與農耕並存的形態，成為東亞農耕國家與游牧群體之間對立而並存的常態」，而「在世界歷史上，游牧民族征服中原政權或者被中原政權往西邊推，於是東方的變動形成一股壓力往西方傳導，建構了中東和西歐的歷史」。這種高屋建瓴的大氣，為我們勾勒了一幅牽一髮而動全身的中國與外部世界的「系絡圖」。自然，此間也不乏對古代中國由複雜的文化共同體融合而成的天下格局，以及歐洲民族國家之間分化擾攘態勢的比較分析。至於先生對古代中國文化格局和思想系統的闡述，更是汪洋恣意，金句迭出。凡此種種，讀者自可徜徉其間，盡享思辨之美。

三

就史家而言，先生不是事不關己的旁觀者，他曾在戰亂時被捲入，深懷流離失所之痛;也曾親身參與社會改革，希冀能對故土更好的發展有所助益。他

既是冷峻的觀察研究者，又是抱持熱望的踐行者。他是嚴肅的，又是熱忱的，他的文字融入了情感，但又質樸自然。他說自己提出的解釋，不見於任何教科書之中，如果不用心在史料上，是看不出來的。也正因此，他對自己抗戰時親身經歷的敘述，對知識群體如何影響中國歷史發展方向的分析，對湖湘經世集團及其後繼者作用的強調等，都構成該書區別於一般中國通史的鮮明特色和獨到難得之處。從這個意義上講，這又是一部融學術、思想、家世、情感於一體的史學佳作。

許先生在臺灣大學求學期間，受教於中國第一代「海歸」，如李濟之先生、沈剛伯先生、李宗侗先生及其他文獻史學、考古學界的碩學大儒，這奠定了他扎實的學術基礎。此後先生兼跨中西學術圈，學術取向上致力於打通今古，故對中國大陸的考古發現與研究極為重視，與同輩的張忠培教授等相交甚篤，切磋合作，得以遍訪大陸重要遺址和發掘現場、共同組織學術活動。而張忠培先生又是中國第一代考古大家蘇秉琦先生的受業弟子。在許先生這部著作的背後，我們可以窺見海峽兩岸數代學人由分到合，共同探求華夏文明起源及其演變過程，殊途而同歸的學史軌蹟。在本書中，許先生的思源感恩之情躍然紙上。雖經百年巨變，但學人尋蹤古代中國歷程的家國情懷與執著追求，仍讓人感懷動心。

先生對包括史前時代在內的中國古代史的悉心梳理勾勒，處處顯現出意在通過對中國初生脈絡和文化緣起的深究，進而發掘其內涵底蘊的拳拳念想：「中國文化是以大宇宙來定義一個人間，再以人間孕育下面各個層次的空間：國、族、親戚、鄉里、朋友。這一級一級由個人而至天下的網絡結構，每一級之間，都是彼此關聯、前後相續的秩序，中間不能切斷，更非對立……既然這一文化圈的特點，是一個大宇宙涵蓋其上，一個全世界承載於下，居於二者之中的我們，究竟該如何找到安身立命之所？這才是我撰寫這本書的命意。」

掩卷之餘，這位世紀老人的諄諄教誨言猶在耳：「每個個人的抱負，應當是『修己以安人』。『安人』的過程，從近到遠，逐步擴大，最後達到『安百姓』，也就是安頓所有的人類。」這些悲憫的哲思，令人感佩不已。這是一

種大徹大悟後的平和與深刻。先生所描繪的華夏文明，不只屬中國，更屬全人類。

　　許先生在全書的最後，談到對未來中國的希望，先坦言前人在「賽先生」「德先生」和「進化論」等認知上的誤區，又給出了自己的殷殷囑託，希望大同世界的夢想早日在中國落實。我在閱讀《許倬雲說美國》一書時談及：許先生一直是一位前瞻者，他從前現代走來，身處現代文明的漩渦，窺見了許多後現代的問題。這位世紀老人的警世恆言，處處散發著思想的輝光和對人類文明的終極關懷。讀完這本《經緯華夏》，我不得不又一次由衷地感嘆：許倬雲，常讀常新。

2023 年 2 月於京西門頭溝

　　這本《經緯華夏》，終於可以放在各位面前，供各位閱讀了。在此，我要
說明自己撰寫本書時的感想。

　　我想，本書是中國文化史中較為特別的一個文本：因為我在前半段，是將
考古學與中國地理分區合在一起，討論中國地理演變的過程。過去的歷史著
作，通常只將地理狀態視作舞臺。本書之中，地理卻是參與變化的基本「函
數」。歷史的變化是動態的，放在這一似乎是靜態的格局之上。然而，我卻將
這一特殊函數，與歷史本身的變化（另一函數）編織為一。

　　由此，我找到了中國文化發展過程中一個重要特色：在全世界人類文化發
展的地區中，中國竟是最為完整的一片土地；在此疆域之內，不同族群頻繁進
出，交匯時不斷摩擦與融合。於是，中國文化經歷多次調整與磨合之後，呈現
其鮮明的包容特色，而這一特色在相當程度上表現為「調和」。

　　如此特色，在世界其他文化形成過程中，甚為罕見──很少有地理上如
此完整的一片空間，作為族群融合的場所。於是，從本書陳述的時間看，中
國文化跨度近萬年，少說也有六千年。在整個人類文化史上，這一個例極為

獨特。

這一文化在走向全球化的過程中，經歷近四百年的遭逢與碰撞。遭逢的對象，是地理環境割裂的歐洲，一個族群移動頻繁、以戰鬥征服作為融合契機的群體。此外，在中世紀也有些從東方遷入歐洲的族群，擺脫了天主教會的約束，大多數族群改組為民族國家。

隨後的時代，出現很重要的轉變。一則，當年戰鬥部落的戰士，往往共同推舉領導戰鬥的首領；同時，這些戰士，在部落中都是具有獨立身份的個人——就集體而言，他們乃是部落真正的主人。當古代城邦出現時，希臘城邦就以這種模式，將戰鬥部落轉變為民族體制。城邦的公民，也就是當初的戰士，是城邦的自由人；他們經過選舉，推舉出共同領袖；出征的部隊得勝歸來，通過共同會議，決定如何分配戰利品。在 17 世紀出現的民族國家中，有一些遵循上述背景，轉變為民主體制，由公民共同決定國家事務與選舉國家領導人。這一轉變，在人類歷史上確定了民主與自由的價值。

另一方面，至少在 18 世紀以後，歐洲擺脫了教廷在思想上的約束，不再停滯於「一切歸諸上帝」。於是，在文藝復興和理性的時代，他們開始思考天地如何形成，宇宙萬物如何運轉，人與人之間如何相處，這就出現了人類歷史上科學與理性兩大基本價值。

西方文明自身的發展，總時長不超過兩千年，這一群體行動力強，融合力弱。在上述變化以後，歐洲人才具有自身的「動能」。於是，他們通過海上活動掠奪了非洲和美洲的資源、勞力以及土地，迅速開展為支配世界的力量。近五百年來，這一強大「戰鬥群」，對中國這一巨大「文化群」形成嚴重挑戰。長期以來，中國「文化群」對於這一挑戰，有窮於應付之窘態，近百年來才知如何應對。

世界的運轉不會停止，人類社會的變化也不會中斷。中國式的群體，長期停留在宇宙和諧秩序下，以「宗法、市集、國家」為組織函數。這一由宗族、社區形成的群體，其中的個人與群體之間，是相對的有取、有予，有支持、有分享——如此原則，可以導致群體一致行動的強大動能；而且群體之內，因

為取予相當，也會以穩定為其常態。如此原則，與上述歐美文化已經出現的個人權利和理性的原則，二者之間如何共存，如何融合，將是人類能否在此地球上和平共存，創造人類共享福祉的世界文明之關鍵。

　　如果根據歐洲當年部落群的背景言之，他們是移動的群體，沒有固定的農業可以維生，必須經歷依賴草原上的牧草，養育牲口以維生計的階段。在部落群進入歐洲時，歐洲已有的當地居民分散各處。從考古資料看，距今一萬年到四五千年間，這些古老的族群分別據守林地與草地，以採集與比較初級的農牧業維生。歐洲破碎的地形，無法容納大量人口，發展出以農業為主體的中國式生態。原有居民與新來的部落群，即使更往西進，到大西洋邊便無路可走。因此，其經濟模式無法轉變成佔地面積龐大的農業經濟，他們必須四處掠奪，也掠奪鄰近的中東、非洲。當民族國家形成後，臨海國家經由海路掠奪其他地區的資源，或經由商業交換取得利潤，甚至於侵略土地、奴役人口；這就是海上貿易的雛形。在此雛形之上，終於出現了製造和交換產業，也就是資本主義經濟的前身。如此生態，孕育了資本主義海上活動具有的侵略性和掠奪性，同時帶來了民主與自由。佔有亞洲大陸東方大片面積的中國，形成穩定的農業文化，並在此基礎上發展出各級都市的交換，建構了城鄉之間的交流、循環。於是，中國式的國家與經濟秩序，是穩定與合作，再經由合作分配於社會群體內的其他人員。相對於歐洲在 18 世紀以後呈現的形態——取之於人，以肥自己；人人都有爭奪的權利，於是「人自為戰」，不求合作——兩者確實是鑿枘不投。這也說明，為何在明清時期，西方人叩關求入而中國不應，終於在鴉片戰爭時，以兵艦和大炮砸開中國的大門。到最近的 20 世紀，中國也採取了西方模式，試圖以子之矛，攻子之盾。

　　以我自己的感覺，假如以物理學上描述的粒子與群體之間的狀態而言——個別單位內部的靜態，依賴於其內部粒子「能」的交換，取得整體的動態平衡；而各層次的群體，共同維持動態穩定——如此狀態，可能恰好涵蓋了東西方的特色。西方求動而不得定，東方求穩而不願動，雙方又不能理解對方的理由與慣例造成的行為模式——這就是目前我們面臨的困局。

因此，我在這裏祈求：各位讀者，請不要僅僅將這本書視為「教科書」。我在書中提出的課題，乃是希望各位藉此機會思考：人類該如何避免互相傷害，而走向互利共存？

　　言及於此，心情十分沉重。借用王陽明心學的「四句訣」其中一句，「無善無惡心之體，有善有惡意之動」，希望我們不再滯留於「無善無惡」的靜止狀態，我們必須要有所裁斷，有所取捨。

　　我們將來面對如此嚴重新局面的態度，應非對抗，而是勸說。

2023 年 3 月 24 日於匹茲堡

中國文化的世界性

一

長江、黃河這兩條中國的生命之流,各自發展出中國文化的一部分。中國文化的整體,當然也應當包括長江、黃河流域以外的地區。我從江河講起,只是想要表達,我的陳述是追溯其源流始末之要者,是在形容各個地區不同的地方性文化如何交纏為一,終於建構出世界上最大的一個文化格局。這一文化格局不是部落性的,也並非民族性的,不僅是國家性的,而且是「普世性」的,我們可以稱之為「天下格局」。「天下格局」這個詞,並沒有「帝國主義」的含義,只是說明中國文化的內涵,乃是以「天下」為關懷,不受國界的限制,以萬民百姓為同胞,設定的即是《論語》所說「安人」「安百姓」——「百姓」指的是許多不同族群,並非任何一族而已。

相對於中國的特色,世界幾個主要的文化體系幾乎都從猶太教的根源衍生而成:天主教、東正教、伊斯蘭教……沒有一家不是擁出一個獨一真神,這個神對某一族類或其信仰者,有「偏愛的佑護」。這一套獨神教的信仰,基

本上是排他的。相對而言，中國文化在形成過程之中，到了周代，以抽象的「天」作為宇宙的全體，天與人乃是相對相成、互相證明。因此，中國文化是以大宇宙來定義一個人間，再以人間孕育下面各個層次的空間：國、族、親戚、鄉里、朋友。這一級一級由個人而至天下的網絡結構，每一級之間，都是彼此關聯、前後相續的秩序——中間不能切斷，更非對立。

我曾把上述想法，寫成《萬古江河》一書，藉此陳述中國文化本身發展的脈絡，及其從若干地區性的文化逐漸融合為一個近乎世界性大國的歷程。那一書名，乃是形容中國歷史存續時間之長久。

《萬古江河》寫完後，我常常感覺這本書所討論的，其實大多是中國文化圈內部的演變。既然這一文化圈的特點，是一個大宇宙涵蓋其上，一個全世界承載於下，居於二者之中的我們，究竟該如何找到安身立命之所？這才是我撰寫這本書的命意。

本書的書名，確定為《經緯華夏》。我也是從許多考古遺址的分佈，以及系列古代文化的延伸與轉折中覺悟：在長程演化之中，中國文化有許多個體的遺址可以排佈為序列。誠如蘇秉琦先生所說：以「區、系、類型」作為線索，將似乎有個別特色的許多遺址，組織為古史的代表；從這種序列，也可以看到時間維度上某一個文化系統本身的演變。我在本書中，將中國歷史歸納為時間之序列、空間之擴散，從而理解人類的移動軌蹟，以及族群之間、國別之間互動的形態。這就是將遍地開花的遺址，組織成有演變、有調節的整體敘事；將大面積、長時段、以其特徵為代表的大文化群——即這些個別的、有特色的群體——放在一區一區，也就等於以大型結構體的組合，敘述歷史上長時段推演的故事。

在撰述本書以前，我對於中國考古時代發展模式的考察，相當程度上是依照傅斯年先生所提出的「夷夏東西」的分野，在中國傳統的中原地區（也就是黃河大平原、關隴以至於渤海灣），陳述其延伸和擴展過程。最近，孫岩的新著《普天之下的多元世界：西周北疆的物質文化、認同和權力》（*Many Worlds Under One Heaven: Material Culture, Identity, and Power in the Northern Frontiers of the Western*

Zhou, 1045–771 BCE），從最西的西漢水一帶（後來秦國的發源地）開始考察，接著是西周的周原、涇水流域，再接下去是晉國在山西汾水流域的發展，以至於最後討論到燕山和草原交界處的燕國一帶。秦、周、晉、燕這四個區域的北向或西向，外面都有相當發達的草原文化遺址。孫岩從這些遺址遺留的文物入手，檢查其各別文化特色，發現每一區和草原文化之間都有千絲萬縷的聯繫，其痕蹟從出土器物上歷歷可見。這一說法，也正可以幫助我們理解：傳統考古學所認定的「中原地區」，從西到東，其實都與草原文化有脫不開的關係。

在本書中，我順著考古遺址展開再思考，發現長江流域與黃河流域這兩個平行的地區，實際上各自發展、互相糾纏。中國古代的發展基地，絕對不僅中原一處而已。尤其我想指明者為：關隴以西，青海與賀蘭山脈、祁連山脈地區，在中國歷史上的重要性超越了「西部邊緣」的意義，其實乃是東方與西方進退盤旋的空間。

三星堆遺址引發的疑問，使我終於理解：陰山以下至於其東面，進而延伸至川北、長江上游源頭，是農耕與游牧的交錯所在；也正在此一地區，東亞內陸進行的諸多人類活動，必然波及東亞的主要地區——中華的本土。

所以，我才將「允姓之戎」（早期文獻稱之為獫狁）作為一個共同稱謂，以概括這一最東部的游牧族群 **❶**，他們與華夏本土之間保持了長期互動；也因此注意到，從川北迄於長江口那一遍佈山、嶺、江、湖的天地，也是中國古代文明演化的地區。而四千年前從渤海灣到山東東海岸新石器時代的族群擴散，使得長江與黃河兩個地區的發展，往往呈現交纏疊合的複雜現象。此處所謂「族群擴散」，在本書後文，將以龍山文化的擴散作為敘述。為了簡化文字，我將以「海岱地區」涵蓋這一整個的文化區域。「祝融八姓」的擴散所在地，也就涵蓋其中。

當黃海地區的族群擴散，聯繫到東部沿海及至閩越地區，古代中國先民各種族群你應我和、交流合作，才創造出這片華夏天地。這個大舞臺上，進行著

---

❶ 游牧作為一種生產方式，出現時間較晚，學界對此已有較為成熟的研究，具體可參見王明珂教授著作《游牧者的抉擇》相關章節。為求簡潔，本書中涉及草原部族生產形態相關論述，仍統稱「游牧」。

東方人類最重要的一場長詩大劇。

　　至於干擾中國歷史的因素，似乎主要是來自亞洲大陸北方草原地帶的牧人群體的威脅，他們一批批進入中國，有些竟就此融入中國。及至近代，在渡海而來的歐洲人和東亞其他族群衝擊之下，自中亞進入中國的絲綢之路，其重要性已不復當年。這些從海上而來的刺激，確實對中國構成極大衝擊：中國不再只是大陸國家，而必須踏著太平洋的洋流，參與全世界的人類活動。這才是本書下半部分，我必須陳述者：中國如何因應海上來的衝擊。

　　這一段陳述，是我的內心剖白。希望讀者能由此找到閱讀本書的線索。

二

　　在前面數章，我嘗試將古代中國的演變，組織為三個核心區；每個核心區都有其發展的過程，也都有其內在的特色。而三個核心區之間的互動——或延伸、或演進、或轉接、或擴散，即是華夏文明本身從成長到成型的「詩歌」。

　　第一區在黃河流域，從關隴直到渤海，北面是「原上」這一游牧民族的家鄉，南面則是「秦嶺—漢水—淮河線」以外廣大的長江湖泊地區。這個核心區域，一向被視為中國古代文明的「中原」。

　　第二區在西北的源頭是川北的岷江流域，南邊的界限則一直到南嶺，其最東端是長江口和太湖，「吳頭楚尾」，在此與中國沿海的第三區相接。整個第二區氣候溫暖、水分充足，地理景觀與生活條件確實比第一區更為優越。這一區習慣上被視為南方，作為第一區的延伸。在歷史上的中國，第一區受北方游牧民族重大衝擊時，其主體會撤退到第二區。

　　在寫作本書時，我才逐漸發現：海岱地區文化的擴散，帶來了優良的文化傳統，刺激了各處新遷地區文明的發展。總而言之：龍山—大汶口從海岱地區的擴散，最重要者，是他們將自己文化傳統的精華，分別帶到長江流域以及東南沿海，將各地新石器時代終結，開啟了青銅文化的轉機。而長江口以南，

以南嶺、武夷山為界的東南沿海，包括西南腹地的雲貴，我們可以稱其為第三核心區。

這三個核心區，正是本書命名為《經緯華夏》的理由：山陵丘壑與河流湖泊，處處相疊相交，構成中華文明主流的廣大基地。當然，我們還需要注意，原有三區劃分的邊緣地帶，還有另外兩片廣大區域：一者為中國西北部，崇山峻嶺與沙漠、綠洲交錯，喜馬拉雅山、天山與陰山是中國許多河流的發源地；一者為中國西南部的第三區，山高谷深，民族成分複雜——此上二者，都是中華文明逐漸延伸而擴張的腹地。由於我著重敘述的是中華文明在早期的發展過程，主要討論的範圍也就集中在上述三個地區。在本書中，西北和西南地區尚未多加著墨。將來若有時間和機會，我想可以將這兩區的發展單獨論述。

讓我發揮一點想像力，將這三個核心區排列在中國的地圖上。第一區與北方游牧民族有兩次個別的接觸，它們彼此同時發展，當然也有參差；在第二區又看見中國西北部戎族文化的影響❶，至少有一次延伸到四川，在那裏又與崇山峻嶺中出現的南方文化接軌。而在距今四千年前，第一區已經存在相當發達的玉石文化（從紅山文化到龍山文化）。可是，在一次嚴重的氣候變化之後，本來極為發達的大汶口到龍山的新石器文化，被迫擴散到第二區和第三區。這一個轉折，使得第二區獲得了極大的動力，也加強了第二區與第三區的互動，還彰顯了第三區以百越文化為代表的文化特色，促使其延伸到南方海岸。

假若將這三大核心區視為一個整體，放在圍棋的棋盤上，當作已經排好的一條「大龍」：從大陸最高點喜馬拉雅山腳下，向東南開展，處處都有高山峻嶺，也處處都有湖泊河流；在這山河薈萃之處，清晨雲氣環繞山巒，黃昏暮靄渲染江湖——這些變化無窮的雲舒霧卷，都猶如飛龍滿天，在中國大地上翱翔。

華夏大地，凡有水源處，就可能有古人留下的遺址，也許是生活聚落，也許是墓葬。當然，更多的是他們留下的器用和生活必需品。在河邊、臺地、山

---

❶ 戎人在西北分佈廣大，根據一些器物上高鼻深目的形象推測，可能是亞洲系的白種人，後來有人稱其為「斯基泰人」。我則認為，戎人乃是陰山山脈中的前突厥種族，亦即《漢書·西域傳》所說大月氏的居民，後來被匈奴壓迫，整族遷移到烏孫一帶（今巴爾喀什湖東南、伊犁河流域）。

谷、平原，那些古人的遺留猶如星羅棋佈，處處可見。於是，我們從這些文化痕蹟，可以推測其來龍去脈，以及彼此間的交換與改變。借用蘇秉琦先生的觀點：同一文化的遺址，可以拉成一條條「區、系、類型」，在這些遺址之中，如果有因接觸和適應而出現的變化，也就可以瞻見不同人群間彼此如何實時修改其生活形態及文化內容。

本書的前面數章，正是藉助這些雲舒霧卷的古代文化遺留，才得以推演出：在這廣大的山巒峽谷之中，古代先民如何共同生活，又是如何來去移動。這就是為何我經常以《易經》乾卦的「飛龍在天」為比喻，形容中華文明在這片土地「一天星斗」「遍地開花」的實況——大家彼此映照、氣象萬千，無須任何一處作為主流，那是「群龍無首」最好的卦象。即使群龍飛入大海，也只是在臨海的泰山和玉山這兩座高山之上，在海潮洶湧之中游戲自如。

中華大地，雲氣彌漫，這些飛龍在半空噴霧吐水，使得處處都有足夠的水分，育成農作物以喂養萬民。這些善良而勤勞的農夫，日復一日靠著自己的努力養生送死，無須以掠奪和戰爭維持生計。但每逢外來侵犯，農夫們也會努力保護家園，依仗著星羅棋佈的村落、田地和水塘，拿起刀劍弓弩，擋住胡人南侵的馬蹄。

如果北方農村聚落所構成的防衛系統無法抵抗游牧民族的衝擊，則華夏集合體的「神經中樞」可以立刻由第一區遷入第二區。例如，永嘉南遷後防守的前哨站，就放在荊、襄、江、湖和江北淮泗。

如果來自北方的壓力更進一步，還可以撤退到第二區所謂「吳頭楚尾」處。例如，靖康之亂後南宋遷都杭州，而仍舊以巴蜀、關隴作為右角的前哨，以荊、襄、江、湖作為後盾，延續了一百多年的政權。20 世紀日本侵華，南京國民政府從沿海撤入巴蜀，以三峽下游的長江作為第一道防線；又在西南的群山之中開出後路，通向外面的世界。

這三大區域之間的人群，彼此支持、互相移動也是常有之事。人口密集之處，會將多餘者分散到人口較為稀少的地區——當然，更常見的是擁擠的都市，將多餘人口疏散到四郊及鄉野。世界歷史上的大帝國，如蒙古帝國、突厥

帝國，以至於近來的「大不列顛世界」和蘇維埃共和國，疆域都比中國大；但是其內部的充實和一致性，以及面臨外部重壓下的調節能力，都無法和中國歷史上呈現的彈性相比。

在東亞棋盤上，華夏棋局所佔比例應在三分之一到一半之間。假若以下圍棋的規矩而言，佔據棋盤三分之一者很難號稱贏局。可是，中國這條「大龍」所壓之處，處處是活眼；每個地區性文化，又都與鄰近文化常有接觸、互相影響──如此大的一條龍，盤踞三分之一的棋盤，沒有對手可以將其劫殺。整個中國的局面，自東往西、從南到北，區與區之間相互依仗、彼此掩護，是一個內部完足的整體。簡而言之，它有巨大的穩定性。可是，正因為這個完整的格局穩定性太高，當外來者釋放挑戰的信號時，其下意識反應可能就是：「我不想要」「別惹我」。

這一特性也許正可以解釋本書所討論的中國對於外來刺激的反應。第一，刺激所傳遞的信息完全因時而異。有的時代，社會、政治、經濟的組織允許信息迅速地傳遞到決策層，也就使得這條巨龍有內在的、充分的可能性，可以長存不敗。不幸在於，中國歷史到近古以後，由於君權長執威柄，中間層的士族或官員回饋信息的機會和能力都越來越弱──擁有的資源如此豐足，人民的才力也如此高明，中國在面臨挑戰時居然如此遲鈍；對於微小的挑戰尚能應對，對於近代以來西方的全面挑戰，卻是如此不堪一擊。

願我國人在回顧華夏歷史時，有我們自豪之處，有我們覺得滿足之處。只是，我們如何能耐得、能忍受一條世界罕見的巨龍，卻要陷入沙灘甚至於泥灣中，停留在「潛龍勿用」的階段？

我盼望：中國能站起來，在世界上扮演一個大國應有的角色。然而，中國不能落入白人霸權的窠臼，中國不要做霸主，而是做許多國家之中互相幫助的一員。猶如《易》的乾卦六爻，如果一條大龍變為「亢龍」，就將面臨「有悔」的悲劇。我希望看見中國這條大龍，是滿天大大小小的飛龍之一，沒有帶頭人的壓制，眾多夥伴互相欣賞，大家自由飛行。這個卦象，恐怕是《易》卦之中無可命名的最高一階。

三

在本書之中，我開宗明義，先從人種分類和東亞居民的定義開始。其中提到在東亞地區出現的許多古人類，甚至「先人類」的大猿及原人。我並未標榜東亞與其他地區的人類有何不同，只是為了說明：靈長類的人屬，究竟是在非洲走完全程，然後走向亞歐兩洲？還是在亞歐兩洲的長程跋涉之中，這些原始人類也在不斷地尋找適應的條件，以至於最後構成了今天全世界的我們？我們有膚色的差別，形貌的差別，體態的差別。在種種差別之上，哪一點是我們相同的？這方面的內容，我並未多加陳述，原因在於：第一，我所受的體質人類學訓練不夠，尤其對於基因的深入分析，還是一個尚待推進、極為複雜的科技項目，我幾乎完全不能處理；第二，現有的資料及個案的數字，不足以歸納作出結論。我在此處拋出這個課題，是為了提醒我們自己：現在古人類分類學上，西方的尼安德特人和東方的丹尼索瓦人之間基因的差別究竟在哪裏？這種差別具有多少意義，或只是一種內在更深的分層？《紐約時報》上有一篇文章提出同樣的課題，和我此處的說法不約而同：我們還沒有能力對這個嚴肅的命題給出進一步的界定。

第二個階段，我又將中國劃分為幾個不同的文化形成區，它們各有自己分岔、相互融合的機緣。中華文明並非由某個單獨的中心形成、進化，然後傳播到其他地區。我所列舉的三個核心區，都有各自發展的條件以及發展的過程；最後，它們在文化上終於構成一個龐大的群體。上述幾個核心區的貢獻，最終都融合在這一整體之內。當然，融合之中還是有各自的特色，正如每個人都是「圓頭方趾」的個體。然而，我們還是用《水滸傳》中的描述來解釋如此現象：「一百八人，人無同面，面面崢嶸；一百八人，人合一心，心心皎潔。」畢竟，我們人類確實有許多的不同之處，也有很多相同之處。

在歷史上，中原王朝不斷承受草原民族的衝擊、融合。以我的觀察而言，東部草原是這些南下民族的主要來源地。進入中國以前，除了一些自有的農業基礎外，這些草原民族並未掌握其他文化的稟賦。於是進入中國以後，他們很容易就完全融入南部的人口。在亞洲草原西部，我以陰山地區作為界限，以突

厥及其分族作為例證，來觀察草原民族與中國之間的關係。在歷史上，尤其南北朝和唐代，西方的這些兄弟民族一樣也進入中國；只是，他們融合於中國內部族群的過程並不完全相同。

中國歷史上的西部游牧民族，常常在今天九曲黃河的陝甘寧一段著地生根，形成與中原政權相似而不同的單位；他們也可能更往西邊，在今日的新疆形成綠洲國家或草原游牧單位。這些草原游牧單位，例如匈奴與蒙古繼續向西發展時，一波又一波打進中東地區，甚至於最後狂颷捲入歐洲。他們所帶去的文化因素，卻不僅限於草原傳統：嚮往東方中國的地區，有長期成型的「桃花石」（中古時代中國西邊的族群稱呼中國的別號）；往西走，他們將這一模式及其約略知道的一些東方文化因素帶入歐洲。以上陳述說明：中國歷史上不僅有南北之間的混合，其實還有相當可觀的東西之間的差異。

中國文化在其成型時期，尤其從史前到西周及秦漢部分的歷史進程，竟能夠將許多不同地區、不同性質的地方文化，彼此融合、交纏為一體。以如此龐大的文化共同體，中國遂能長期穩定地應對外來刺激，自新石器時代以下，逐步修改自己或融合他者—— 中國文化的大格局，幾乎是個「金剛不壞之身」。

可是，經過這些思考，我不能不提出一個疑問：為何在宋以後，尤其明清階段，中國對外面的感應竟顯得如此遲鈍和保守，終於在清末，面對西潮的輪番衝擊時手足失措？這一疑問，常常使我夜不成眠，苦思不得其解。如今我覺得：中國在過去建構出龐大的文化體，可能做到了非常徹底的程度，以至於這個嚴密的文化體，終於趨向嚴重的「內卷」。最顯著的現象是鄭和七次下西洋，居然沒有帶回任何新的觀念和事物。主要原因可能在於，當時的中國往外面看，發現沒有值得學習之處—— 這一自滿，終於造成了對外嚴拒固守的心態。現在，我們正在進行與西潮融合的巨大工程，我們必須要保持警覺：既不能照單全收，也不能全部拒絕；融合的過程，必須要留下許多修整的空間。

我們必須要注意：中國固有的文化性格，其實有相當重要的動態成分，例如《易經》的「變」，那一個永遠變化不斷的特色；而西方文化之中，卻有獨神信仰專斷的一面，也因此以為只有一種格局得神佑而長存。進行這種修改自

身的重要任務時，我們要時常自省：任何改變，不應當囫圇吞棗，而應當注意到，將他者的「變」與自身的「變」，合成一個陀螺旋轉式的動態平衡。人類的歷史，本來就是不斷適應、不斷變化的恆動過程。

本書所述各時代的特色不盡相同，每一時代所討論的項目，也就不一定按照同樣的思路呈現。經由這些討論，我們可以理解每個朝代所面對的內憂外患，以及中國曾經受過多少的艱難和攪亂。

四

世界史名家麥克尼爾（William H. McNeill）在《西方的興起》中，將「power」解釋成「權力」和「動力」兩種定義。若無各部分的反應和回饋，權力中樞將沒有著力之處。在這一課題下，我所注意的是人口、經濟、物質文明的發展。這些都是文化項目，但文化體本身依靠這些項目維持，這些項目也反映那個特定時代文化能量的強弱。我也考慮到各個時代意識形態的差別，以此來區別承受外來刺激時這個意識形態或迎或拒，也以此來衡量其自我調節的程度。

這些考慮，都是為了解答一個千古大問：為何到了近代兩百年來，中國無法抗拒那些乘潮而來的歐洲人？在奔入世界大海洋這一關鍵性的時刻，為何中國文化的反應機制無法適當地感受變化，發展出應有的調節與更新？

這個大問題，才是我寫作本書的主要動機：我要從世界看中國，再從中國看世界。沒有這一番內外翻覆的嘔心吐血，我們將無法順利面對歐洲領導的近現代文明。沒有這一番自省，我們將無法採人之長，捨人之短，在我們源遠流長的基礎上，發展一個對於未來全人類有益處的選擇。全人類只有在東與西的衝突與疏離之後，熔鑄一個未來真正的全球化文化的初階，才可以在更遠的未來繼長增高。

拳拳此心，以告國人。我的歲月有限，就望未來一代又一代，都有人願意參與這一個締造世界文化的大業。

第一章

中國的地理和人種

一

　　約六千萬年前開始，印度洋板塊撞擊古大陸，逐漸形成今日的喜馬拉雅山，在山的東麓分隔出東亞部分，亞歐大陸中間也裂開，分出歐洲和中東地區。

　　中國所在的大陸地塊，在今天看來是幾個源遠流長的古代文明區域之所在。中國的中原地區，在東亞這一邊。我們接下來要討論的，是中國所在的地理狀態，它具有相當完整的內在條件。

　　從西往東看，帕米爾高原在亞歐板塊與印度洋板塊的交界處，位於地塊拉扯產生的裂痕邊緣。再繼續往東是崑崙山脈北麓，也就是中國新疆這一塊。這一帶的自然環境，受高山流下來的雪水影響，形成了既有沙漠也有平原、山地和湖泊的複雜地形，但整體而言，天山南北路以至於今日整個新疆，是一片相當完整的內陸地區。向東經過今天內蒙古西部及關隴地區，亦即甘肅、寧夏一帶，進入關中的黃土高原；黃土高原在陝西的華山陡坡下行，繼續往東一直到海邊，這一大塊則是由黃河水系衝擊形成的黃土平原區。整體而言，黃土高原與高原以東的

大片平原，都應當認作黃河流域之內。因此，東方是張家口以南的海河流域，西方則是河套以南的陝甘高原；中間只有山西是個獨立的坡地，其下則是黃河邊上的運城盆地，和黃河以南的平原一河之隔。山西坡地東有太行、西有呂梁，西方隔著黃河與陝北相對，東方自太行往東則是海河流域，山坡上與山坡底下的河谷平原互相之間也有很大的關係。整體而言，這是中原地區很重要的區域。

中國北方，從天山南北麓開始向東，是一條適宜牧養的地帶。高低起伏的北方山脈迄於興安嶺，再外面就是太平洋。西伯利亞南面的蒙古高原，也是一片完整的、適於游牧的地區：有大的草原，也有山地、谷地，尤其向陽的谷地是很好的牧場；向陽山坡也可以形成一個屏障，擋住北方來的寒流。

黃河流域再往南，就是長江流域。長江發源於青藏高原腹地，經四川盆地往下是其主流。其上游自雲南往上是金沙江，因為縱谷山地走向而形成一個大轉彎。很有趣的現象是：黃河在河套地區的大轉彎向北，長江在金沙江的大轉彎往南，從地圖看像是兩個對稱的圖案。

整體而言，長江流域應該從四川開始算起。四川雖然山高谷深，然而足夠溫暖，也有足夠的水汽，尤其成都平原位於盆地比較平坦的地帶，更是優良的種植地區。出了四川盆地，長江的南面是雲夢澤和古代的內海，古稱「大澤」，就是今天的湖南和江西地區；長江的北面，是漢水、淮河與長江間的丘陵地帶。湖南和江西有大河、大湖和許多小溪流，在河口、湖濱及山谷谷底，沼澤地帶隨處可見——凡此，都是發展農業的好地方。這一地區也有高一點的坡地，由於南方水量充足、氣候溫暖，很多作物都適宜種植。由於太平洋季風帶來溫濕氣流，整個長江流域的作物生長期愈靠南愈長。同時，土壤也很多樣化：樹林、矮樹林的周圍和中間有許多落葉形成的沃土，幾乎無物不可生長；此外，那些肥腴的沼澤地轉變為濕地也較為容易，適宜水稻農業。因此，長江流域的種植條件比黃河流域更好，成為中國最重要的農業基地。

世界上很難有如此大片的河谷平原，有如此眾多可以種植的地方。加之長江流域的內海從古代開始一路收縮，直到縮小為今天的洞庭湖和鄱陽湖——水域小了，居住和耕種的面積也就相應增加。洞庭湖與鄱陽湖，這兩塊區域曾

是中國最大的糧倉。可惜，今天的洞庭湖，已經收縮得沒有大湖的氣概了。

江西、湖南以下是南嶺，過了南嶺就是海濱的平原。廣東、福建有許多的大小河流：廣東的西江、東江構成珠江系統，形成海濱河流的流域；福建也有閩江、洛江、漳江等十二條河，形成格子狀的水網。福建的谷地不大而零碎，然而由於地處南方、雨量充沛，河流流量也大，河谷與濱海河口比較平坦，適於農業，因此福建也是不錯的種植地區。

廣東、福建再往東北方向就是浙江。浙江鄰近福建的地區，山地縱橫、山谷割裂、河流短促，並非發展農業的理想區域。富春江、錢塘江流域的河口及湖泊地區，卻是南方稻米生產的好地方。浙江上山遺址發現的稻米遺蹟，乃是古代內海地區發展稻米的最早遺址，良渚的稻米無疑由此傳入。

福建廈門、泉州一帶，過海就是臺灣。臺灣是歐亞大陸板塊與菲律賓大洋板塊擠壓所形成的島嶼，遠古時期本來與閩浙相連，七萬年前，連接臺灣島與大陸的陸橋才被沖斷，其碎片就是臺灣海峽中的諸島。陸橋還存在時，大陸上的動物可以走到臺灣島。因此，臺灣的考古遺址有許多古代動物骨骸出現，與大陸同時期出土的差不多。臺灣處於亞熱帶，氣候溫熱，颱風季節雨量大，但是颱風造成的災害也大。臺灣適宜耕種的土地，有中央山脈西面大片的嘉南平原、臺北湖沼地帶形成的平地，以及散於各處的臺地。總而言之，臺灣在中國各地區中，其農地品質不能列入頂級。

這些條件，使我們能夠理解中國農耕為本的觀念。以農業面積而言，只有美國、俄羅斯等少數幾個國家可與中國相比。而且，中國有如此多樣性的地質條件，又有如此大片的可用土地，這才使得中國成為古代世界幾個主要的核心地帶之一，也在此發展了定居為常態的古代文明，以及延續至今的中國文化。

二

由於政治禁忌，在美國不許討論人種的異同，以免觸發種族歧視。其實，

族群糾紛不會因為不提此事，就自然解決了。現在美國人所倡導的種族平等，「各種族間沒有差別」，這句話乃是在逃避問題：人類族群之間，明明皮膚有黃色、黑色和白色的不同，而且臉型、體形也不相同，甚至某些族群常有其獨有的遺傳病症——並非個別家族內部的遺傳，而是在整個族群中遺傳（例如非洲尼格羅人，其分支帶有其他族群罕見的鐮狀細胞病基因）。所以若要說地球上所有人完全一樣，其實並不符合事實。

中國從 1920 年開始，就發現了許多古人類遺蹟。據國家文物局的綜合報道：近代一百年來，中國境內先後發現數十種古人類骨骸。以年代來排，可以從臘瑪古猿一直排到大荔人、許昌人和山頂洞人，前後年代落差，從距今八百萬年一直到距今三萬年。由此出現一個大難題：「非洲現代人類出走論」這個命題是否太過簡單了？

近幾年來有討論稱，現代人類走出非洲的時間是在距今十萬到二十萬年間：因為非洲氣候大變化，可能影響一些植物的生長，導致四足動物（斑馬、牛、象）的逃離，於是以這些四足動物作為食物的非洲古人類，追逐這些動物，從非洲進入歐洲、亞洲。

這個論點，似乎有幾個難以解決的矛盾。若這一推論為真，為何中國土地上會有如此完整成系列的原始人類骨骸？同時，在中國土地上，臘瑪古猿出現了，直立猿人（比如 1929 年發現的北京人）也出現了，最後現代的智人（比如許昌人和山頂洞人）終於出現。

為何歐洲沒有相同的分佈呢？為什麼歐洲出土的古人類骨骸比中國少？而且，歐洲的克羅馬農人體形高大，頭也大，腦容量不小；他們使用的工具相當複雜，幾乎可以說頗為接近現代歐洲人。這一古人類似乎已與尼安德特人通婚，尼安德特人為何又被現代智人代替了？為何今天歐洲人基因中幾乎都有尼安德特人的成分，且其所佔比例與中國人基因中的相差不多？

令問題更複雜的是：發掘出的亞洲古人類中，有一種丹尼索瓦人的骨骸，我們可以從現代人類的基因中相當廣泛地找到這一似乎屬亞洲古人類的基因，與尼安德特人基因的佔比也相差不多。因此，亞洲與歐洲的古人類，兩者是不

大一樣，還是相差不遠？究竟中國的人種最早是從非洲開始分化，還是到中國才慢慢演化成現代人類？凡此，現在還無定論。

今天我們看見的東方人，在西方發展的人類學分類上被稱為蒙古人種。這一名稱，其實並不指稱蒙古人是所有東方人的祖先。只是因為，西方人對東方民族的印象最深者，是靠近近代、橫掃中東和歐洲的蒙古西征。在他們的印象中，最強大的東方族群都是蒙古人。為什麼在中國，基本上我們都是黃種人，帶著古老的蒙古人種基因？這些都是有待解決的問題。如果說這批人在非洲已經開始演化，那麼他們是如何適應新的環境的？中國地區地形的多樣性，是否對人類的演化有所幫助？這也是可以討論的問題。

只是，這些疑問我們目前僅能放在心裏。

三

第三個課題，是種植農業的問題。人類到了新石器時代，開始自己生產食物。此前的舊石器時代，人類取得食物的方式主要是採集和漁獵。世界上有兩個地區的農業生產開始最早，一個在兩河流域，一個在中國。距今一萬一千年至八千年左右，華北地區的先民們已開始種植黍稷，也就是小米。所以那裏有很多傳說，例如炎帝是種植農業的始祖，他教會人們燒山種地。小米後來逐漸分化為更多品種——粟、稷、粱，如今泛稱為小米。至於麥子，則是在兩河流域養馴成功，於公元前 3000 年左右被引進甘肅，作為當地的栽培作物。

大約距今一萬年至九千年前，長江流域，也就是前文所說的古代內海地區，不止一處出現了稻米的種植遺址。野種的稻米被人類養馴了——其出現的地方在湖邊或河邊的沼澤地，這正符合稻米存在的天然生態。到今天，我們種水稻的方式，還是人工創造一個沼澤般的稻田令其生長。與旱田種植的非洲稻米遠親不同，中國的水稻和印度的稻米都是水田耕種。但印度人是直接將稻種漫撒於沼澤，不另加田間管理工作，也不像中國人那樣在水稻田中精耕細作。

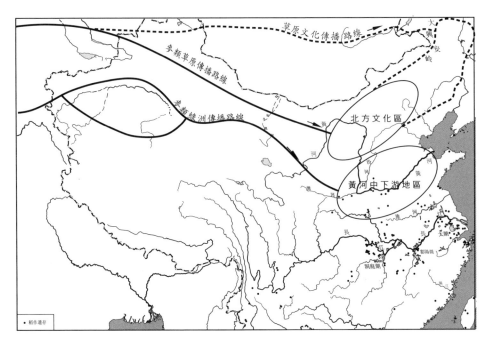

地圖 2 麥類傳播推測路線與稻作遺存分佈圖

　　因此，在古代中國兩大農作物區，北方種植小米，長江流域種植稻米。稻米的種植區域能延伸到海邊的平原、沖積地，以及河流河口等沼澤地帶。最著名的一個古代稻米種植地，是浙江餘杭的良渚，其遺址存在的時間是距今五千三百年至四千三百年前。其實最早距今一萬年，位於錢塘江支流浦陽江上游的上山遺址，已經開始了原始稻作農業。至今，大米的種植地區仍大致以淮河為界，南邊基本上是米食，北邊基本上以麥類與小米為食。當然，在南北交界處，例如山東海岱，一部分是山東半島的前半段，一部分是泗水、濰水、濟水等小河區，其農作物完全可以做到稻米與小米並行。湖北漢水流域、安徽淮河流域，也是南北相交之處，在那一條「淮漢線」上，稻米、小米同樣都是食用的穀類。小米也被「南島語族」（大洋洲和東南亞以南島語系為語言的族群）從中國帶到南太平洋和印度洋島嶼，他們還携帶葫蘆和芋頭作為主要食物。特別是葫蘆，對南島語族而言，既是食物，又可以作為漂具、浮具。

　　　　　　　　　　　　　　　　　　第一章　中國的地理和人種

有了農業生產以後，黃河流域與長江流域的新石器時代遺址很快就密集出現。每一個地區都學會了種植，聚落進而發展為村落。農村地帶出現的遺址，使我們理解到：中國的農業是聚集的，農田與居住地結合在一起。等到居民人數發展得足夠多，農田四周都是居民點。整個村落，按照地形而論，都在離水不太遠的地方，且位於同一個族群種植地盤的中央。在黃河流域，村落大概位於二級臺地 ❶，這裏易於取水和灌溉，離河不遠也淹不著，上面是黃土堆積層。這些黃土有蓄水作用，黃土細沙構成了微管或毛細管，可以自動將底層的水引上來，供給農作物水分。小米需要的水量比麥子少，更比大米少──各地區供水條件不同，也就決定了農作物選擇的不同。

　　在長江流域以及東南沿海的大米耕種，最開始是在沼澤地帶。後來在湖濱圈出一塊田土，等土壤稍微乾燥即可種植。有些區域，農人直接在水多的地方攔出一塊比較乾燥的區域，就作為種植水稻的農田。長江流域的居住村落，基本也集中在一起，往往若干人家聚居，村落有土牆或木柵作為防禦工事。這些村落常常還有製作生產工具的作坊，以及燒陶器的作坊等等；也有特定的地方畜養豬、雞，甚至放羊。這些村落常態的景象是：鄰近遺址之間，如果時代相近，村落內部的結構、用具以及物質文化和精神文化的表現方式都會非常接近，即使有變化，也是漸變而非分離。

　　所以，農業村落通常也會按照河流的流向分佈。如果河流的流域呈枝狀，村落也會像樹枝一樣發展，到最後總是會變成一串本幹分枝的聚合。天然村落中，同樣種族的人做同樣的工作，「方以類聚，物以群分」，他們就可能結合變成一個古代的族群。這種族群的形成，就是華夏民族整合的第一步。蘇秉琦先生從「區、系、類型」逐步建立類別，就是為了從文化項目追尋文化圈的分合因由，以及由此逐步開展的過程。

　　黃河流域東面、西面的遺址群，進入關中口上 ❷崎嶇的小丘陵，也有其不同農耕聚落的遺址群。例如，二里頭文化遺址，就是在黃河流域北面的運城平原

---

❶ 兩河交匯之處常常有小半島，水位最高和最低處之間有個突出點就是二級臺地。

❷ 從汝南到南陽與商於道，是進入關中南邊的重要路口。

附近，更能很清楚地看到一串文化面貌相近的遺址群，這些群體就是後來「邦國」的根本。由零散的居民點，如此整合為一個族群，即不再是孤立的單位。

總之，我們所見的古代遺址，很少是孤立存在的聚落。一個遺址出現，不太遠處通常會有另外的遺址。將黃河流域新石器時代的聚落群拉成一片，從華山開始直到海河邊上的各處遺址，很容易看出其文化親疏遠近的關係。新石器時代農業出現後，黃河流域的聚落，也就一串一串地形成較大區域的文化群體。

長江流域的情況，與黃河流域又有不同。原因是這個區域靠近沼澤地帶，合適的土壤未必沿河展開；聚落也就不再是成串排列，而常常可能是若干個考古遺址呈平面地集合為群。長江流域的居民點通常會在沼澤附近高地上建村，高地周圍則作為種植區。以石家河遺址為例：十餘處聚落，圍繞一個中心結合為「群」，如此結構再進一步發展，就是邦國體制。由此可以瞻見，黃河、長江這兩個大區域之間，早在新石器時代，幾乎就可以看到其承受地理因素的影響，各自文化發展的趨向已顯現出異同。

我們前面提到，考古遺址若是呈現在空間方面有相當聚合的一類遺址，在時間方面又看得出一些前後繼承的關係，那麼這些分佈在同一地區的若干遺址，就應該屬某一族群。為何單個遺址看不出是屬哪個族類，要許多遺址一起看才能區分？「族」的原意，是「豎旗為標識」，以聚群體——並不必然是種族，而是族群，也包括親屬的群體。族群有其傳承和歷史，有其身份的自我認同。我們就可以從考古的遺址分佈上開始做整合工作，將分佈各處的考古遺址整合成若干族群。從族群上面才能看到更大群體的結合，到最後才會結合成大社會乃至國家。

四

渤海及海河地區，是中國最開始種植小米、開展農耕的區域。約八千年前，小米在中國普及種植，進而發展出粟、稷、粱；內海大湖區也在一萬年前

左右開始大米種植，然後擴散各地。我們從小米的出現往回追溯，這個階段可以早到舊石器時代晚期。

當時古代神話傳説裏，存在三皇和五帝的對抗：三皇就是炎帝和黃帝結合起來的農耕集團，五帝所代表的是蚩尤領導的採集集團。最後的結果，是採集集團戰敗了。

炎帝和黃帝在中國兩次的合作，分別出現於山西盆地的東緣和西緣。如此神話背後的真相，是將森林地帶採集為生的居民，轉變為農耕為生的農民的過程。從考古學上看，這一批人的後代雖已進入新石器時代，到了商代就已進入銅器時代，但他們的集體記憶長期保留著過往年代的信息。

太昊、少昊、顓頊這三個時代，都與天上的眾神有關。陽光照射使處女懷孕；天上飛鳥銜著朱果，被一個游泳的仙子吞下去了，後來誕生英雄（「契生於卵」）……諸如此類與「天」有關的出生神話，與部落或群體聯繫在一起，在農業時代和狩獵時代都有——狩獵時代更多，因為人們需要用不同的神話傳説來辨別沒有疆界的地區，這也是加強人和自然關係的方式。

蚩尤所代表的五帝集團與炎帝和黃帝對抗，這段故事在傳説中被描述為幾次「大戰」。其實，傳説常將一兩次小規模的關鍵性衝突，誇張成後世所謂大規模的戰爭。這些領袖的身份，也被誇大為酋長或皇帝。比如太昊、少昊其實並非皇帝，可能是神巫——這個「昊」字有「天」有「日」，新石器時代的山東出現過「日」在「山」上或「日」在「天」上的符號，似乎正是那些族群的信仰符號。在渤海地區及東北地區，如中國東北的通古斯族，還有殷商、女真等時代及古日本、古朝鮮，都有日神賜予女性始祖以生命的神話；而蒙古族群，則有天賜「大氣力」的「可汗」。前述中國古代的帝號，似乎也透露了同類神話的訊息。

顓頊曆是最早的季節曆之一，可能因為顓頊是巫師，其專長使他成為部族的領袖。狩獵文明並不太需要注重氣候的轉變，獵到什麼就是什麼，從地裏挖到什麼就吃什麼。但是，農耕文明就需要關注氣候了。顓頊是五帝的最後一帝，在神話傳説中他編制了第一個季節性的日曆。

從狩獵轉變成農耕的過渡期中，兩種力量在對峙，犧牲者是蚩尤。蚩尤是戰鬥之神，傳說擁有銅頭鐵骨，卻終於只是一位失敗者。然而，在山東他還是被紀念。到了漢朝，蚩尤仍是「山東八神將」之中的兵神。

這個部落裏後來又出現另一個形式的蚩尤，那就是嫦娥的丈夫，后羿這個神射手。后羿是狩獵部落之中誕生的救世英雄，他要挑戰、處理天上的秩序，改變過於炎熱的天氣，就將多餘的太陽射落。狩獵的時候不管冷熱，農耕卻與天氣關係極大；這位英雄射下九個太陽，使農耕民族的人們不受災害，這似乎也是兩個文化過渡期間的敘述。后羿的傳說，後面講述華夏文明整合的過程還會有所論述。

農業的出現並非朝夕之間，從狩獵和採集轉變到定居下來的農耕生產，中間要經歷很長的周折。五帝和蚩尤的神話，都代表舊日的傳統，不能忘情於過去，正好說明了過渡時期的現象。那時沒有文字、沒有記載，我們只能在神話中尋找記憶的線索。

但是，同時我們可以觀察：在農耕社會，是否還有過去採集漁獵的痕蹟呢？比如，周代已經進入封建時代，諸侯或貴族之間的盟會中，盟主是第一位持刀割牛耳或握牛耳的人——只有領袖人物，力足以處理野牛，這就是對過去狩獵時代傳統遺留的紀念。

新婦進門以及祭祀之中，每月或生辰、誕辰、祭祖時，要向公婆奉獻的禮物是果實，包括核桃、栗子、榛子等等堅果，還有當時可以採集到的應季鮮果，包括桑葚、草莓等。堅果、水果、芹菜和植物根之類，是狩獵時代女性採集工作的體現，而男性的任務是去打獵。所以這兩個禮儀——男子割牛耳、主持殺生，女子獻上鮮果、堅果——也未嘗不是過去漁獵、採集時代生活的遺蹟。

從這些神話遺蹟和祭典的遺蹟上，我們可以重現那漫長而必然的過渡時期。

第二章

傳說時代的地域融合

一

　　我們先回到海河和山東。為何由此展開敘述？因為此地是中原的開始，炎帝、黃帝的故事在此發生。如前所述，在這片區域內，炎黃合作與五帝鬥爭，乃是經由採集漁獵走到農耕，兩個不同階段之間的轉移都發生於中原（大概從鄭州到華山之間的區域）。但是，同一過程不僅在太行山的東坡發生（這一地區最早種植小米），也出現於河套與陝北。河套地區面對著黃河南轉時的大峽，本身是肥沃的灌溉高原，北面和東面是開闊的土地，游牧者的馬匹、車輛可以東西馳騁。山西盆地三面是山，向南開口，沿黃河北岸是平坦而易於灌溉的運城平原，從山西過河，陝西也有炎帝、黃帝並存而又各有事業的故事。

　　炎帝是種地的烈山氏的代表，黃帝是駕車的軒轅氏的代表。陝西中部還有黃陵縣，傳說黃帝在此乘龍登天；群臣攀著龍鬚，以為可以上天，卻落下了。後人給他建了個紀念性的墳墓，稱為「黃陵」。

　　炎黃的故事在東西兩方都出現。我認為，東面的海河、壩上和西面的河

套、陝北，都是草原牧人活動帶，與黃土平原適合農耕的地帶彼此鄰接。顯然是外來人的軒轅氏，馴養了馬匹後駕馬進入中國，馬匹由此傳入了東方。馬被馴服替人類工作，大約在距今五千五百年前。但是，根據當前考古發掘，家馬的馴養不早於四千年前。黃帝的故事，應該是發生在距今五千年左右。在此期間，如果馬和車能傳到東面的壩上，就可能同時傳入西面的河套與陝北。

東面成為文化中心時，東面的故事也就在西面傳播開。陝北的北面，也就是黃河大拐彎——像英文字母 n，也像希臘字母 π，處在彎頂上的區域就是河套，有一圈非常肥沃的灌溉盆地。黃河一轉彎到陝西和山西交界，這一帶流水很清，也是非常肥沃的地區。陝北神木的石峁遺址、河套的朱開溝遺址都出現過有意思的古代氣候資料，說明了四千年前氣候的大轉變：那時氣候突然變冷，使得北方的生態不再宜於農耕，人們被迫回到畜牧生活，或者南遷以耕地為生；等到氣候回暖，自然生態再次適於農耕，原來的農耕族群才能回頭往北移動。所以，農耕文明隨著氣候南北擺動，是這一轉移帶上最早的人類接觸時會發生的現象。

在這兩個重要的遺址之中，從朱開溝的考古及氣象資料，王明珂對整個中國北方生態加以考察，從若干工具的特殊功能，推測當地族群生活方式。這一工作，幾乎囊括了中國同一個緯度帶重要遺址的所有資料。他的結論是非常可信的：朱開溝遺址所處的時代，北方有過一段氣候寒冷期。

根據王明珂對當地新石器文化發展情形的考察，正是在公元前 2200 年至公元前 2000 年間，朱開溝一帶的族群大量離開。林沄很同意王明珂的意見：生態和氣候的變化，使得這一地方不宜於居住。地貌及遺址考察也顯示：那一帶的遺址，像神木石峁遺址、北邊的朱開溝遺址，都因為氣候寒冷導致族群遷移，遷移後的新址也不靠近水邊。

至於神木石峁遺址，卻有另外一個問題。這個遺址存在的時間，大約是在距今四千三百年至三千八百年間，包括一個極為巨大而複雜的聚落，從範圍和結構而論，堪稱古代中國北方最大的聚落中心。可惜的是，這個報告本身牽扯的範圍很複雜；而且，為了容納不同調查者的意見，報告內部存在很難彼此協

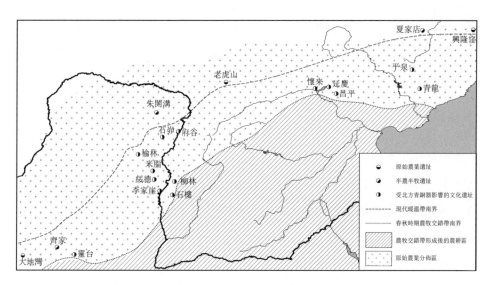

地圖 3　華北地區農牧交錯帶示意圖

圖例：

🌓 原始農業遺址
🌓 半農半牧遺址
🌓 受北方青銅器影響的文化遺址
----- 現代暖溫帶南界
—— 春秋時期農牧交錯帶南界
▨ 農牧交錯帶形成後的農耕區
⋯ 原始農業分佈區

調的表述，引起我作為一名史學工作者的遲疑。

　　由此我也感覺到：如此長遠的跨度，如此龐大的遺址，以及如此複雜的結構，這一遺址的性質應當按照各個不同階段來瞻見其功能。如果只是根據一些複雜的現象，斷言其為酋邦、國家，甚至於努力設法與傳說中的古史人物配套，似乎都不是適當的解決方法。我意以為：河套以外陰山下的廣大牧地❶（在今日的古代史中往往稱之為鄂爾多斯文化區域），是游牧與農耕交錯之處——氣候寒冷時，此地只能做牧地；氣候溫暖時，地下水充沛，則可當作農地。農牧之間的「鐘擺式」變動，就是研究這一地區古史面臨的關鍵因素。若以這一遺址現在呈現的結構而論，可能在距今四千年前後，這一帶的氣候正在暖化。

　　如此「鐘擺式」變動的現象，意指每個階段的中心聚落，會因不同的居民

---

❶ 指蒙古大草原西端終了之處，陰山山脉前，著名的「天似穹廬，籠蓋四野」之所在，即從河套北面，經河套向西南移動至甘肅、青海一帶，其中有許多山谷割裂的高原，也有大到青海、小到居延海這種濕地或內陸湖泊。這個地區位於東西走廊狹窄處的稍微靠北部，其南方的通道，就是中國通西域的「河西走廊」。

進出於這一農牧交錯帶，而發展出不同的內部結構和內外關係。中心聚落的遺址，會有不同的輪廓和邊界，甚至其總面積也就不能以今天所見的面積量度作為確定的範圍了。

周開國之君古公亶父，承認他們在周原附近屢次「陷」於夷狄和「回」歸農耕，正可說明上述現象。神木地區基本的地貌，乃是毛烏素沙漠。這片沙地在秦漢時代，數次成為國家屯墾的基地。上郡、北地甚至於朔方各郡，都是官方屯墾之時設定的行政單位；漢代居延的屯墾區長期存在，那一兵屯、民屯混合的古代遺址今天還是我們考古的中心據點之一。毛烏素沙漠，我認為基本上也是類似地區。

關隴一帶的古居民，可以在河套發展農耕；可是，他們要面對套外陰山下牧民的干擾。神木石峁這一城址，呈現的基本上是要塞功能：平時是保護農民耕種的基地，必要時農民可以移入城內，憑藉城堡抵抗北方牧民的侵犯。農耕為主時，這一城堡發揮著商道上貿易中心的功能。由此可以解釋，為何在此地出現的遺物，有很多來自中原，又有許多來自陰山地區這一中國西部牧民的老根據地。

這一時期，不應當是寒冷、生活艱困的階段。相反，那時的生活條件應該相當良好，才有餘力建構類似石峁形式的大聚落。這一假設，就和朱開溝遺址代表的寒冷氣候有嚴重的衝突。我們假設，黃河曾經氾濫，而神木周邊本來是乾寒的生態環境，居然因為黃河氾濫的洪水流經此處，才可解釋這個地帶有足夠的生產能力，足以支撐如此的大聚落。

這些現象說明：合理的話，在公元前 4000 年氣候比較溫暖時，中國北方的東、西兩邊，應該都有成熟的農耕文明出現的蹟象。距今一萬年前，農耕文明就已出現。此時，東、西兩邊都已發展成熟，才有了農耕民族和採集狩獵民族對抗的局面。西邊的族群不想這種對抗發生，於是姬姓黃帝就和姜姓炎帝在此合作。後來，周人的姬姓和姜太公所在的姜姓的合作，則是後人對古代記憶的投射。

神話本身所反映的身份認同的過程，往往是移動的、延續的，也是跨時代

的。如此表現，在中國東西兩邊都在進行——在東邊，神話傳說可見海岱地區的狩獵文化；在西邊，可見原上牧人（包括羌人）的文化。凡此，一切都互見而又並存。

二

　　中國考古學上那些成群出現的遺址，呈現的墓葬方式和文物形態具有共同的特徵——也就是說，它們屬同一小的文化圈，所繼承的是同一傳統。這種遺址在考古發掘後，都有一個名稱，比如龍山文化、二里頭文化。這些實際上也代表了一種族群的差別，或者某一族群可能發展的特色。

　　中國位於農業地帶，在生產方面，農業扮演的角色相當豐富，而且新石器時代農業特徵相當顯著，也就意味著：某一個群體已在某個地區共同佔有一塊地盤，用同一種方式來組織自己，用相似的方式生產生活資料。

　　如何界定這些族群的屬性？因為它是有組織的，有過去、也有延續的社群，這就是「部族」，我們可以稱之為一個「部」。這個「部」，在古代常稱作「某某氏」——「氏」就是部族成員共同具有的「姓」，例如黃帝所在的部族稱「軒轅氏」，其共有的特徵是使用車輛；「炎帝」的稱呼則顯示他們是以焚燒樹林、開墾土地和種植為生的部族，所以「烈山氏」這一名稱的特點是農業方面的。這種「氏」的存在，表示前述成串或成圈的遺址已團聚成一個地區。地區性的傳統，隨空間和時間的沉澱，就凝聚為一群可見的現象。

　　此時是農業社會，相較游牧社會更顯著的特點是：農民要定居在一處，牧民則是逐水草而居，呈現高度的移動性。如前所述，與炎黃集團對抗的五帝集團，其特徵在於：他們的生育神話，或是以太陽為號召，或是以鳥群為象徵；他們部落的標誌，有的用雲，有的用鳥的名稱——共同之處是具有「移動性」。

　　顓頊的時代在太昊、少昊以後，他們的生活節律按照天然的季節安排，相應的季節就有特定的植物、動物出現。太陽和鳥都是自然力的象徵，對於一個

在樹林裏靠漁獵獲取動植物為生的部族來說，自然力很重要。如果轉換到農業時代，這種對自然的觀察和運用也很重要。可見，顓頊時代重曆法，可以說明他們已經察覺季節性的變化在農業生產中的重要性。

以上所說，是距今五千年到四千年左右中國的情形。海河一帶有許多支流，自南北兩側分別流入，構成一個網狀的灌溉盆地。在黃河下游入海的三角洲，東邊往往有一支流入海河附近，例如天津附近的利津口。

這一地區農業開始較早，自北方南下的駕車族群軒轅氏，從蒙古高原沿海河南徙，所謂炎帝和黃帝的合作，便在海河地區到渤海灣之間。而在渤海灣及其四周，包括渤海灣北面的遼河一帶以及南面的海岱地區，都是以自然崇拜或太陽崇拜為主的漁獵群體，加上一些農業的影響。後來，這一群體被稱為「東夷」或「夷人」，也就是商人卜辭中的「人方」。請注意，「人方」自稱為「人」，居然從此以後變為人類的通稱。

這兩個並存而又對抗的集團第一次的聚合，我認為是在公元前 2000 年左右，也就是傳說中堯、舜、禹「三代」出現的時候。堯、舜的聚落遺址，可能是在今天的山西和河南交界處，二里頭文化和陶寺文化都與前述三代有歷史上的淵源。我們需要特別注意的是，傳說中的陶唐氏就是堯，可能指涉這個部族製陶工藝的特長，這是他能夠成為領導者的條件。由此，我們可以猜想：海河地區北到張家口，南到山東，終於在黃河下游聚集交匯。這一地區，可能是部落聯盟或部落之間彼此交換的商業中心，也可以演變為部落之間彼此協調、集會的場所。

將傳說故事與考古遺址的分佈結合來看，此地成為部落聚集地應有相當可能性。至於傳說中陶唐和虞舜的事蹟模糊不清，也許是因為短暫而非固定的部落間的集會，並未建立霸權或領導權，因此沒有建立一個「朝代」，只能稱為「三代」。

採集漁獵轉變為種植農耕的關口，應該在公元前 6000 年左右，位於海河平原與太行山交界處。也許因為水源足夠，山坡土壤的肥力也豐富，這一帶乃是小米種植的發源之地。

山東的龍山文化，已從採集漁獵演化為種植農耕。山東平原上面有丘陵、平原，也有海邊的灘頭。尤其山東半島與河南交接處有一塊低地，就是當年山東還是島嶼時，黃土累積成的低地和湖泊。如此條件下，山東農業有很好的發展基礎。這片區域又是盛產魚鹽之地，也有森林、草地，人們能從水中、森林裏獲取賴以為生的食物。凡此條件，使這一區域的農業快速發展，小米種植已經沒有問題，其文明也曾輝煌一時。

　　山東城子崖等地出現的龍山文化遺址，很多規模相當大，最盛者有上百家人聚居的聚落。中研院史語所考古組在城子崖遺址發掘出的蛋殼陶，薄如蛋殼，其燒陶技術可見一斑，龍山文化那時也已進展到相當的高度。公元前

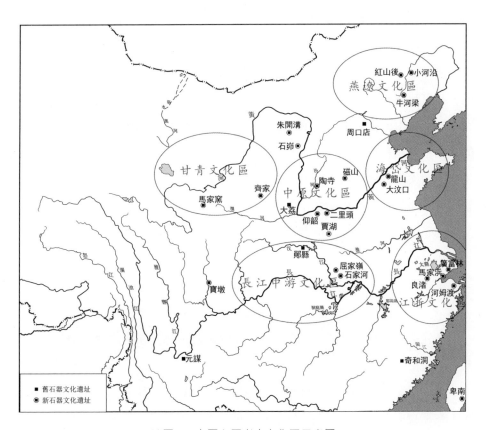

地圖 4　中國主要考古文化區示意圖

2000 年，這些村落忽然發生變化：聚落變小，甚至被廢棄了。龍山文化的輝煌，忽然成為雲煙。這些聚落的族群紛紛向南方發展，留在山東的不多，可能經歷千百年，他們才逐漸轉移於江蘇北部甚至太湖流域，在那裏與良渚文化匯合。

離開山東向南走的族群，還有被稱為「祝融八姓」的八個部族，他們都信仰天空的太陽，以及太陽四周的事物，譬如飛鳥或雲彩，最終遷徙到淮漢流域。從考古遺址可以測出那時的氣候：寒冷氣候往往是從北極侵入，而東邊的季風又不夠溫暖，就可能造成北方草原的冷化，一直延伸入內地，直到今天的陝西，中國北部基本上都籠罩在寒冷氣候之下。

中原地區未必不冷，「祝融八姓」到達的地方，也不完全是中原：他們分佈在河南偏南、小河川多的地區，也就是「秦嶺—漢水—淮河線」的所在，氣候比較溫暖，也可能比較不缺水。「祝融八姓」中最強大的一支「夷人」與雲夢澤一帶的「荊蠻」結合，成為後來楚國的基礎。我以為，新石器時代晚期，石家河就是代表這一結合的成果。所以石家河這類遺址的出現，乃是「祝融八姓」將山東發展出的高度文明帶到了湖北、安徽的河流地區，這對於當地的文化系列具有重大影響和刺激。在如此基礎上，發展出強大的楚文化。楚文化在中國文化發展的過程中，於中原各代而言，可以說始終是個挑戰者。這些族群與漢地居民的互相融合相當順暢。

三

公元前 2000 年左右，也就是堯、舜的時候，忽然在傳說中出現了夏禹，其功勞是治理洪水。

夏人就居住在山西的運城平原，西邊隔黃河與陝西相望，東邊是太行山餘脈。在那裏，今天還有一個夏縣。夏人的生存方式乃是採獵與農業混合，在山西的高山地區採獵，也在運城平原上發展農業。他們在流經運城平原的幾條南

北向河流，如汾水、涑水的谷地上種植莊稼。這個族群在距今一萬年左右，已經發展了原生的農業。

「夏」的字形是一個人的形狀，胸前有盔甲狀的保護，頭從上面露出來。這種部落也是以漁獵為主，耕種是後來的事情。但考古發掘顯示：從太行山、海河流域開始，這一帶很快出現了小米種植，武安磁山遺址就是典型。小米種植在河北、山西都相當普遍。無可懷疑，運城平原一定是受到這裏的啟發和影響。

這一地區的天然環境表裏山河，安全度很高。山西三面高山，一面臨河，有如此天險作為屏障，外來勢力難以進入。而夏人所在的運城平原，東西行走暢通無阻，由東邊穿過山間的陘道可進入海河、黃河並流區，即黃河下游、海河聯合沖積而成的一塊大平原。渡河往南走，進入豫西一帶的黃河平原也很方便。運城平原往西，過黃河即是關隴黃土高原，中國古代核心地帶（號為「中原」）的西端。從關中高地逾越華山，東望黃土平原，數千里猶如眼前。由此可見，夏人據有的運城平原，的確是形勝之地。

這一屬夏人所有的區域，確實非常富足，尤其地下水流非常豐富。山西高地蓄積的地下水水位都很高，在運城平原挖井就可取得水源。相較黃河下游炎帝、黃帝後人所佔有的海河、黃河沖積地，這一帶更安全，而且有發展的餘地。運城平原背後的大森林，可以供他們獵取食物；前面有黃河和幾條內部的河川，可資灌溉。所以，這是很好的一個基地。這裏孕育出一個強大的群體叫「夏人」，也是可想而知。

此地優渥的自然環境，使得夏人可以憑藉當地資源和地形的優勢，比別處族群更為豐足。它的根據地很安全，面積也不小，有相當好的條件。與中原那些需要彼此競爭有限資源的聚落群相比，這個族群的基地確實進攻退守都方便。

這一地帶山河環抱，易守難攻。今日山西山坡上大片的森林，鬱鬱蔥蔥，由南北望只見一片高樹。但如果從山坡俯視，則是大片蔥綠的樹林。這片土地，山深林密、禽獸眾多，正是狩獵的好地方。直到春秋時期，「陸渾之戎」

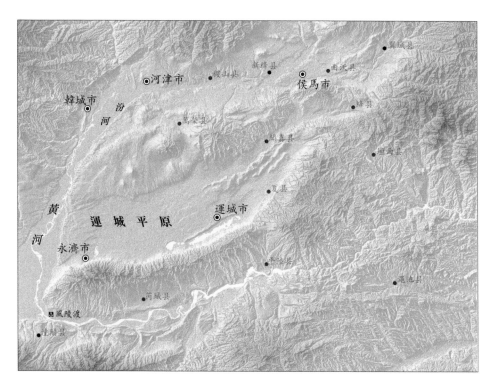

地圖 5　運城平原地勢圖

等族群還盤踞在這片高樹森林之中。而晉國的封地，是在運城平原與汾河交叉之處，那裏是優良的農耕地區。晉國的發展有山地森林作為腹地，有前面的運城平原作為農耕基地，於是周人封唐叔的銘文上，吩咐晉侯要容納當地的少數族群——所謂「戎索」（關於「戎」的名稱，我始終感覺與夏有關係。「戎」是「西戎」「陸渾之戎」等等，是中原王朝以西的外族。在春秋戰國的典籍中，「戎」的分佈和遷移都顯示：他們從關隴、河套一帶發展，一批批地往東、往南移動，而山西則是他們遷居的主要地點），也就是晉侯必須要設法吸收的族群。這些本地文化與外來的周文化並存，形成了晉國的特色。

四

　　然而，有個問題一直沒有解答：在氣候較寒冷時，為何會暴發洪水？洪水通常是由於降雨量大，應該是氣候溫暖時才易出現。

　　2007 年，南京師範大學地理科學學院研究員吳慶龍帶領團隊考察了黃河上游的積石峽。積石峽位於青海省循化縣，兩岸峭壁高聳，黃河從中間蜿蜒穿過。吳慶龍團隊認為，這裏曾有一個地震造成的巨大堰塞湖。由於此地是青藏高原的高山冰川帶，巨大的冰塊挾土石俱下沖入河道，構建了一座天然大壩，堵住了河道。大壩有兩百多米高，在其後方形成了一個堰塞湖。湖水越積越多，湖面越來越高。一段時間之後，壩體終於不堪重負。在公元前 1920 年左右，一次大地震造成了這裏的山體滑坡。壩體因此鬆動，積蓄的湖水沖垮大壩，河道就通了。大量的湖水攜積蓄已久的滔天威勢，奔騰而下席捲下游，形成了巨大的洪水。

　　那是一個地質活動非常混亂的時期，在公元前 2000 年之後的幾十年間，因地震造成山體滑坡、河道堵塞、堰塞湖崩開的情形可能有好幾次。黃河上游的來水不斷，若順利無阻地持續流淌，自然不會造成洪水。然而，因堰塞體堵死河道，大量河水積蓄一處，再猛然釋放，洪水就會在下游漫延。[❶]

　　這個意見，如今並未被普遍接受。不過，假如我們順此推論，則可能提出一個引人遐想的假設：在中國歷史傳說中，「夏禹治水」這個重要的故事也與前述大洪水相關。若此一冰川堰塞湖的潰堤果真發生，則時間是否在公元前 1920 年，倒並不是很重要的疑問。重要之處在於：因為有洪水，因為夏禹參與或者主導了處理洪水的大業，夏人才取得了中原地帶的主導權，也就是取得了本書所述第一區的霸權。

　　令人驚奇的是，「積石」這個地名在古代關於夏禹治水的文獻中已經出現。

---

❶ 參見吳慶龍等，《黃河上游積石峽古地震堰塞潰決事件與喇家遺址異常古洪水災害》，《中國科學 D 輯：地球科學》2009 年第 8 期（總第 39 卷），第 1148-1159 頁。

《尚書·禹貢》載:「浮於積石,至於龍門、西河。」[1] 說的是雍州進貢的船隻,從積石山附近的黃河順流而下,一直行到龍門、西河。換言之,積石這個地方,可能正是當年造成洪水災難的原因之所在。

黃河九曲,積石峽以下,氾濫的河水先奔湧向東,沖至今天的寧夏。再折而北上,到達今天的河套地區,又轉彎東流。過了河套進入晉陝對峙的峽谷時,又是一個九十度的大轉彎,向南湧入峽谷。奔流到壺口時,河道被兩岸的峭壁收窄,洪水從陡崖上噴湧而下,「黃河之水天上來」,攜餘威繼續南下,直沖到渭水匯入黃河的風陵渡。我曾在潼關外面的風陵渡,亦即渭河匯入黃河處北望壺口,滔滔黃水,鋪天蓋地汹湧而來,確實氣勢非凡,不愧詩人所嘆!

洪水在風陵渡又轉彎向東,流向今天的三門峽。而三門峽谷也只能將其稍稍收束,之後再往東,洪水一瀉千里,在黃河中下游的黃土平原上肆意氾濫。過了鄭州,黃河的河道由本來平直清晰的一條大河呈扇形展開,形成所謂下游三角洲。如此一來,從鄭州附近的桃花峪到黃河入海處,氾濫的洪水就游蕩在黃土平原上。

為何洪水只在河南氾濫,卻到不了一河之隔的山西?原因在於山西是高地,東邊太行橫亙,西邊呂梁雄踞,南邊面對三門峽一段的河岸則是東西綿延的中條山脈。受北岸山脈的阻擋,黃河的洪水只能往南岸灌注,甚至從南岸湧入黃河的許多支流,如汴水等,也會發生倒流現象。許多的考古發掘都顯示:在同一時期,有大量的遺址被水沖毀、淹沒;在此之後的遺址,位置都離開了黃土平原的最底層,被移置更高的二級臺地上。

如前所述,從積石峽可以看到大禹治水的痕蹟。洪水從那裏破口而出往下灌注,雖然進入不了運城平原,但隨著水位升高,運城平原和黃河之間距離會被拉近,地勢較低的水口都會出水。

---

[1] 2002 年,古董市場上出現「遂公盨」,其銘文有很長一段敘述大禹治水之事。若銘文屬實,這件銅器屬西周中期,等於是將典籍上大禹治水的故事提早了數百年。只是,細審這篇銘文我們可以看到,長段的論述與《禮記》所載大禹治水事蹟非常相似。這就引起嚴重的疑竇:究竟誰在抄誰?這件古物沒有出土記錄,憑空出現於文物市場,因此不能就此斷言其真偽如何。記此一筆,以說明我的保留態度。

氾濫的洪水攪亂了整個黃淮平原，其影響範圍一直到黃河入海處。如前所述，黃土地是一個綿密的細沙結構，沙層內部的毛細管可以把深層地下水吸上來。因此，它滲透著水，也含蓄著水。黃土平原是絕佳的農耕地帶，但經不起這種大規模洪水的淹沒。

這時候，出現了夏氏族的領袖鯀、禹父子。在中國歷史傳說中的大洪水時期，父子兩人都以治水聞名。大洪水忽然而來，才造就了文化英雄。鯀是用堵的方法治水，哪裏洪水來了就堆黃土堵住去路，但是他並沒有解決問題。接著由兒子禹來治理，他改堵為疏，廣挖溝渠，疏通河道。事實證明，這種洪水是堵不住的，尤其是黃土具有蓄水的特殊地質結構，確實要疏通才行。經過十三年的努力，禹成功了。

禹的辦法是在低的地方開口，洪水直接就從此流出。黃河中游一帶的大平原，南岸低北岸高。過了中游以後許多小支流流動，地勢較為低下，可以讓多出來的水溢進去，再由它們帶往別處；甚至還可以產生逆流──有些小支流本來是從南往北流到黃河，黃河水位漲高之後，從北往回逆流到這些小河川的上游存儲，積水過多時又可再次溢流。

在此種種治水策略下，夏成為第一個父傳子繼的朝代，也就是說，這是中國歷史上第一個穩定的霸權。從此開始，新石器時代的部落轉型為國家。在中國，這是第一次出現正式的國家形態，組織了一個中央號令的指揮中心。

夏的霸主地位之所以能夠奠定，除了夏禹治水的功勞，也因為夏人的基地在大洪水中承受的損害較小。因為大洪水帶來上游的黃沙，累積為肥沃的土壤，洪水過後，當時的黃河中下游那一片廣大平原比以前更為肥沃。憑藉這一安全而又富庶的據點，夏禹遂能號令天下。

山西運城平原代表了「夏」，「華」指的是華山代表的關中，這兩部分遂成為中國開啟國家形態時凝聚力量的堅實核心。

夏禹治水以及運城平原的發展，促成了黃河中下游整體成為一個大的格局。這個格局，終於發展為商人前帝國時代的統一，然後是周代分封制度的文化與政治合一。這整個過程，反映了當年芮德菲爾德（Robert Redfield）從中

美洲考古學中呈現的城鄉關係，是其另一次的參考與證明。當年我在芝大讀書時，芮德菲爾德的城鄉關係論，使中東古代史的老師們得到了一個很好的理論系統，以解釋蘇美爾時代烏爾城這一類的城邦，如何逐漸將四周的農人結合為一個個單元。而從蘇美爾時代進入巴比倫時代，這些個別的城邦終於結合為城邦群，等於一種前國家的集體；然後，在亞述時代，戰車的出現帶來的武力攻伐，令兩河流域的前國家城邦群，終於建構為帝國體制的亞述。這個過程，在中國古代史上，相當於黃河中游出現的考古系列，構成了本章所說因為夏禹治水而出現的凝聚力量，將黃河中游以下到鄭州之間建設成為夏的基地，終於在新石器時代完全過去、青銅文化開展的商代，以戰車的力量，組合成一個商代體制的前帝國。

五

凡事厥成其功，難免有所犧牲。大禹治水這次的犧牲在何處？也許就是將夏代以前的兩位領袖堯、舜列於信史的範圍之外。他們是部落聯盟或部落會議的領導，其族群組織不是國家，而是部落集團。在歷史進程中，這些人不得不退出——中國傳統歷史中，「堯舜禪讓」當作如此觀。

夏人的霸權不是沒有遇到挑戰。歷史記載中的后羿，是有窮氏的領袖，曾短暫地奪取了夏人政權。后羿是以箭術著稱的英雄，應當也是屬山東及海河下游那一帶漁獵部落的領袖。但經過一代人，夏人終於又奪回領導權，亦即傳說的「少康中興」。

二里頭文化，一般被認為是夏文化的起始。這個遺址儲存了大批的孔雀石。這種石頭是銅的化合物，既可以用於銅器條紋鑲嵌的裝飾，也可以用於煉銅。山西盆地富產銅礦，中條山銅礦的位置離陶寺和二里頭更為接近。這說明山西青銅文明有足夠的資源支持其發展，也就意味著：在夏代，中國黃河流域開始進入了銅器時代。

夏代的中國，是從新石器時代轉移到銅器時代的階段。這個時候，中東地區的兩河流域已經發展出了青銅器鍛造技術，也許是經由東方與西方之間游牧族群的媒介，青銅器製作技術被傳播到東方的中國。我認為，這一過程中，人們除了目睹車輛的實體，也可能在營火邊上彼此談話，提到所謂車輛之物，包括車輛的形態及其各部分的結構，如銅軸、銅配件，以及隨身的銅刀、銅箭鏃等。也許那時候的中國人，從欣賞進而詢問：這一堅硬鋒利的材料是何物？如何製作？然後，他們也就找到綠色石塊，嘗試燒製成液體，冷卻後就成為銅。液態銅還可以鑄成不同形狀的模子，也可敲擊出鋒利的刀口——這一觀念的傳播，大概正好在夏代到達中國。中國青銅器的時代以大量禮器的鑄造為特色，這種大型器物就不是小爐小灶的冶煉可以應付。而中國在龍山文化以來陶冶技術的發展，已經能夠燒製黑色蛋殼硬陶。有此技術，其掌握火力的能力，才能夠因應鑄造大型禮器的需求。

不過，傳說和考古發掘能夠相互印證，還是必須歸功於地質學家找出了黃河積石峽地區天然壩崩潰的痕蹟。否則，我們還不容易精準斷代：公元前2000年左右發生了大洪水這件事，年代恰好就和夏禹的時代接近。

後世還有許多傳說講述禹治水的過程，例如天象異徵、烏龜帶路等等，在山西、河南、四川、雲南都有流傳。見於四川北部的故事是：大禹的妻子塗山氏是四川姑娘，她送飯給丈夫，卻看見其化身為拱土的熊。雲南麗江納西族土知府木家，其族群的傳說是：他們的領袖，也就是木家祖先，乃是一個穿紅衣的喇嘛，乘著逆流的河水到達麗江，開闢了這片納西人的天地。

為何四川、雲南也有治水神話？假如說冰川壅塞的現象能夠把積石堆成的天然壩沖垮，從青藏高原上來的冰川應不止只發生過一次如此災害。積石峽那次之外，何嘗不可能發生另一次沖決堰塞湖，向南流入長江上游的川滇地區造成地區性大洪水？無論如何，積石峽的考古發現對於解釋古史的確是重要的啟示。

中國新石器時代核心區分區年表

年代 （Cal BC）	分期	北方旱作農業區		華北混作農業區		長江中下游稻作農業區	
		黃土高原	燕遼區	中原區	海岱區	長江中游	長江下游
8000-6000	早期	細石器	東胡林	李家溝；賈湖一期文化	扁扁洞；張馬屯	彭頭山文化	上山文化；小黃山文化
-3500	中期（平等氏族 - 部落社會）	老官台文化；仰韶文化早期	裕民文化、興隆窪文化；趙寶溝文化、紅山文化早期	磁山 - 裴李崗文化；後崗一期文化	後李文化；北辛文化	皂市下層 - 城背溪文化；大溪文化	跨湖橋文化；馬家浜文化
-2900	晚期（複雜社會第一波興衰期）	仰韶文化中期	紅山文化晚期	大河村文化早期	大汶口文化早期	油子嶺文化	凌家灘 - 崧澤文化
-2300	後期（複雜社會第二波興衰期）	馬家窯期；半山期、廟底溝二期文化	小河沿文化	大河村文化晚期；中原龍山文化早期	大汶口文化中晚期	屈家嶺 - 石家河文化	良渚文化
-1500	末期（複雜社會第三波興衰期）	馬廠期、齊家文化早期、石峁文化；齊家文化晚期、東下馮類型	小河沿 - 雪山二期文化；夏家店下層文化	中原龍山文化晚期；二里頭文化	龍山文化；岳石文化	後石家河文化；二里頭文化	錢山漾 - 廣富林文化；馬橋文化

中原第一核心區

豫西黃河平原，是中國新石器時代人口最為眾多、種族最為複雜的地區。不同的人群、種族在這裏互相交流，彼此激盪，可謂是集中國新石器文明之大成，在其晚期散發出瑰麗的色彩。

公元前 2000 年左右，已經有許多部落在這一地區共存，彼此之間應已逐漸發展出互相合作的制度。我們可以假想：部落共同議事時，有主事的帶頭人，並從強大的部落中擁戴眾人欽服的首領。傳說中，唐堯、虞舜與夏禹是三代賢君聖主，堯禪讓於舜，舜禪讓於禹。但實際上，未必是他們主動禪讓，而是部族中更強大的後起者取代了前者的領導地位。

歷史傳說經常將堯、舜、禹當作三個具體的人物，而且其先後順序也依次排列。實際上，我認為堯、舜、禹代表了三個族群。他們彼此之間錯綜複雜的關係，不是「禪讓」二字就可說明的，乃是族群間爭奪霸權引起的糾纏。

可以說，在夏禹擔任部落領袖以前，唐堯、虞舜兩代已經發展了相當重要的部落會盟制度。當時很重要的中心據點，在今山西襄汾陶寺和河南偃師二里頭，再加上陝北的石峁。這三個遺址，都有大規模的公共建築或祭祀設備。我

認為，石峁所代表的，是西北角落上河套地區農牧更替，各取其適宜的時間，作為當地的中心聚落。考古發掘顯示，因為農牧更替而出現聚落形態的轉變，石峁這一中心並不完全持續存在。另一方面，山西襄汾的陶寺可能是陶唐氏的活動中心。如果傳說唐堯、虞舜的領袖地位確實存在，陶寺就可能是這些部落聯盟聚會的中心點，但是離真正國家中心的首都地位還差一步。離陶寺不太遠的偃師二里頭，則是很大的聚落，而且規格嚴整，有宮殿以及其他建築的分工，範圍也很開闊，足夠作為領導王國的首都。二里頭出現大量的綠松石，保留在銅綠石作坊之中。由於綠松石是當時銅器鑲嵌的主要材料，大量的綠松石也就意味著這裏是鑄造大量銅器的中心點。二里頭離山西中條山西吳壁冶坊遺址的產銅區不遠，這個首都位置的選擇，也可能反映他們要掌握附近的重要資源，以供儲備禹域王朝的大量物資，作為各族群直接交換和貿易的資源。因此，通過上述三個據點的對比，這一區域三個中心的性質就說明了三個聚落形態的差異。

但是，突然到來的洪水打亂了格局。而生活在運城平原的夏人卻沒有受到洪水的侵襲，只有他們可以南下救災、救人。如眾所知，夏禹成功治理了洪水，夏人的領袖地位也毫無疑問由此確立。夏人權力集團的結構已經超越一般的部落。在堯、舜、禹三代之後，夏成為權力核心，並建立了一個延續四百多年的朝代。中間不是沒有變化，但整體來說，這一期間是夏人領導中國的格局。

一

以我個人意見，河北槁城作為商人的北方據點，其作用是佔據北方游牧民族向南擴張的交通點，乃是一個防衛中心。盤龍城位於江漢平原，這個地區是從黃河流域跨入長江流域的重要基地。商人在此地設立一個大兵站，正如後世靖康之亂後，岳飛的軍隊必須在這個地區建立他們的軍事基地。至於新幹大洋

　　　　　　　　　　　第三章　中原第一核心區

洲，乃是面對著江、湖地區，在長江的中下游控馭長江三角洲，聯繫淮河流域，作為向東南擴張的立足點。這些基地只是兵站而已，不能當作都市的大聚落，如同許宏「大都無城」的意見：兵站式的據點，至多是次一級的權力中心或者儲藏財富的地點。

歷史上的商代其實只是部落集團，還不夠「國家」的充分條件。商人的王，每隔一段時期就會帶著「多子族」——他所領導的「子姓」分族——巡走一方。凡所到處，都要當地的部落降服於商的霸權：他們貢獻禮品，商王會賞賜回禮，雙方客氣融洽。這些部落還派人加入商的部隊繼續巡遊，整個巡遊部隊就像滾雪球一樣越滾越大。這就使得後來的部落只能向商低頭臣服，除此別無他法。以上陳述，很像古印度的「白馬巡遊」，單一部落的威權還有待常態化，更不說制度化為國家了。

前面我曾經說過，商代的「人方」乃是生活在山東和渤海灣地區的「東夷」。這一大族群，往西發展會碰到夏人，沒有太多便宜可佔；往北跨過渤海灣，本來就是他們的地盤；於是，唯一可以發展的地區乃是向南。商代的王室不斷巡遊四處，而董作賓先生排列的征「人方」的「日譜」，正好反映那一次特別舉動的範圍其實已經到了山東、江蘇一帶的淮河流域。

同一時期，中亞、西亞草原上的牧民發展了青銅業。青銅技術一點點向東傳輸：首先傳入新疆、內蒙古，再經幾個關口或通道，向南傳進黃河中下游流域以及四川北部岷江流域；西邊是從今天的河西走廊、河套地區以及鄂爾多斯傳入；東邊則是從張家口，中間經由雁門關所在的隘口進入中原。接續夏人的商代，最終發展出一個輝煌的青銅器時代。

關於青銅文化的演變，過去一般爭論之處，都集中在中國的青銅文化與中亞進入的青銅文化之間的關係，也因此牽扯到中國是否沒有發展自己的青銅文明，而只是接受了西方的傳統。拉長我們的視線，從五千年前中東開始發展青銅作為器物的原材料，其出現於人類文化確實是從西方開始。但是，如果我們從公元前 5000 年到公元前 2000 年之間這一長時段來看青銅文化東向發展的演變，其實就不是時間早晚的問題了，而是重大的質變：從中東到中國的甘青地

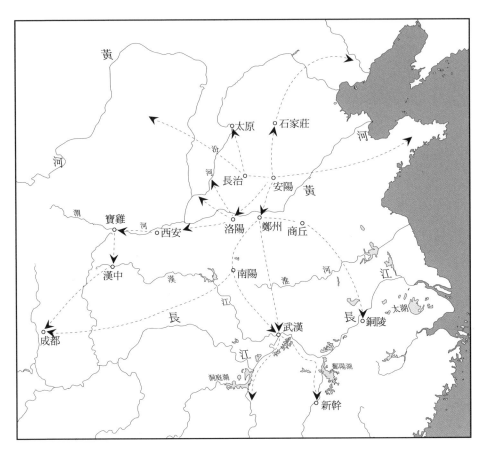

地圖 6　商代主要巡遊路線示意圖

帶，那一地理上的空間，其青銅文化的表現，大致就是「斯基泰」或「鄂爾多斯模式」。青銅作為武器諸如箭鏃、刀刃或者銅覆面及護心鏡這一類的用途，此外都是一些零碎的、與牧羊有關的器用以及車馬配件。而從四壩文化開始，就進入了中國的領域。很快，中國青銅的用途，除了武器、車馬器等以外，大量用於製造禮器和飲用器皿。這一巨變，在四壩文化以東發展的重要性，都顯示中國青銅器的特色，擺脫了與牧群移動有關的用途，而注重於國家組織、宗教信仰、世系傳承，尤其表現於青銅器上的銘文，諄諄交代此處所說的特色。因此，中國的青銅時代意味著國家形成、天神崇拜、宗族綿延，如此特點，青

　　　　　　　　　　　　　第三章　中原第一核心區

銅鑄器呈現的功能，就是完全在中國自己發展的文化框架內，擺脫了西方游牧族群用於裝飾和武器的舊日傳統。

行文至此，我必須聲明：這一觀點使我憶及當年與恩師李濟之先生討論青銅時代的問題，與青銅器皿之間的特色，他的意見我應當替師門發揚，提供給同仁參考。濟之師已是古人，他對古代文化的發掘與解釋，是我們必須紀念的一筆重要遺產。回想當年，濟之師教導張光直和我，隻言片語，無不涉及重要的課題。我們同學二人從老師那裏學到的東西，此生銘感，不能忘懷。

商人統治階級的架構，主要是「多子族」。出身「多子族」的貴族子弟，可能都是商人的軍官，各自參加或領導一支部隊。中國歷史上第一個有文字記載的女將婦好，即是商代大將。據考證，她是商王武丁的王后，在出嫁前是商王國北部方國的公主。她屢次率軍東征西討，安陽殷墟婦好墓的出土實物可見，她用的武器是一柄 8.5 公斤重的龍紋青銅大鉞，以及一柄 9 公斤重的虎紋青銅大鉞。使用如此重的兵器，需要相當體力。

商人的時代，與夏人的時代完全不同。商人以武力征討，壓服各地原有的居民，掠奪農業產物，並擄取奴隸來從事各項勞動。他們自己則坐享擄掠的資源，大口吃肉，放懷痛飲。商的戰鬥隊伍是混雜部隊，在巡遊時不斷吸納從屬族群，隊伍也越來越龐大。如前所述，商代可以說是個類似游牧軍族用武力壓服中原的時代。從考古遺址的出土物所見，商人酒具的種類與數量繁多，可見他們的酗酒風氣。殷商遺址出土殉葬奴隸、僕役人數眾多，也說明其草菅人命的惡劣行為——這是武力征伐部族的常態。

如前所述，類似的形式在古印度也能看到。公元前 1000 年左右的幾個世紀，印歐語系雅利安人在佔領印度西北部之後，向東南開發擴張的過程中，也採取了類似的方式：每隔一段時間，雅利安人部落的首領即率軍巡遊，由一匹白馬帶隊，白馬之所向即為軍隊之所至，壓服當地的土著和部落。這些被降服的部落也派他們的部隊，跟在雅利安人的部隊後面繼續巡遊。雅利安人入侵印度後能成立新的大國家，就是經歷如此過程。

商人行為中最可評議者，是他們以人為犧牲的習慣。由史語所發掘的殷商

大墓可見：王者的陵寢在墓室之內，從亞字形斜坡走向中央墓室，每隔兩三階都會有一個半跪的侍衛，武裝俱全，他們的骸骨三千多年來都是保持這種姿勢，在死後保衛其主公的安全。墓室之內，四面分散的都是殉葬的朝臣和嬪妃的骸骨。大墓封頂，一層層的夯土埋葬了以千百計的骷髏，這些都是為了建造大墓而犧牲的奴工。圍著大墓四邊，又有許多衛隊的埋葬坑：一個領隊的骷髏在前面，領導著下面五到十個兵丁——這些衛隊的總數也無法合計。最近，婦好墓的周邊也發現了人殉的遺址。婦好墓墓室中央是其棺槨所在，四周有十六位犧牲者的屍首，分別見於三到四間邊室，其中可能有替她保管各種用品的宮女。婦好的墓葬外面也發掘出很多頭骨，大概也是築墓的工人。

除了墓葬，商人的各種祭典和禮儀也有以人為犧牲的行為。在甲骨卜辭中，「用羌十人」一類的詞句，意指以羌人作為犧牲品。甲骨文中有個「宜」字，意指為曬乾的肉乾——將人作「宜」，究竟是犧牲，還是食用？我們很難判斷。

商人對於俘虜或者兵士，都可以活人殉葬。若以各個大墓計算，其犧牲的活人為數不下萬計。以如此眾多的活人作為犧牲，這個朝代很難說是個「文明」的時代。周人評價這一現象，說「始作俑者，其無後乎？」——即使以木偶代替活人作犧牲，周人仍認為會缺德無後。

周武王伐商，以「仁者弔民伐罪」為號召。周人以《尚書》的《康誥》和《酒誥》等篇目教訓自己的貴族子弟，警戒他們不許酗酒，不許懶惰，必須勤於公務和政事。相較商代，在周人遺址中出土的酒器確實為數甚少。孟子見齊宣王不忍心以牛為犧牲，相較商人數萬人為殉的禮儀，周人的心態的確文明多了——也難怪周人創業之時，處處號召推行仁政。無論如何，商周交替，在文明史上確實前進了一大步。

古代中國在發展的過程，由夏代的治水，到商代青銅文明的武裝帝國，及至周代，終於達成一個統治者的姬姓及其同盟姜姓的聯盟，而且糾合關隴、巴蜀地區的西戎組成聯軍。周人從關中往東征討，征服了整個黃河流域，建立了周代的帝國。這個帝國的統治機制不是靠征伐，而是靠王子公孫的分封，在緊

要的地點，由王子公孫的部隊駐防戍守。如果封地的原住民反抗，則分散在各地的周人姬姓封國和姜姓盟邦就可對其包圍、鎮壓。當地人面對新來的姬姜集團，唯一的選擇就是融合，融入周人領導的龐大封建系統——這是中原的根本，也是古代中國的核心。

二

　　下面我們將討論都市化現象在中國考古學上的意義。

　　一些大規模聚落出土，引發考古學家討論：「都市化」（urbanization）是否為文明進度的重要指標。這一討論，起源於考古學家芮德菲爾德對於兩河流域都市的出現與兩河文明同步發展的現象的考察。因為當時兩河流域的「都市化」以城邦的形式出現，就將聚落的意義局限於城市，這是非常特殊的現象。芮德菲爾德原本的用詞 urban，乃是指「結構比單純村落要複雜的聚落」，準確的中文表達可能應當是「聚落的多樣化、複雜化」，城邦只是複雜的現象之一。

　　我認為在東亞地區，村落是許多線狀分佈的聚落群之一部分，一串的村落構成一個有中心的聚落群，或者一長串的聚落帶之中也有一個重要的中心。這種在空間佈局上的複雜化，黃河平原和長江流域都可以實現。相對於黃河、長江流域的廣大空間，中東地區、兩河流域的空間就顯得狹窄，其內部佈局的複雜化最終濃縮在城牆以內的權力中心，控馭四周的衛星分佈，而形成權力結構的上下、內外之別。

　　而且，兩河的城市都有一個自己的城邦主神，例如空氣之神恩利爾（Enlil）就是蘇美爾城市的主神之一。於是，對於城市外面的附廓聚落，就有權力的上下之別。在眾神的天庭，各個城邦自己的主神在神界既有一定的親屬和主從關係，也可以將城邦群的結構最後擴充為國家結構。

　　在人類史上，出現於兩河沖積平原上的小城邦開啟了「城市」的歷史。在歐洲古代史上，希臘在地中海沿岸的城邦群，以及在黑海、地中海的角落，出

現了後來特洛伊戰爭所牽涉的城邦。其實這三群城邦都是高加索種白人從北往南擴散時在各地建立的據點，是以族群戰士為核心的聚落，不過城外卻是當地土人的田地。

這一段歷史，在歐洲人的心目之中，是固有的歷史面貌。因此在近代，他們開始主宰世界時，也成為他們心目中文明化第一階段的樣本。後來，歐洲歷史上蠻族入侵，各建邦國，以至於歐洲人擴張勢力，經由海道處處殖民，掠奪當地資源，開啟了所謂現代世界的經濟。這一段過程，在芮德菲爾德心中是歷史的開始。在討論近代史的專家們心目當中，海路上的臨海城市也確實是近代世界地圖的起點。然而，這一模式未必適用於解釋歐洲以外的歷史。

以中國考古學上的都市現象而論，許宏曾經有過很精彩的討論，他指出了古代都市的多樣性。在這裏，我想從他的論點出發，先討論中國第一、二區考古出現的一些都市。

根據 2018 年 7 月 19 日《史密松博物館雜誌》（*Smithsonian Magazine*）的資料，據印度一鐘乳石洞內的石筍（Stalagmite）的同位素分析，距今四千兩百年前，全球普遍存在一段長期乾冷氣候，稱為「梅加拉亞期」（Meghalayan Age）。這種氣候對於中國古代都會的分佈格局，起到了決定性的作用。由於乾冷，山東渤海地區本來是發展最良好的地帶，而在此考驗之下，社區縮小、人口減少，我稱之為海岱地區的文化擴散。山東龍山文化後期，原本相當發達的農耕社區數量減少，規模也縮小，他們只能帶著自己的文化轉移到他處。另一方面，海岱地區的「祝融八姓」也向南方的長江流域和北方的壩上移動。

往西的擴散，在山西盆地的左右，東側成為後來殷商的一部分；西側則是神木石峁一帶，亦即河套邊上的「太原」，殷周時代不斷有草原族群與農耕族群之間的戰爭發生。向長江流域的擴散，造成了在徐、淮以南直到江蘇、浙江邊緣，出現大型社群和都會，最終和良渚文化的後裔相接觸，交接於上海的廣富林遺址。

龍山文化與良渚文化的後裔接觸前，在良渚原本的聖山群附近，終於結合成一個龐大的古代聚落群，其內部分佈的大型墓葬，埋葬著掌神權與軍權的顯

貴人物，有男有女，也有等級的差別。而且，各種隨葬品以精美玉器為主，做工精緻，形制複雜。這種「聖山」模式，如張忠培先生所指示，意味著神權與軍權共同構成一個複雜的文明社會。張先生因此認為，「神、王國家」的形態已經有了清楚的呈現。我認為，如此大型墓葬既然以「聖山」面貌建構，這種遺址應當有如明代十三陵以及清代東陵、西陵，乃是國家最高統治階層的家族陵園。

此後不久，終於在這一地帶出現真正的原始瓷，還出現了江蘇無錫鴻山遺址的硬陶，以及鑄造鋼鐵的技術。如果單以良渚自身玉石為主的文化繼續發展，似乎並不能真正轉向、提升到更高級的陶器與金屬鑄品。我認為，正是「祝融八姓」或龍山的擴散，把他們已經充分掌握的高溫燒製黑陶的技術帶往南方。這一技術的特點，在於以較短的「直窯」迅速地累積高溫；黑陶的陶土基本上是黃河河底的淤泥，包含許多無可分析的成分，這才使得蛋殼陶既薄且亮。這一技術如果轉化為煉鑄金屬（銅或鐵），正可將良渚的基礎從晚期的新石器提升到金屬器的時代。後世江蘇、浙江一帶以吳鉤越劍和青瓷著稱，正是在如此條件下，才得以順利發展。

從海岱地區往南出發的「祝融八姓」，終於進入長江流域的「吳頭楚尾」。最重要的發展，是在湖北的江、湖之間，「祝融八姓」的羋姓與當地荊楚山林的土著結合，將屈家嶺文化改變為石家河文化。那一連串十幾個聚落群圍繞中央城市的結構，其壯觀可想而知。

回到北方海河和渤海灣之間，舊日「五帝」的地區即是以「祝融八姓」為主；再加上龍山與堯王城有關的人群大量內移，終於在山西汾水與黃河相交之處，組織為陶寺文化。陶寺東邊，也就是黃河下游扇形開展的尖端，延伸到後日的安陽以及當時略微靠北方的槁城，則是未來商人文化的基地，那裏也有距離相近的幾個大城市。陶寺遺址的西邊，緊接著就是二里頭遺址。這兩個遺址，分別代表了後日的聖王堯和禹的基地。這一串黃河邊上的都市，成為後來「三代聖王」傳統的根據地。

在這些遺址上，我們確切地看見了青銅禮器作為青銅文化時代出現的標

誌。我們也必須注意：青銅在中東的出現，確實比中國早一千餘年，但是，在秦隴以東出現的青銅文化乃是以禮器為主體，與西方中東一帶以武器、覆面、盔甲以及車馬具為主體的用途完全不同。中原的青銅文化範圍內，則有湖北銅綠山、山西中條山以及黃河氾濫區的銅陵、銅城幾個礦區，這些礦區見證了中國青銅文化全面的本土化。在神木石峁遺址，出現了農牧之間交替佔有城市基地的現象。這種轉換，也正好印證了王明珂所指出的：亞洲普遍有乾冷氣候，而造成了這種「擺動」。

秦隴一帶，東邊的延伸是石峁、神木，往西則是三星堆文化——這一文化具有濃重的內陸「斯基泰」色彩：那些銅面具，我認為就是中東地區金覆面、銅覆面的誇張表達。在秦隴地區一左一右這兩個例子，其都市的性質確實與陶寺、二里頭並不一致。可是我們也必須注意：「治水聖王」夏禹的原型，也就是在黃河上游。而三星堆往南發展，就和前面所說的荊楚文化的基地相去不遠。

這些大都市的出現，與中東、兩河的大都市不同之處，乃是中東或古希臘的城市都與某一天神有關，而一連串城市的保護神，則組織為天上的「神庭」——這種城市的「商業性格」和「神聖性格」，是糾纏難分的。而在中國，陶寺、二里頭以及商代出現的大城市，其規模類似國都，則是「人王」取得神佑而發展為「聖王」，人間的統治者，必須要以其行為、品德向上蒼求取福祉。這種道德與政治糾纏的現象，此後終於在中國的古典時期，即商周易代時，將政權、秩序、道德與人間都整合為不可分割的系統，也成為世人評騭主政者行為的尺度。

陝西神木的石峁遺址，前面我們已經討論過，地處農牧交錯帶，因著氣候和濕度的改變，華夏的農夫要面對北方牧民的挑戰。為了爭奪這一帶的土地，農夫們必須要有防衛的據點，保護他們耕作的田地。於是，城牆之內會有權力中心的大宅，也會有儲藏物資的空間。但是這個城內和城外居民都是同一群人，只是分工不同——並不像希臘古代城邦，城內是征服者的領袖，城外是被征服的農夫，為供養城內貴族而勞作。

有三個大都市集中在黃河三角洲的西端，它們分別是陶寺、二里頭和後來的殷墟（「大邑商」）。我認為，在夏代還沒未建立時，陶寺坐落於東方汾河流域以至於黃河三角洲的尖端，乃是中國東部文明發展的主要舞臺之一。那裏有不同的部落，有不同的生活形態：草原上的軒轅氏所代表的牧人們，河流谷地中開始種植小米的炎帝所代表的農夫們，以及海岱與渤海灣兩岸發展的紅山文化與龍山文化，以採集漁獵和種植農耕等多種生活形態為生的大群落。這些族群的對抗與合作，免不了經由彼此的交換互享資源。中國歷史上的堯、舜、禹三代，以及此前的顓頊等所代表的族群，正是在這個東方大平原上，發展了酋長聚會共同解決問題的方式，甚至產生一時的盟主，即所謂「三代聖王」。尤其值得注意者，舜的個人歷史頗與族群之間的貿易脫不了關係。因此，這個地區幾個大的都會，乃是東方各族群的聯絡中心。這個意義，也不是中東、近東考古學上那些城邦可以同日而語的。

至於二里頭作為夏人的政治中心，確實有此可能。夏這一族群的所在地，我認為是以山西谷地尤其運城平原為主體。在涇水流域、河套東部，他們可以在氣候良好時期發展農耕，將自己西北方的領土整合於夏域。二里頭在夏人領土的東邊，石峁在其領土的西端，這一整片「夏域」足夠當作華夏的起點。

至於中國歷史上，可以配合芮德菲爾德從中美洲考古學上建構的所謂的城鄉關係理論，以理解城邦制度本身可能發生的轉變形態，我以為是西周封建制度下受封的封君所建立的都邑：城內是領主的治理中心和經濟中心，城外則是鄉遂制度與都邑分工。鄉遂的居民中，有封君帶去的農民，也有當地原有的居民。誠如芮德菲爾德主張，城邦乃是文化開始的起點，我們稍作修正：西周的封建制度確實建立了一個基礎，將周人的天下觀念建設為華夏大地的文化基礎。諸如東南沿海良渚古城這種大規模的城市，也可見於第二區。今天的湖北江漢平原一帶，在屈家嶺文化（距今約五千三百年至四千六百年）向石家河文化（距今約四千六百年至四千年）轉換的時期，已經出現眾多結構複雜的古城。其中最大的是石家河古城，以其為中心，周圍還環繞著十餘衛星聚落，共同構成大的都會區，在歷史時空中與長江下游的良渚古城交相輝映。

但兩者之間也有差別：石家河古城是一個中心城市，環繞十餘衛星聚落的格局，顯然是逐步發展形成的；而良渚古城卻是先有規劃，再有序興建的。良渚古城所處的地理環境是水鄉澤國，古城由內而外是宮殿區、內城、城牆、外城，外圍還有一套龐大的水利系統；城內水網交錯，要人工堆築大量土臺，再在上面營建房屋。這樣一座古城，需要統一規劃、統籌組織才能建設完成。

　　長江沿岸的南京、鎮江一帶，在距今三千多年前的銅石並用年代主要存在的是湖熟文化。湖熟文化的村落也經過相當的規劃，比較常見的形式是以當地的河流、湖泊作為防衛，遺址則分佈在沿岸的土墩或臺地上。這種臺形遺址需要事先擇址規劃，堆築起突出地面的土墩，再營建聚落。良渚古城出現前後，長江中下游地區的古文化，呈現多姿多彩的並存或前後相錯。我們必須理解，古代文化區之間訊息的交換並不如同今日一般便利；同時，在空間上看似緊鄰的文化區，在時間次序上可能有相當的差異。因此，在同一個地區之內，不同文化同時並存，似乎並無顯著的彼此影響，乃是不足為奇、可以理解的現象。

　　良渚的大城有建築群體，也穿插著許多聖山，各有其儀式性的象徵結構。如此複雜而堂皇的建築群，有極大可能是儀式性或宗教性的中心。以我們所知為例：五臺山有許多宮廟建築，地區廣大、內容複雜；峨眉山從上山到山頂，各種大型建築沿著登山的道路，構成極為複雜的功能分區；武當山在高山絕頂，跨過巔峰建築了一個大型的宮廟社區；恆山在絕壁上鋪設棧道形的基礎，建構複雜的宮廟社區。

　　在古代，如果若干族群有共同的信仰，他們很可能共同建立一個儀式中心，既不具有政治中心的功能，又不具有商業中心的功能。後面我們將討論的三星堆這一「三星伴月」的中心地帶，可以假設為宗教信仰的儀禮中心，而在原有的政治力量離開以後，被後繼者以厭勝之術上掩下燒，以消除其原有的信仰力量。

　　除了宗教儀式中心以外，族群之間經常共同選擇一個樞紐地帶舉辦市集，以此為商業和交換的市場中心。這種樞紐地帶在抗戰前的中國處處可見；也會有若干永久性的大型建築，再加上一個廣闊的廣場供群眾交換其商品。我

認為，陶寺或者二里頭未嘗不可能是這種聚會的中心，不必特別肯定其政治功能。甘肅居延的漢代遺址，便是邊防的屯墾區，既非都城，也不是商業中心或祭祀中心。

從以上討論，我想提醒各位：考古所見的大型聚落常常被解釋為「國家」的都城。其實以現代人的經驗，我們就可以理解：大聚落甚至於有宮殿形態的建築群並不必然是政治中心，更不能以此說明這是國家體制的複雜群體。

第四章

南方第二核心區

中國歷史上不乏江河各自發展的事例，但更多的是互補輔翼，在統一的格局中共同創造或維繫一個富足的東亞大國。過去我們認為，後世整體中國的文化發展是基於中原的核心，但實際上近年來的考古發掘還發現了新的因素。在第一核心區以南，從四川盆地向東延伸，到遍佈湖泊的長江中游地區，再到江浙的海濱平原，這一個由大江、湖泊、溪流、濱海串聯的廣大地區，有山有水，山環水繞，而以水為主，終於發展成為中國古代的第二個文化中心。

地理學家張相文先生曾指出，在黃河流域的東南方，從秦嶺到淮河，可以畫一條假想的直線：其西北是晉陝甘高原，由秦隴高原、華山山麓東向，北面是山西表裏山河，平行於山西的是黃河中游的黃土平原，其南是漢水與淮水，作為黃河流域和長江流域的分界線。後來胡煥庸先生在此基礎上，畫出一條更簡捷的界限：從黑龍江的黑河市拉出一條斜線，終點在雲南騰衝。這條線以東以南，人口眾多；相對而言，以西以北則人口密度較小。

「秦嶺─漢水─淮河線」以南地區的氣候受東南季風影響，潮濕溫和、地形多變。西南的四川盆地山環水繞，從川北到三峽，內部分為巴、蜀二區，被

高山峻嶺圍繞成若干大小谷地；長江貫穿巴蜀，穿過三峽。這一洪流一路灌注到古代的雲夢、彭蠡大澤，及其周邊的許多湖沼。更往南面則有南嶺，眾山連綿圍繞，許多河流瀉入湖沼，幾乎就是一個廣大的內海。這一地區氣候溫和潮濕，植被飽滿，物產豐富，尤其河口湖濱處處沼澤，乃是稻米的原產地，水產眾多，人不知饑。

一

首先從四川盆地開始，陳述第二核心區的發展，亦即從新發現較多的三星堆文化說起。

三星堆在成都東北約 40 公里處的廣漢市，因為遺址區內有三個隆起的小土堆，其排列像三顆星星，所以叫三星堆。三星堆考古不是新熱點，1931年，在四川廣漢傳教的英國傳教士董宜篤（V. H. Donnithorne），就曾從當地農民手中收購他們偶然挖掘出的三星堆文物，並捐贈給了當時的華西協合大學博物館收藏。

1986 年，考古人員發現三星堆的兩個祭祀坑，對其進行正式發掘，從中出土了大量器物。新世紀初的 2001 年，又在成都市內發掘出金沙遺址，這是三星堆文化的後續和傳承。

我對三星堆遺址的重視，不僅因為這個遺址內容特別豐富，更重要的考慮，則是經由褒斜道從陝甘地區進入長江流域，三星堆是後來第二區北部一個最重要的據點。這個據點還可以向西南、雲貴擴張，由此構成了第二區西部的重要節點——將北方陝甘與整個南方的山岳和江湖，經由川北和成都平原而聯繫黃河地區的中原，形成整片天下。

2020 年，三星堆重啟發掘。現場搭建了鋼結構的考古大棚，不怕風，不怕雨；發掘坑上方加蓋玻璃倉，保證恆溫、恆濕。除各種傳統發掘工具，還應用了眾多新技術設備助力。大棚的角落搭建了有機實驗室、無機實驗室、文保

工作室等，多學科集體合作，考古發掘與文物保護現場密切配合，取得了非凡的成果。據考古工作隊在 2022 年 6 月的説明，三星堆的時代應在商代晚期。

三星堆出土的銅器種類，與中國其他地區相比有很大差別。中原地區出土的殷商時代銅器中數量最大的是禮器和用器，如銅制的鼎、簋、爵等，其次是武器，很少見到其他種類。奇怪的是，三星堆出土銅器中，人物類的青銅面具、青銅頭像和青銅人像所佔數量最多，其尺寸大小不一，從幾厘米到一百多厘米，形式也多種多樣。其中一件青銅縱目面具，通高 66 厘米，寬 138 厘米，重約 70 千克。面具有兩隻大眼睛，中間的兩個大眼球呈圓筒狀，向前鼓出約 16 厘米，還有兩個大獸耳向兩側展開。

除了青銅面具，尚有大量的青銅人頭像，有些頭像上還蒙貼一層金面罩（曾發掘出金葉打造的大型金面罩）；頭像的底部，往往有可以插木柄的中空管槽。此外還有身著不同服飾的青銅全身人像，有站立的，也有單膝下跪或雙膝跪坐的。大多數人像雙手在前呈環握狀，雙拳中空，似乎手握某種物體。最大的一件立人像，通高 260.8 厘米，人像高 180 厘米，站立在一個底座上。還有一些人物手持銅杖，杖身纏繞繩索狀的枝條，可能就是牧羊人牧杖的寫形。

這些人像或者人面，大致都是高鼻深目，儼然是影射亞洲白種人的體質特徵；有的更誇張為巨大的面具，眼睛突出。在三星堆之外，至少從目前可見的資料，甘肅靈台白草坡遺址出土的玉人和寧夏彭陽姚河塬西周遺址出土的象牙梳上的雕刻，都與三星堆的人像有十分相像之處。

三星堆的人像與白草坡的人像，都有尖頂帽。而蛇身纏繞的銅器，與三星堆神閣上面的纏繞圖像，也都是相似的手法。三星堆出現了許多南方地區的物件，例如象牙；白草坡則有海貝，海貝更不可能是西北土生的——這就意味著，從西北到西南之間，有個物資流轉的通道。我們也必須注意：在西南部雲南出土的儲貝器，可見鮮明的斯基泰風格的圖形，鹽源出土的青銅器也有枝狀物。這就説明，從西北、西南經過三星堆所在的成都平原，有經常來往的貿易路線——南方絲綢之路的存在遠比我們想像的要早，三星堆毋寧擔任了這一路線上很重要的轉運節點。我們必須要理解：從甘青到西南和南海，這條通道

數千年來始終未斷。三星堆的存在，只是一個階段性的現象，卻曾經是西北、西南物資交流路線上的重要據點。

姚河塬象牙梳的象牙來源不可能在西北，而三星堆有很多象牙。彭陽不在三星堆文化的疆域之內，卻是寧夏與四川交通路線上的一個重點。這一現象似乎也指明：四川的土產，可以傳播到西北部。如果高鼻深目是實況的象徵，甚至於誇張，那麼這些線索似乎指出：三星堆人像的來源，就是中國西北部的各種戎人。假如以陝西寶雞的魚國銅器的時代判斷，三星堆許多銅器的時代都指向西周早期甚至更早。如此，則三星堆的大概年代應當也是在商代或商周之際。

三星堆的禮器，如尊和罍，其形制、圖案都與商代器物相當一致。三星堆文化從中原吸收這一部分的影響，應無可疑。三星堆的青銅製件都是禮儀性甚至宗教性的用具，缺少青銅兵器，可以解釋為三星堆本身是個禮儀器用的埋藏地，並沒有日常使用的性質。

三星堆所有遺物上面層層覆蓋厚土，下面有火燒的遺蹟。而且，比較重要或者大型的器物都經過人工的折斷或打碎，不同的碎片分別埋藏於不同窖庫。為何八個大坑、兩萬多件器物，居然似乎都經過劫難，被焚燒、深埋？這就讓我想起《禮記·郊特牲》中特別提到的一種儀式：對於「亡國之社」的處理，乃是上面有掩埋，下面有柴木焚燒。「亡國之社」經過如此處理，「絕地天通」，斷絕人間與神明的交通，使得已經覆亡的族群和單位不能再向後繼的掌權者挑戰或者翻盤。這種處理乃是一種厭勝之術，以保證三星堆原來的宗廟和社稷完全失去作用。《公羊傳》記載，哀公四年（公元前 491 年）恰巧發生「亳社」的火災，其注疏也說這個「亳社」乃是商人的遺留，早該有「絕地天通」的處理。同樣，在楚地的民俗咒術中，甚至於到漢代還可見有所謂「朱絲縈社」，也是同樣的功能，只是簡化了而已。

成都金沙遺址也出土了許多與三星堆類似的古物，基本上相當完整。從以上所述推論：三星堆遺物的處理，乃是經過有意的破壞，藉此終止前朝的神力。因此，金沙的新窖藏，是否可以視為舊宗社被破壞以後在新的首都另立一個國運所寄的新宗社？至於誰在做如此破壞的事情，有可能指涉《華陽國志》

1　　　　　　　　2

4-1　　　　　　　4-2　　　　　　　3

1：白草坡西周墓出土銅戟，2：白
草坡西周墓出土鏤空蟠蛇紋青銅短
劍，3：白草坡西周墓出土玉人，
4：三星堆出土銅人頭像（正、背）
5：雲南石寨山疊鼓形儲貝器。

5

這些出土文物的細節，包括服裝和人物神態，呈現出鮮明的斯基泰風格。從關隴到西南中
國，類似的風味，而與中原特色迥然不同。

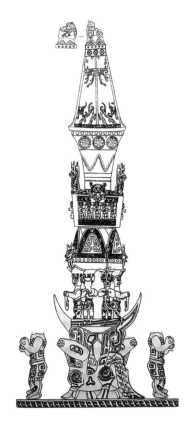

1：三星堆器物坑出土銅神壇，2：銅神壇完整復原圖（孫華）。

三星堆出土的神閣，與馬王堆出土的帛畫，都呈現出多層的宇宙：天上、人間與地下。《楚辭》中描述的神界與地界，也是基於同樣的理念而建構。

3：馬王堆帛畫（線圖），4-5：馬王堆帛畫局部。

中望帝禪位於鱉靈的記載。

　　三星堆文化有如此神秘的意義，我們或許可以認為：漢代以來，四川以及中國西南部都被認為是巫術世界。西南角落有很多崇山峻嶺，那些居民在複雜的生態和環境中，難免對神聖的領域多了些特別的體會，於是，他們的遺物在聖俗之間偏向於「聖」的部分。更多一點推論：從《楚辭》以及楚國歌曲中的信仰與傳說看來，春秋戰國時期湖湘南部宗教氣氛濃厚，浪漫卻又透著神秘，不是中原可以比擬的。

二

　　我們在第二章提到，大禹以十餘年的時間整治氾濫的黃河，黃河流域的灌溉土又可居住耕作。禹能治水成功，是依託他的基地──運城平原的夏和連接陝西高地的華山一帶。「華夏」這兩個字襯託了新中原的核心，至今還代表著中國的全貌。

　　那些在大洪水中流離失所的人群，就是炎黃與顓頊時代所謂「東夷」族群，他們所在的黃河下游三角洲正是氾濫的平原，已不堪居住。黃河大決口造成的災害，對他們的影響毋寧說是難以挽回的。

　　如前所述，「夷」字是一個人背負弓的形象，「人方」就是這一負弓族群生活的地方。這些人正是傅斯年先生名篇《夷夏東西說》中提到的所謂「東」人，被稱為「祝融八姓」──八個信仰相同的族群。「東夷」也曾經締造了高水平的文化：他們製造了蛋殼陶那般高溫燒制的陶器，組織了龍山如此之大的聚落，在黃淮地區建立了無數的小城寨。今日的山東地區曾經有非常發達的史前文化──龍山文化，1928 年首次發現於山東章丘龍山鎮的城子崖，以黑陶為典型特徵。在距今約四千年左右，也就是傳說中夏禹治水前後的時期，龍山文化發展到極盛點。城子崖發現的黑陶器薄如蛋殼，色澤黑亮，其硬度堪稱原始瓷。以城子崖為中心有大型的龍山文化聚落群，聚居人口為數眾多。

在距今四千年左右，山東地區氣候突變。乾冷氣候迫使大批人遷移，大的聚落衰敗為小聚落，生產水平下降，黑陶質量退步，龍山文化迅速衰落了。後來，他們不得不逃離故土，向四方移民。這並非全是意欲逃離夏禹這一朝新興的統治力量，更因為自然災害已經剝奪了他們的生存環境。其中一部分人固然可能從事農耕，同時也有人繼續以採集漁獵為生，但如今都必須遷移。

這些人遷至何處了？古代傳說記載，堯的兒子丹朱南放廣西，這是一個象耕田、鳥播種的「異方」；堯的繼承人舜在禹執掌政權後下落不明，然而堯的兩個女兒都下嫁舜，這二位「公主」——湘夫人，卻都遠去洞庭湖的君山。舜自己是否也南下了洞庭？是否因為夏禹勢力已大，堯、舜這兩股原來的領導力量不得不率眾南下，退避三舍，不與禹統治的夏眾較量？這一段古老的歷史，不見於官方記載。

我認為，夏代發展為中原一帶主流的時候，並沒有像後世朝代更換時如此的「一刀截」。可能出現的情況，毋寧說是夏文化的強大聚落，在廣大中原地區各處出現。仰韶陶器的玫瑰花瓣圖案，與紅山文化的玉龍主題遙遙相對。蘇秉琦先生以「華山玫瑰」象徵中原華夏地區——既然「華山玫瑰」已經成了一個正統的核心，「紅山龍」呢？我以為，前述族群從第一區的沿海地帶向南開拓了新天地，就是我們前面說過的第二區和第三區。

一部分「東夷」沿著東海岸南下到了大汶口和良渚，在那裏迸發出火花。其中一項轉變是：沿海的稻米文化發展成為內陸湖泊、沼澤地區的水田農耕文化，這一現象和第二區出現的情況非常吻合——第二區的四川汶川就有稻米種植的遺蹟。另一項則是蠶桑文化：舊日蜀錦，近時川綉，長期以來有其獨特的傳統；《華陽國志》記載的古國「蠶叢」，其名點明了蠶的存在；三星堆出土的文物也有絲綢包裹的痕蹟。我們可以看見整個第二區和第三區開花結果，都是「東夷」與第二區核心的蠶族合作所成就的事業。

第二區和第三區的隙地，都足以容納「祝融八姓」等從海岱擴散時分佈四處的族群。夏文化與「祝融八姓」文化之間的互相融合，也不是短期可以完成的。值得注意的現象是，「祝融八姓」的子孫在長江中下游地區遍處可見，其

至於淮漢地區也可見其痕蹟。如此擴散，並不是有計劃的「長征」或成群的遷移。這一遷移，其規模之龐大、時間之漫長，幾乎可以看作《聖經》中的「大流散」（Diaspora）。如前所述，「祝融八姓」南遷中，最大、最成功之舉應該是建立了後來的楚國。這一同屬龍山文化的族群進入漢水、淮水流域，終於與土著文化融合，使得與長江並行的淮漢地區擁有許多不同文化的分合。面對如此豐富的文化遺產，我以為：這是後世楚國的前身。楚國是南方的「巨無霸」，有其自身獨特的發展路線，與中原的發展路線各自進行。後來，楚國成為春秋爭霸的主角之一，與中原群雄不斷抗爭。楚國自己的歷史也講明了，來自華夏地區「祝融八姓」的芈姓和當地的「諸蠻」（荊湘地區的居民）合作，組織了一個新的國家。

這個新興國家所建立的文化業績，也相當驚人。屈家嶺、石家河等遺址中的玉器，在渤海灣紅山文化的基礎上呈現出驚人的細緻。楚國長期和華夏抗衡，五霸七雄之中楚國始終是要角；到了秦成功統一六國以後，「楚雖三戶，亡秦必楚」，推翻秦王朝者還是楚國後裔。

《國語‧鄭語》記載了很多成周及周圍諸國的地理位置。姬姓、姜姓之外，還有狄、鮮虞、潞、隗，都是蠻、荊、戎、狄之人，被認為是「非親則頑」的外國。根據《史記集解》以及若干明器的記載：武王伐商時帶去的八個國家都出自「西土」，後來封於「江漢之南」；同時，姜姓中的申、呂大邦都改封於「謝西九州」。「西土」是周原以西之地；「江漢之南」也就在今天湖北的襄樊、荊州之間；「謝」在漢水之濱，「謝西」是進入河南平原、西向荊楚的一塊土地，在今日河南西南部。

灰蛇伏線，這一發展猶可見其痕蹟：「吳頭楚尾」這一地區建立了三個重要國家——楚國、吳國和越國。

周穆王的傳說故事中講到，他在崑崙訪問西王母時，聽說山東的徐王迅速擴張地盤，已經有二十餘國服從其領導，便趕緊駕著八駿趕回東方。由此故事可以看出，這群夷人的勢力可能已頗有一段擴散過程。以「徐」「舒」這一類字形來看（都有「人」字頭），或者從發音來看（輔音極為接近），或許正是他

們移動過程留下的痕蹟。這一群人的後代終於和東南方相接，發展為春秋時代的吳、越，「南方之強」成為足以挑戰中原的另一文化傳統。

吳國傳說也是姬姓之後，其實未必屬實。「吳泰伯讓國」的傳說另有一說：那便是運城平原的「虞」姓——「虎字頭」下面有一個「吳」——才是真正的吳泰伯之後。我認為，吳、越都是南方新起的國家。出土的吳王劍、越王劍上寫的名字，和我們書上看見的吳王夫差、越王勾踐二人名字的寫法都不相同，用的是他們自己母語的多音節字。從傳世文獻看，多音節字確實在南方被普通民眾使用，北方文獻直接引用南方人名、地名時，也見諸記載。例如，劉向《說苑‧善說》有《越人歌》的故事：

今夕何夕兮搴舟中流，
今日何日兮得與王子同舟，
蒙羞被好兮不訾詬恥，
心幾頑而不絕兮得知王子，
山有木兮木有枝，
心說君兮君不知。

這是一首同性戀的情歌，本來越國船夫是用他們自己的語言來唱的：「濫兮抃草濫予昌枑澤予昌州州䚡州焉乎秦胥胥縵予乎昭澶秦踰滲惿隨河湖。」鄂君子晳聽不懂，才招來翻譯，譯成上述楚語版本。換句話說：在秦統一文字以前，這麼廣大的地區分佈著蠻和夷兩個群體，構成了一個聲勢、能力均不弱於第一區的共同體，亦即國家。

三

回顧第一、二區的差異，第二區不僅容納了三星堆所反映的西北戎人影響

1：良渚文化，浙江杭州反山墓地出土玉鉞，2：良渚文化，反山墓地出土玉琮，3：屈家嶺文化，湖北保康穆林頭遺址出土玉牙璧，4：屈家嶺文化，寶林穆林頭遺址出土石鉞，5：三星堆出土玉戈，殘斷，火燒後變白。

這些玉器的器型，與中國東南及中部出土的玉器具有高度一致性；治玉手法的圓潤，也極為類似。

及南方栽培大米的技術，同時在屈家嶺、石家河等處可以看到紅山文化、龍山文化以下長期發展的玉石文化。經由「祝融八姓」的擴散，山東沿海的特色居然出現於長江湖泊區，尤其淮河線上。這就顯示了第二區古代文化內容的豐富與複雜。

2021 年 6 月，考古人員在成都的寶墩遺址發現了成都平原最早的水稻田遺蹟，距今約四千五百年，這一發現在長江上游尚屬首次。稻米的馴化在中國最早應是在長江中游的湖南和江西，年代都在距今一萬年左右。在漢水流域的漢中也有早期稻穀遺存，年代在公元前 6000 年至公元前 5000 年。淮水流域的賈湖遺址出土的稻米種子，也與上述時段相近。將其發揚光大的，是長江下游的浙江良渚文化，時間在公元前 3300 年至公元前 2300 年左右。凡此地點，都在「秦嶺—漢水—淮河線」兩側。

稻作農業最早出現在長江中游，之後就順著長江及其支流傳播展開，直至遍佈西起四川盆地、東至東南海濱的一塊大區域。這一區域的特點是江河縱橫、湖泊密集、氣候溫暖、降水充沛，正適宜種水稻，之後發展成為我國南方重要的稻作農業區。

河南南部鄰近淮河的舞陽縣，發掘出距今九千至七千五百年的賈湖新石器文化遺址。這裏出土的穀類食物是稻米，人類遺骸體形較為高大——是否正如今日的南北差異，北方人較高大？這一族群同樣採取育成的稻米作為食物，與蜀地和淮河流域以稻米為食的特色恰好相同。賈湖遺址還出土了七音具備的骨笛，原材料是丹頂鶴足部的尺骨，這一特色頗可與具備完整音階系列的曾侯乙編鐘相比，共同說明這一淮河線上文化水平之高。至於賈湖遺址出現的龜甲刻辭，刻痕老練，由於這一遺址的年代跨度甚長，其與殷墟刻辭的時代關係不易判定，但至少可以反映：這一淮河線的文化水平不下第一核心區的殷墟。

三星堆的遺物中有絲綢織物的殘痕，經儀器透視，確認是絲綢纖維。這一區域遠離我們習慣上認為是絲綢故鄉的江南，當地居民卻已將絲綢織物用作包裹器物。《華陽國志》中所說的國主名為「蠶叢」，也正說明了他們有育蠶的產業。此外，三星堆也有稻米的遺蹟。現在我們知道，稻米的原產地位於「秦

嶺—漢水—淮河線」以南的丘陵、江湖地區，具體而言即為長江中游的洞庭湖、鄱陽湖流域。由此沿江上溯可至四川，順流而下可達江浙。若是從湖南經過三峽或沅水流域，將種植稻米的技術傳入三星堆文化，又何嘗不是第二區本身東西文化流通的佐證？

凡三星堆出土器物，在黃淮平原、江淮平原、海河流域、渤海灣的遺址中多數均未見過。因此，過去一直無法將其歸類，常稱其為中原的「旁支」。有些學者認為這一「旁支」是經過陝南和鄂西，也就是經過漢中的山路或長江水道，傳入四川盆地的。

此前，我們已經講過寧夏彭陽的姚河塬遺址。姚河塬遺址坐落在陝西周原的西北，也在進入四川路口寶雞的偏北方。遺址中馬骨和其他遺留甚多，遺址本身涵蓋一片谷地牧場。武王伐紂時需要大量馬匹，追隨他的各種小國何嘗不能有的派人、有的送馬，或者人馬俱全來支援？

羌的地望，其實也就在周原的西側。寶雞是陝西到四川的必經之路，寶雞與成都之間，有一彭山，當地也稱為彭縣。彭陽的「彭」，陳槃庵先生考訂是在湖北穀城。彭陽、彭山與穀城的「彭」，三處「彭地」的線索相當清楚：從這三處可能地址進入河南平原，沿路東向，終結於今日的徐淮一帶，也就是姜姓最大封國齊國的旁邊。

以上蛛絲馬蹟，讓我們可以捉摸到：從周人開國一直到武王伐紂，他們在周原附近一直到四川的蜀地已經結合了不少當地的戎王、戎侯，配合著姜、姬二族伐紂的行動。甚至靈台白草坡遺址的地望正是「密須之鼓」之「密」——「密須之鼓」是隨大軍行動的重器。則武王伐紂時作為禮儀之用的大鼓，又何嘗不可能是白草坡之「密」所貢獻的？寶雞青銅器博物院收集附近的周初銅器極多，那些器皿上所提示的地點其實都在這個角落，也就是陝西秦嶺之下，沿著秦嶺出關中，進入豫西南平原的一條道路上。這一猜想，應當有助於我們理解：姬姜出兵時，姜姓部隊沿著秦嶺、漢水東下；而姬姓部隊則是從淮水過河，進入黃河南岸。所以，姬姓的親藩衛國在黃河邊上：晉、虢在黃河北面，而魯國這個最大的親藩則在齊國旁邊。這一佈局，正是姬、姜分工合作的

心態。

西周建立後，其統治者不斷分封姬姓和姜姓子弟為諸侯，建立封國。分封各國由華山以東一直到渤海沿岸，主要分兩條線進行：一條沿著黃河，此為北線；一條沿著漢水、淮水，此為南線。其中的主要控制點是管、蔡、成周（今洛陽），以及東方的魯、齊。這兩地的統治群體分別是姬、姜兩姓領袖（周公旦和姜太公）的子孫，其封地在淮水或漢水。這一平行線上的諸侯封國，其青銅器的鑄造風格與出土於黃河一線者頗不相同。南線的技術較高明，分部鑄造然後焊接為複雜的整體，例如：曾國、黃國等遺址出土的小格子裝飾以及小巧鑄件，焊接於器皿表面或角落。

約一百年前，在安徽壽縣發掘了一座東周大墓。當時參與發掘的學者對出土器物的風格感覺詫異：在遠離中國西北的安徽，一個周代遺址竟然帶有所謂鄂爾多斯文化的風格！可以說，從安徽淮河流域到雲南滇池，再到四川三星堆，這一大片區域居然同屬一個文化區。然而，這一文化區東南部卻有一個缺口，也就是良渚文化。這涉及第二項推演，即如今浙江、福建、廣東的族群，一般被稱為百越族群的形成。這一點下文再具體陳述。

承上所述，古代由中原黃河流域外遷的族群，在第二區發展了另一文化系統。這一地區是由丘陵和江、河、湖、海構成的廣大區域，與黃河中下游的黃土平原的地質風貌迥然不同，文化系統也各異其趣。兩者之間的南北對立至今仍很清晰，其分界線就是「秦嶺—漢水—淮河線」。

第三區的開發中，有兩個地區值得注意：一個是西南山嶺區，另一個是閩越海岸。每次中原板蕩，衣冠南下，都是後浪逐前浪，第一區的人被推到第二區，第二區的人又被推到第三區及至沿海，然後從沿海被推向海外。「海外中華」隱而未見，現在卻已有三千萬至五千萬人。等到有一天他們自己真正做主時，他們會注視中華這個「唐山」，「白雲深處有唐山」。❶

抗戰期間我們有首歌曲：「天蒼蒼，海茫茫，白雲生處烽煙急，血花流

---

❶ 華僑自稱唐人，稱中國為唐山。

光，那正是你我的故鄉。」抗戰末期，通往緬甸的道路（也就是史迪威公路）打通了。這條公路，是在群山之中動員雲南原住民數十萬人——彝、白、傣、壯、苗、藏以及漢族人，各族男女老少手拿石錘、斧、鏟，胼手胝足開闢出來的。三千多名華僑青年自備服裝、經費到緬甸集合，陸續駕駛一萬五千輛車從這條路回國交付軍用。這一任務折損了三分之一的人，一千多位奔向祖國、共赴國難的大好青年喪生在山溝裏，沒人埋，沒人知道！

中國的成長不是依靠帝國的征服，是一撥又一撥人通過持續的努力而慢慢形成的。所以中國沒有邊界，中國是一個天下國家，是一層層文化的自然發展。

第五章

沿海第三核心區

在中國歷史上，自南北朝以後，南方的群山眾水文化區就變成中國的另一主流。實際上越到近代，這一地區在中國經濟文化中所佔的比重也越大。因此我建議，「中原是中國古代文化主流或火車頭」的觀點應當修正為：長江、黃河平行的路線上，南北族群競爭又合作，構建了古代中華文明能久能遠的深厚基礎。這兩個核心區的東面，又交纏發展為長江三角洲與東南沿海的第三區，我們將在以下討論其發展過程與特色。

這三個核心區合成的龐大文化體系向西擴充，包括了今天的西藏和新疆；往北擴充，包括了西起阿爾泰山東至太平洋的廣大北方——這是從中國的延伸。正因有前述兩個非常強大的核心區，才構成了中國如此宏大、堅實的基礎。

由四川盆地開始往東，一直到長江中下游丘陵、江湖地區，是中國的第二區。這一核心區又延伸出另外一個從東南到南部的沿海地區，包括西南的雲貴，我們稱其為第三區——它是前兩個核心區的融合及延伸，兩個末端在東南交匯構成的第三個重要文化區。

長江口以南沿海各島嶼的範圍，雖然也已經有古人類進出，只是與大陸海岸線的大局關係不大。因此，本文所說的這一沿海地帶，暫時以海岸線為限。除特殊情況，例如論及臺灣與海南島的早期移民之外，所有海岸線以外的島嶼，在古代的討論中，還暫時不列。因為今日的主權界限，與古代實際發生的情形，並不相同：本書所附三區地圖，不應將黃河、長江以及珠江口的沿海漲沙地包括在內，因為在那時，這些區域尚未形成；那時候海外諸島並無多少大陸人口；即使有之，也不過是從福建移到臺灣的早期南島族群的源頭。第三區實際上乃是以二區為主的延伸地帶，因此包括的乃是長江口以南以至於珠江，連接到西南部的東側以及南方諸島。這一沿海地區跨越的緯度範圍很大，但彼此間的氣候相差不大：都受海洋影響，共同享有東南季風的福利，有充足的降水，氣候相對溫和，這是沿海地區形成同一文化區的環境因素。

一

　　這一地區最早出現的馬家浜文化與河姆渡文化，前者主要分佈在錢塘江北岸的太湖周圍，後者則位於杭州灣南岸的寧紹平原。在距今約七千年前，這裏已經發展出比較完善的聚落。最重要的是，當時的居民已經從事稻米生產，並以此作為主要食物來源。

　　東南沿海所發現的良渚古城，其規模之大，內部構造之複雜，在中國考古發掘中前所未見。由此引發一個問題：為何在第二區末梢，能發展出如此重要的文明？在我看來，原因就在除了其自身的淵源以外，還承受了第一、第二區文化交融的因素，才能取兩邊之所長而後來居上。良渚文化及其前身所在的區域，就在長江下游、太湖與錢塘江所夾的三角平原地帶，同時也是天目山等東南山脈由高往低的排水區，由此造就了水網密佈的地理環境，可稱水鄉澤國，便於建立港口碼頭，發展航運。除了運輸，打魚也是很重要的水上勞作。就這樣，良渚先民們在沿海地區的東南角打下了基礎，並逐步往北擴展。

新石器時代晚期的龍山文化以黑陶為主要特徵，曾發展至非常繁盛的程度：建造了大型聚落，容納許多居民；制陶水平已很發達，出品的器型種類較多，最了不起的成就是燒制出蛋殼陶；骨器製作也很精細，並且已經出現青銅器的雛形。

距今約四千年時，北方的山東地區出現劇烈的氣候變化。原本中國東海岸承受來自赤道的季節性降雨不再出現，於是降水量不夠，農業發展失去原本的良好條件。山東的東南半邊，沂蒙山區本來就土質不佳，先受其害；然後逐漸使得渤海灣地區本來濕潤的氣候，也失去其良好條件。因此，整個海岱地區的向外移民，是個扇形的展開：從徐淮到海河地區，向各方面分別移動。

「后羿射日」的故事就發生在這一時期，乾燥的氣候迫使當地居民遷徙。如前所述，他們一部分遷移至淮河流域，即歷史上稱作「祝融八姓」的部族；一部分沿著海濱南移，就可能經由「吳頭楚尾」進入江南的水鄉澤國。

值得注意的是，臺灣的泰雅人也有類似后羿射日的傳說：古時兩個太陽同出，天氣乾旱，民不聊生。泰雅人的三位勇士決定遠征，在太陽升起處將其中一個射落。考慮到路途遙遠，他們必須兩代人接力才能夠到達目的地。果然，勇士們途中衰老去世，隨行的孩子們已經長大，他們合力射下那個多餘的太陽，人間恢復了正常生活。

泰雅人的故事與后羿射日的傳說如此類似，可能是泰雅人還未離開中國大陸時獲得了故事的基本模式。隨著這一族群渡海入臺，修改後的版本遂流傳於族群內。至於他們從大陸遷移到臺灣的路徑，我認為經由浙江的可能性較大。即使海峽終於將兩地隔絕，陸橋破碎的痕蹟也形成了舟山定海外海的島嶼群——有了這一串小島群作為中途站，到達臺灣西北角就並非難事。我的同學張光直指出，臺灣新石器時代考古遺址頗多出土物與浙、閩考古遺址、遺物相類。由此推論，距今四千年前，那些逃避乾旱的族眾從第一區東端南下，與江南新石器時代的人群攜手開發長江三角洲與太湖周邊，形成古代中國的第二區。

到了商、周兩代，第一區的東半邊——山東地區——先後被商人、周人

佔據，龍山文化的中心區也在其中。隨著周人在東方的擴張，例如周穆王時代大舉壓迫東方的「徐夷」，族群也由魯西南和蘇北地區不斷向南擴散。史料中關於龍山文化族群遷移的記載，和考古發現的證據是一致的。

上海市松江區的廣富林遺址，所反映的正好就是良渚文化向北擴張與龍山文化向南開拓、遷移，二者在廣富林接觸、融合的現象。具有龍山文化印記的黑陶和具有良渚文化特色的當地玉器，在廣富林遺址都有出土。因此，廣富林遺址兼具良渚文化和龍山文化兩種文化的若干特色，是兩者結合的一個據點。

這一現象從距今四千年左右開始演化，嗣後發展為周代吳越文化的基礎。吳文化以今江蘇南部為中心，越文化以今浙江為中心；另有一部分區域，則繼承了江南湖熟文化的基礎。由此構成東南海濱一帶範圍廣大的一個文化圈，其區域北至江淮，南可擴張至福建，西向內陸甚至可延伸至安徽南部和江西的部分地區。後世文獻將生活在這一地區的眾多部族統稱為「百越」，所謂甌越、閩越、南越等都為其分支或後代。

若論越人，甌越與閩越應是一家，他們在浙江、福建交界處活動，向西可擴展到江西、安徽一帶。經由這條線路，第二區的影響力也延伸至東南沿海。湖沼地區一些水上活動的族群遷徙至此，所以在甌越、閩越之中還有許多水上民族。而遷移過來的陸上族群，則被漢民族吸收了。

二

第三區的發展有一不同於前述兩個核心區之處，是其經濟層面的特色，亦即開拓特殊的地方工藝產品：瓷器和鐵器。

瓷器是中國發明的器物，是中國文化的代表。瓷器與陶器的區別何在？首先，瓷器使用篩選精細的高嶺土，胎體燒結緻密；其次，其表面有一層玻璃質的釉。實現由陶到瓷的跨越，需要幾個條件：第一，燒窯的溫度要足夠高；第二，要用高嶺土，並進行精細選料；第三，是發現釉的秘密。

黃河流域有些商周遺址已有硬度較高、瓷面較為光亮的陶器出土，例如商代遺址出土的尊、罍、罐等。這些陶器的硬度和光潤度，毋寧說已到了瓷器的前階。原始瓷片最早可見於二里頭早期的夏代遺址——由此可斷定，我國很早就已有到了瓷器水平的器物。

原始瓷器的演變也要經歷一段過程。若將以較高溫度燒制的硬陶視為瓷器前階，則在距今四千多年前，閩北浦城貓耳山遺址出土的黑衣陶，應可看作原始瓷器的前身。而且，貓耳山遺址也出現長斜坡型的「火道」，這種窯型被考古界稱作「龍窯」，能夠不斷提高窯室溫度，是後世燒制瓷器的必要條件。

出土器物可以歸類為原始硬瓷的西周遺址不少：河南浚縣辛村、洛陽龐家溝、安徽屯溪、江蘇句容浮山果園等處。其中，南方地區遺址分佈於第二區者為多。考古學家解釋：南方出產堪作硬陶的粘土較多，竹、木燃料也比較豐富。嗣後的春秋戰國時代，單浙江德清一縣就出土四十餘處原始瓷器的窯址。還有值得注意處：在戰國時代，原始瓷器的功能似乎是青銅禮器的代用品——這些原始瓷的形制、花紋往往模仿青銅禮器。

2003 年至 2005 年，在我的家鄉無錫鴻山發掘出七座戰國時期的越國貴族墓葬。其中出土了一批陶瓷器，其胎質燒結較為緻密，表面有一層青綠色的薄釉，特性介於陶器、瓷器之間，偏向於瓷器。鴻山越墓原始瓷得以成功燒制，是因為吸收了北面來的龍山文化燒制蛋殼陶的經驗：陶壁薄如蛋殼，需要精細選料；質地緻密，需要很高的窯溫燒制。此外，陝西寶雞周原遺址的先周文化層出土過一片青瓷殘片，質薄而亮，不像是當地的產品，或是從南方輸入的原始青瓷。

也就是說，吳越一帶最先邁出了由陶跨越到瓷的第一步。而在後世，東南地區的瓷窯也興盛不衰：北宋以前的越窯，南宋以後的龍泉窯，都是中國歷史上興旺千百年的窯口，南方各地的瓷窯無不受其影響。我認為在南方，尤其浙江、江西，有了燒制原始瓷的經驗，才可以繼續進步。在這些地方找到高嶺土後，當地人就使用長形龍窯的技術燒制真瓷。於是，此後中國名窯幾乎都以南方窯口為主。數千年來，「瓷器」（china）與「中國」（China）或「支那」

（Cīna），從印度開始逐漸在世界成為同義詞。

春秋戰國時期，吳越地區的武器非常有名，有銅制的，也有鐵制的。所謂吳鉤、越劍，在後世更成為利器、寶劍的代名詞。干將、莫邪的故事，大家都知道：干將作劍三月不成，於是其妻莫邪「斷髮剪爪，投於爐中」，才得以成劍；在某些故事文本中，為了鑄成寶劍，莫邪甚至犧牲自己「自投於爐」。故事很有傳奇性和戲劇性，其背後的道理是：在鐵裏摻入碳，可以形成合金，提高生鐵的硬度。摻碳的方式，可以是將牛羊等祭祀用的犧牲投入其中，也可以用竹棍、木棍來攪拌鐵液。漢代冶鐵並未廣泛使用煤，多以木杆攪鐵汁，或者在鍛鐵時將木炭捲入軟鐵反覆捶打，可以使動植物所含的碳熔入其中與金屬結合，令其硬度增加。不過碳的硬度有限，為了使其鋒口銳利，必須改用其他材料。

沙漠和海邊的沙粒中，有一種天然「金剛砂」，這種在海灘淘洗獲得的黑沙，質量最重，硬度很高，後世玉工稱之為「解玉砂」。在良渚時期，「金剛砂」被用來作為切割、雕刻玉器的工具。良渚文化地區鄰近海灘，淘沙取得矽砂不難。若將如此經驗轉化為冶制精鋼利器，還必須淘洗山嶺溪流中「金剛砂」一類的砂料，將其一部分摻入鐵汁溶液，一部分在鍛冶時捲入鍛鐵，千錘百煉，俾得煉成銳利鋒口。以上知識，乃是我十五歲時借住重慶無錫鐵匠幫會館，從鐵匠老師傅處學到的。此時已是隔世，謹以此紀念王、吳二位老師傅。

三

沿海地區的族群還有一項能力：發展航行活動，設計各種船隻。不過在中國，船隻形態的設計是在第二區的湖泊，雲夢與彭蠡堪稱內海，此處竹木器材遍地可得，加之風平浪靜，發展航行工具其實比在海洋更為方便。

自古以來，中國沿海或內陸普遍使用過筏，也就是將若干樹幹或竹竿並攏在一起，編縛而成的一個平面浮具；再使用一根長篙撐著岸邊或水底，推動筏

子進退、轉向，古代稱之為「櫓」。從這種的結構改進，就是簡單的木船，由木板拼接而成的圓弧狀船底頗與西方維京人長船的尖底不同。為了增加裝載量和穩定性，中國船隻也常見雙船並行、聯二為一的形式，也有的在船舷外架設披水板以保持平衡。一直到宋明時期，這種船隻還在沿海地區被使用；在內地的湖沼地帶也很常見，只是將披水板移至船舷下的水線處。

這種船還發展出一種首尾翹起的戰船：在船頭豎旗，在船尾架鼓，通過揮旗擊鼓來指揮船隻前進。古人還用大型的「平衡架」來保持船隻平衡；「平衡架」上可搭設平臺，划槳的人站立其上，或用來載運貨物。春秋戰國之際，吳國的「王舟」便曾經從江南直航，深入楚國的大別山區。

在西方是沒有筏的，也不見船舷外的平衡架，但在太平洋區域卻很普遍，甚至美洲的太平洋沿岸也可見到如此設施。這種文化，先師凌純聲先生稱之為「環太平洋文化」，它分佈的範圍南到大洋洲的密克羅尼西亞，中間覆蓋太平洋中的夏威夷群島，最北可至美國西北岸到加拿大西岸。環太平洋文化圈的航行船隻，其實是肇始於上述的湖泊區。

環太平洋文化圈中有很多參與者，衝突與互動在各處普遍存在。比如，常見的一種建築由一對粗大的柱子和柱上的橫樑組成，有大有小，有木制的也有石制的，中國稱為「牌坊」，日本稱為「鳥居」。再如，兩根石柱架起一片石頂的神祠，就是土地廟。有一種大型石輪（可能是古代「璧」的代用品），被視為家傳寶物。又如，設置祖宗堂，將祖先遺骸或名諱牌位，按照輩分親疏擺放架上，以紀念、祭祀。還有以常見的動物，尤其是大鳥作為圖騰的現象。上述種種表現，在吳越文化裏也屢見不鮮。

沿海地區的族群和文化從渤海灣一波波往下遷移、傳播，經過臺灣，再繼續擴散。相對而言，今天臺灣的原住民也是新到的過客，最遠可以追溯到兩千年前的卑南人先民。臺灣的卑南遺址與閩浙一帶同時期的遺址很相像，張光直認為，兩者基本上屬同一類型。因此，我們可以如此理解：南島語族只是百越眾多族群裏分化出的一支，它的起源不在臺灣；臺灣地區的重要性，在於其是沿海族群向太平洋擴散的第一步踏腳石，第二步踏到菲律賓，之後才到文萊、

馬來西亞等地。

臺灣島上也有來自印度洋東部安達曼島「小黑人」相關的遺存。據臺灣賽夏人的傳說，他們曾與一群小黑人隔著山谷比鄰而居。小黑人性情凶悍，雙方大致和平相處，但也有一些摩擦。在一次兩族共同歡宴慶祝豐收的時候，小黑人污辱了賽夏人的女孩子。於是在歡宴結束後，小黑人跨過山谷的藤索橋回家時，賽夏人將橋砍斷，小黑人盡數跌死。一直到今天，賽夏人還舉行祭祀小黑人的「矮靈祭」，避免其陰靈報復。

換言之，臺灣既是中國沿海地區先民渡海南下的踏腳石，也是印度洋區域族群進入太平洋的踏腳石——但顯然沒有多少族群過來。臺灣離中國大陸不遠，可臺灣海峽靠近大陸的一側是由北往南的「黑水洋」：黑潮所經之處，洋流速度快、流量大；一般古代船隻航行此地，常常被帶往南向，難以橫渡，當地水手稱之為「落漈」。所幸浙江外海的定海列島，即古代陸橋斷裂後的殘餘，可以有助於逐島漸進，最終渡過海峽。臺灣島上考古遺存分散各處，不見長時期延續的地方文化系列，原因也在於古代臺灣與大陸的交通並不順暢，以致缺乏足夠人數延續長久的地方文化系列。

以日常經驗而論，臺灣居民固然有不少是「唐山公」❶和當地女性的後代，但總人數並不多。臺灣歷史上，嘉慶以後大批從福建、廣東、閩南移民過來的客家人數以百萬計，無論如何也算不出有如此多當地姑娘和「唐山公」婚嫁。

頗多研究南島語族的學者認為，臺灣原住民的語言是南島語系的源頭。就南島語族本身的分佈而言，密克羅尼西亞、美拉尼西亞、波利尼西亞當地族群的語言都相當接近，但是人種差別顯然可見：有頭髮捲曲、膚色較深、身材較為矮小的一類人，還有和中國人相當類似的，黑髮、身材較高、膚色較淡的一類人。這顯然屬兩種不同的來源，不可能都從臺灣出發蔓延各處。2011 年至2012 年，「中研院」史語所的考古學家陳仲玉先生在馬祖列島中的亮島發現兩具古人骨遺骸，經過德國研究機構的檢驗，與南島語族中一部分人有相同的基因。

---

❶ 中國南方沿海第一代南下男性移民的別名。

近年大陸考古學界將福建省各處古人類的基因做了大規模檢驗，發現漳平奇和洞遺址的古人類基因確實具有和亮島古人類基因高度接近的南島語族基因。該地原住民是畬族。漳平位於福建省西南部，九龍江支流北溪上游。這一遺址不在沿海，而在閩西山地，即從前述第二區進入第三區的通道上。

若以上述情況結合臺灣居民的基因來源考察，臺灣原住民的祖先乃是若干大陸南方居民，尤其在上述第三區存在顯著的蹟象：原住民的基因清清楚楚顯示其為南島語系族群。我認為，南島語族更早的祖先可能不是在福建的山谷之中，而是在第二區的湖泊地區。如前所述，大湖大泊猶如內海，這些居民在此拓展了他們水上生活的技能，也製造出後來在南島語族常見的船隻，一邊或兩邊放「平衡架」的小船。

這些人以臺灣為跳板，陸續進入南太平洋，擴散發展為南島語系的島上居民。至於語言學上的課題，南島語系和南亞語系之間相鄰相接的界限，應是中南半島上的泰國和緬甸、馬來西亞北部，以及安達曼群島和印度南部地區出現的區隔，大概並未觸及中國南部。語言學上對這個課題的研究，目前還有待深入。

回憶當年張光直和我多次討論，我們都認為：臺灣各地和福建平行的新石器時代考古遺址，各個階段的特色幾乎都可以從中看出密切的關係。因此，臺灣古代居民的文化，應當是由福建渡海而來。

前面也說過，還有語言學方面的問題。李壬癸先生對南島語系的研究指出，臺灣古代居民的語言乃是臺灣以南大洋上各地南島語系的最早者，甚至於可以說是起源。但是，李先生從未說過南島語系是在臺灣才開始發展的。臺灣古代居民語言中的南島特色早於海洋之中的後進者，乃是因為臺灣是從福建跨入海洋的第一站。臺灣是個海島，在明代因為海上活動頻繁，人們才得知此處有許多居民。在此之前，誠如眾所周知，無論動物、植物或者人類，都是從大陸一批批渡海而來到臺灣。他們帶來的語言也並不只有一種——踏入海洋的渡海者，並非同一時間從一個地方渡海而來。

最近，中國歷史研究院的《歷史評論》（2022 年第 1 期）刊載了董建輝和

徐森藝發表的有關南島語系與臺灣關係的文章，文中列出的一些討論正如本文已經提出的各點。在語言學方面，美國語言學家本尼迪克特（Ruth Benedict）在 1942 年，以及法國語言學家沙加爾（Laurent Sagart）在 20 世紀 90 年代都討論過這一問題。沙加爾提出漢藏語系與南島語系同源的觀點，而且不斷修正擴充其理論，改易其名稱為「漢—南同源論」「漢—藏緬—南島語系假説」「東亞超級語系假説」等。上述研究也值得我們注意和參考。

行文至此，我們不能不對凌純聲先生所指出環太平洋文化的共同處，其觀察之敏鋭、查證之細密欽佩不已。這也使我對這位老師產生誠摯的思念。

我們可以理解，如果這些族群進入沿海地帶，最容易進入的山口谷道應當是浙南甌江上游、閩北閩江和閩西南九龍江的上游，或是湖南、江西最南部資水、湘江上游，甚至於廣東東江的上游。在亞洲東部古老的地質變化時代，菲律賓板塊與亞洲大陸東岸擠壓碰撞，撞出了臺灣島；而在大陸東南角，就是那些內海南岸山陵沼澤最複雜的地區。

回到第三區本身的問題。假如我們理解第三區實際上是第一、第二區的延伸——第一區從沿海向南延伸，第二區從山陵谷道延伸，終於構成了中國沿海地區從浙江直到兩廣，甚至於海南島南方族群的活動地區。這些地區的居民，在中國歷史上曾經被稱為「百越」或者「百粵」（其實是同一音用了兩個字來代表）。然而我認為，遷入南方沿海的不只是被稱為「越」的族群——「越」的界限應該不會超過福建中部，從此更往南走，應當是「蠻」為主體。「夷」「越」同聲，「苗」「蠻」同聲，其中並非無緣無故。以今天苗族的分佈地區而言，除去漢人佔領的最好的平原地帶外，洞庭以西還是稱為「苗」；而到了三國時期，這一帶的土著卻被稱為「山越」。

在環太平洋大區域裏，南島語族的食物有幾個共同特徵。首先，他們都以芋頭為重要食物，從夏威夷到密克羅尼西亞都有芋頭製作的食品。芋頭是生長在山林地帶、靠近水邊鬆散土壤裏的一種根莖植物，原產地在廣西到四川一帶，種類繁多，這些地方至今還有野生的品種。芋頭、馬鈴薯、番薯是三種不同作物，番薯是美洲人養馴的，馬鈴薯也是在美洲被養馴，一路傳到了歐洲

被大量栽植，成為歐洲很重要的食物來源。西班牙人佔領美洲以後，殖民者把番薯帶到菲律賓，從菲律賓又進入中國，成為重要的農作物。在太平洋西岸靠近中國大陸，一些族群如臺灣的山地同胞、菲律賓的一些居民也吃小米。小米是中國北方養馴的作物，由山東的「東夷」帶到沿海的第三區，之後又傳至東南亞的海島上。雞、豬、狗等家禽、家畜，也隨渡海的人們被帶往各地。雞的傳播路線短一些，豬、狗都傳至很遠的地方。至於環太平洋諸島都沒有種植稻米，則可能是由於這些島嶼幾乎都沒有足夠的淡水發展水稻田。

這些海上族群都用葫蘆作為隨身浮具，無論成人或孩童，都藉助此物而不懼落水。在 20 世紀 60 年代，香港還有在水上生活的「蜑戶」，葫蘆是他們的食物。此外，這一族群的兒童人人有一個奶粉罐拴在身上，這些奶粉罐就是葫蘆的代用品，作為防溺浮具。在《莊子》等古籍裏，以葫蘆作為浮具或容器的記載幾乎隨處可見。上面所述都指向一個觀點，正如凌純聲先生的論斷：中國湖沼區的水上居民，是環太平洋文化圈的祖先。第二區本身的蠻族居民，其「蠻」的含義應該從四川西南部的「南蠻」，以至於到洞庭湖、鄱陽湖的「溪峒蠻苗」，這些人應當是第二區尤其是湖泊沼澤區真正的故主。若以前述船隻的設計而論，這種船隻在沿海地區很難出現，只有在風平浪靜的內海，又有無處不長的竹木取材，才可能發展出這種船隻。

以上所說，我們可以歸納東南和南方的沿海地區——也許可以稱其為第四區——是自古至今逐漸形成的移民群。他們各有當地的土著，更多的是一波一波從各地移入，直接或間接混合於生活在海岸的族群。而他們也是延伸中國文化的居民，與更向太平洋深處開拓的來源。

四

順著第三區的話題，我們繼續敘述東南部及南部向外開拓形成所謂華僑群。我個人感覺，秦漢開拓東南海岸與華南之時，還沒有向海外開拓。那時

候，中原政權主要的努力還是在擴充海疆，將中原地帶的人群移至海邊居住，也將海邊的族群遷往中原地帶。

舉例言之，甌越的故鄉在當時所謂會稽郡的邊緣。漢代開發會稽郡，至少將四五十萬甌越百姓移到淮河地區——這一故事說來很淒慘，堪稱「死亡行軍」：數十萬人，能有多少到達終點站？更多的移民則是向南開發時的軍人，這些人大多數也留在當地，不再回故鄉了。

漢代稱為南越王的趙佗，故鄉是今河北正定。他和子孫留在廣東，居然在秦漢之際建立了南越國。今天若是檢查廣東同胞的家譜，有一些能追溯到正定。在東漢晚期尤其三國時期，中原開始多事。天災人禍，使得許多居民逃離河南、山東一帶。其中有一部分移入江漢，另一部分則跨越南嶺，進入東南部海岸地帶，還有些華人進入越南，即當時所謂「交趾」。

漢末、三國以至於晉，北方和西北方的少數民族大規模、持續不斷移入中國。中原的漢人大部分留在自己的家鄉，建立塢堡自衛，與這些外族周旋四百年間，終於與其融合了。從那時開始，北方居民的血統成分就滲入了東北、北方和西北方的外族血統。另一方面，永嘉南渡時，有大族舉族同行往南開發，也有小戶共同組織南向開發的隊伍，推舉有領導才幹的人物作為「流民帥」。這些以北方大族為主體的南下移民，就在南方建立僑州郡縣，比如南豫州。至於那些由「流民帥」帶領的小戶散眾的部隊，則是散居在山崖水腳，與當地的居民混合——他們的分佈通常由兩條道路的分叉口分別深入內陸，相當程度上與當地土著混合。

三國時代，吳國在山區和水邊大量搜索「山越」作為兵源，也藉此設縣治理、收取稅賦。因此，當時「山越」這個名稱未必指涉少數民族，更可能是當地居民和流民的混合體。

從何時開始，進入廣東、福建地區的移民被稱為「客家」，其實難有確解。比較可靠者是，永嘉南渡以前沒有「客家」，永嘉南渡以後不斷有「新客家」。例如殘唐五代，中原地區的百姓困於戰亂，也是大批向南移動。我們這一宗的許姓，就是從河南固始，跟隨同鄉部隊逐步南進，終於在福建立足，最

後分別居住在福州到漳州之間三個不同的地點。這三處的許姓，都有向外開拓的成員：有的到泰國，有的到越南，有的到馬來西亞，有的到菲律賓。這些人，也可稱為「新客家」。客家人的居住點都在山坡較高的地方，或者河流上游，深入內地河谷處。至於「本地」與「客家」的區別，由語言可見一斑：客家方言與中原口音確實相當接近；早期移民則與當地居民混合，融合入南方，其方言屬南方系統。

李方桂先生以及其他語言學家，不斷研究這些本地非客家居民的語言。他們注意到，有相當不同的來源混雜在漢藏語系的漢語之內，例如「侗」「獠」之屬。從浙江西部迄於海南島，各處方言的差異其實存在漸變的延續過程。語言學家發現：所謂「本地」，萬變不離其宗，沒有離開漢藏語系，離古漢語並不遙遠；因此，將「本地」與「客家」對比，兩者也都是不同程度的古漢語而已。

至於往海外遷移的華僑，大批移動的主要時間大概也不會晚於唐末。籠統言之，自古迄今，浙江、福建的移民大致經由臺灣，或者跨過臺灣，南渡進入菲律賓及其他南方島嶼。因此，今天在菲律賓的華僑，其源頭在閩南漳、泉二州者最為眾多。另一個遷移的方向，則是順著洋流南下穿過巴士海峽，沿中南半島的東海岸逐步南移，分別進入婆羅洲（即加里曼丹島）、馬來半島，以至於印度尼西亞各處。這些移民人口主要來自廣東，也有一些來自閩南以及海南。菲律賓華僑的華語，大致由福建的閩南語系統演化而來；馬來西亞、印度尼西亞各處的華僑，則是以廣東話為主；至於通都大邑的華僑，例如馬六甲或新加坡等地，福建、廣東二省的方言都通用。

還有一條移民人數不多的路線，則是前往今天的沖繩島（原名琉球、中山），明朝時出現了著名的「閩人三十六姓」。但何以那一次大批移民之後，再無後續？我的解釋是：如前所述，臺灣海峽南向洋流被稱為「黑水洋」，水流湍急，寬度也不小。從大陸往東移動，要跨越「黑水洋」，一不小心就被洋流帶往南移，通過巴士海峽進入南方水域。因此，雖然臺灣和琉球都離亞歐大陸東岸很近，但因為「黑水洋」的特性，難得有人能夠跨越迅速流動的洋流。能

夠奪流跨過臺灣海峽、到達琉球的人數並不多，他們很以來自福建為傲。

同樣地，在臺灣的古代居民也是來自大陸。能夠穿越「黑水洋」渡過海峽、登陸臺灣，也相當艱難。而且，臺灣丘陵沼澤眾多，在登岸以後，離開沙灘，從南到北都很少有足以發展大型聚落點的大塊平坦地形，這使他們難以累積足夠的資源，與海峽彼岸的大陸發展長期延續的交流與彼此來往。臺灣至少有十四個原住民族群，他們之間雖有一些交易或聯誼，其實也未必稱得上密切，至多只能說：就文化和語言而論，他們都屬南島語族系統，卻很難真正從他們的特性之中，排列出一個臺灣本島發展的文化譜系。福建、廣東地區沿海居民以臺灣作為跨入太平洋的踏腳石，只有若干族群留了下來，以此作為長居的家鄉。

上述內容由新石器時代到春秋戰國時期，時間跨度很大。但其源頭都在古代中國的第二區和第三區，從良渚古城形成的時代即已開始演變了。第三區在遠古的發展是如此令人驚訝，其重要性延伸到後代，更令人感嘆。宋代以後，中國的經濟命脈轉到江南一帶，其範圍以長江三角洲為中心，往南可擴至福建，往北可至江淮一帶，一直延伸到東南沿海的弧形。可以說，今日滬寧杭「金三角」的重要性，其根源在良渚時代就已經埋下了。

以上陳述，乃是總結前面數章的討論，也就顯示出三大區域之間的互相影響。在這種錯綜複雜的關係下，古代的分區演化，終於轉變為中國從考古以來不斷進行的互動，最後整合為一個龐大的文化疆域——華夏中國。

第六章

對抗中交匯的華夷關係

一

　　討論到我者與他者的區別，必須提出：西周開國時，是順應天命而得天下。「天命」二字中的「天」，是垂穹四野的蒼天，既是宇宙全體，也是宇宙的主人。這種氣概的大神，不再是圖騰轉換而來的一般神明，也不再是山川、河海代表的大神可以比擬的。這個大神觀念超越常人，其神聖的普遍意義，不是信仰任何神明的宗教可以對比的。有關西周開國過程的文獻記載，例如所謂「西伯善養老者」，充滿了道德意味。正是從那時開始，「天下格局」的觀念必須建立在善惡是非的普世觀念上。所以，《尚書·洪范》記載：商人的王子箕子告誡新政權領袖，為政的基礎是「洪範」，即為了道德而界定的秩序。在周人的意識中，周要建立一個王者受天命的天下，君統與宗統疊合，是封建諸侯的雙重秩序。祖先在天庭代表人間，向上天祈福，必須要陳述子孫善

091

良的行為。文獻與商代卜辭中出現的先王、先公為子孫求禱福祉，並不表彰子孫的善行，而是呈獻「犧牲」。因此，西周的「天下」，從此成為中國君主制度的範例：君王能夠統治人間，是因為他受命為天下百姓謀求福祉，而君主們的祖先代表政權在天庭陳言，也必須根據子孫的實際行為，才能盼望天降福祉。即使這些都是建構的理念，人類有如此建構，也就説明人類有了是非和對錯的意識。

依西周以後「奉天承運」的觀念，「天子」不是一個統治者，應當是善行的代表。以中國這套觀念，與埃及、兩河古代神祇和統治者的關係相比，後者都充滿了偏袒：天神、上帝不應當為了自己的私心挑選王者。至於那些傳説中的神祇，例如希臘大神宙斯，他們得位卻要經由弒父，其行為又何等的荒唐！人君能夠獲得天神的保佑，通常也要獻上自己的獨子或新生兒作為「犧牲」。古埃及的阿肯那頓法老，第一次提出了太陽神為獨一真神的觀念；太陽神對人間的護持，不分獅子或小羊、人君或小草，都普遍蒙恩。如此高尚的獨神觀念，終於演化為猶太教、基督教和伊斯蘭教的信仰。然而，這些後世西方主要信仰的神，其原型卻還是沙漠中的風暴之神或太陽神的修正版。這些大神的特點是獨一無二，必須信仰他、皈依他，才能蒙受他的護持和恩惠。如此獨神觀念，與西周提出的「天」，有顯著差別。

中國古代社會變動，與國家的結構觀念平行發展。為國家服務的公職人員因能授官，在特定的專業部門執行任務。而他們的作為和成績，又必須根據法家的標準來審核。在這種儒家、法家思想平行的演化中，國家並非王者和貴族的私產，而是與公眾福祉有關的社群單位。這一特色，在歐洲的發展歷史上，要到近世 17 世紀以後才逐漸呈現。

漢代的稅收制度配合國家需要，從實物稅向貨幣稅拓展。圍繞貨幣和資源的流通，國家內存在的市場和道路也從有形的網絡演變為國家有機體的機制，由各個單元部分結合為一個互相依附的社會和經濟網絡。在此網絡上，人才的流通、政治權力的行使，又發展為另外一些網絡。於是，「天下格局」本身不只是一個權力結構，而是不同維度的網絡彼此疊合、相互聯繫，建構為極其龐

大的「人間宇宙」。

以上陳述，乃是大致囊括拙著《西周史》《中國古代社會史論》《漢代農業》的看法，庶幾讓我們理解：從西周到秦漢，中國的社會、經濟、政治和信仰，在各個層次和領域疊合，成為一個建構在道德價值與秩序上、巨大而複雜的多維空間。只有從如此角度理解，我們才能懂得：自從西周以後，中國內、外之間的區別，乃是一個多重結構的共同體的內和外，不是單純的華夏和夷狄，而是「網內」與「網外」多層次的我者與他者。

二

春秋戰國時代，中國典籍中關於邊患的記載比以前詳細多了。《左傳》《戰國策》《史記》都提供了很多資料，使我們可以理解、思考：這個時代所謂的外患究竟是不是外患？

先從周代本身轉移到東方而言之。自從幽王「烽火戲諸侯」，周代的「天下」就不再是統一的局面。平王東遷後，每個諸侯國都以自己的方式擴張，彼此兼併，戰火不斷。要論戰爭的頻率，諸侯國彼此的衝突比與四夷的衝突更為頻繁。不過，我們還是要以各個地區發生的情況，來討論華夏與外族的關係。

《左傳》反映的北疆和西疆的衝突，遠比與東方的衝突多。前面我們談到的古代第一區、第二區的問題（也就是東方的問題），實際上已完全變為內部問題。「人方」的南移、「祝融八姓」的遷徙，都從對外的問題轉變為對內的重新安排。但在北疆和西疆方面，就不是同樣的情況了。

周康王時代，獫狁在中國的歷史記載中經常出現。根據《小盂鼎》記載，他們的活動地點從河套東面南移到涇水流域。在後世有個族群叫作「允姓」，有時候叫作「陰戎」「獫鬻」「允姓之戎」「陸渾之戎」，其名稱暗示著他們就是獫狁之後。

「鬼方」在商代卜辭經常出現，帶「鬼」的字眼是一「大頭人」的形象，

並非「魔鬼」的意思；其出沒之地，應該是在陝西北部至內蒙古境內的「山後地帶」——越過北方的黃河邊，臨近陝北的平坦原地。他們從山西大盆地的北方界山，左右兩側向南移動。春秋時期，晉國境內的山陵之中常見赤狄、白狄，勢力滲透整個山西盆地，晉國不斷要與他們交往。而這些赤狄、白狄的姓氏為「隗」「媿」，都是帶「鬼」的字眼，與鬼方必有關係。

周康王二十五年，周人大將盂在「太原」擊敗了北面的「鬼方」部隊。我個人認為，這裏的「太原」乃是「大的平原」的意思，與今天山西省內的太原並非同一地點。河套地區向東有一片廣袤的草地，這個開闊平地在周原西北，離周人的活動中心岐山不遠，應該就是華夏民族與草原民族的戰場。《國語‧周語》載，周宣王在千畝（今山西介休南）「敗績於姜氏之戎」之後，即在「太原」檢閱部眾，訓練更好的軍隊。

「山後地帶」與「太原」都在陝北至內蒙古境內，「五胡亂華」第一波，匈奴餘眾建立的各處領域，也大致包括了這一範圍。漢朝有所謂「六郡❶良家子」，李廣、李陵等名將，甚至於漢末的董卓都是「六郡良家子」出身。我特別提出這一地點，是為了說明自古以來華夏民族與草原民族的拉鋸戰，就在這一類交界地反覆發生；而這些地區的居民，既以農耕為生，也習於騎射。

我們需要回顧歷史上這些地區居民生產方式的變化，才能理解晉陝邊區的北方，如何經歷了生態環境的數度擺動。20 世紀 70 年代，經當地居民報告，在陝西神木發現了玉器和石峁古城遺址，但遺址石牆一直被認為是戰國秦長城。直到 2011 年開始的區域系統考古調查，才確認石峁遺址為新石器時代城址。這個大聚落的遺址，有內外城牆以及各種防禦設施，而且牆體頗厚，內部構造的功能分區複雜。考古學家認為其存在的時間距今約四千三百年至三千八百年間，可能是古代農牧交錯地帶出現的一個中心聚落，其內城面積約 235 萬平方米，外城面積廣達 425 萬平方米，甚至稱之為「國都」也不為過。如此巨大的聚落，不是游牧族群可以維持的；而且從遺址的植物孢粉分析，這一群人

---

❶ 六郡指天水、隴西、安定、北地、上郡、西河。

的生活已經由以畜牧為主轉為農耕——同樣的資料，反映了當地的氣候溫暖而潮濕，相當穩定。

根據《詩經》中周人敘述自己族群的歷史，古公亶父以後，周原才從游牧地帶回到農耕地帶。由此可想，從石峁遺址的時代到周人建國之初，其間有一段反而可能是游牧的生態：氣候不夠溫暖也不夠潮濕，不足以發展農耕。如此，我們可以推論：周初之時，其實陝西北部又一次處於從游牧轉為農耕的時代。

三

齊桓公建立霸權，主要是因為地處海河河谷的邢國受到了北方外族侵略。齊桓公以「尊王攘夷」的口號，樹立領導各諸侯國的地位。從他的口號——稱外敵為「夷」——我們可以想像：在他的心中，「東夷」的「夷」字能代表與華夏敵對的族群。

實際上，「尊王攘夷」的口號落實的時候，北方來的外族不能稱之為「夷」，而是前述的「戎」和「狄」。尤為顯著的是最晚封的晉國（在今天的山西一帶），被封為諸侯時，周室在囑咐其要注意的事項中，特別強調晉國內部戎族很多：「命以《唐誥》，而封於夏虛，啟以夏政，疆以戎索。」意指須對戎人的風俗習慣加以注意，並且提醒周、夏、戎三種文化必須適當融合。

從《左傳》記載可見，晉國的戎狄活動確實經常出現。以他們的地區而論，在晉國盆地的北方草原——相當於後日長城線外一帶活動的，最主要的正是「允姓之戎」與「隗姓之戎」。若干次大戰役大概都發生於今日西部河套的外方，以及東部張家口一帶的壩上。晉國涵蓋的今日山西地區，尤其中間的一大片坡地，林木甚盛。有些族群生活在山陵地區，有些是在河谷，有些是在山坡上，有些是在平原上。這些人，顯然不是草原游牧民族。

以「戎」字字形判斷，「陸渾之戎」應是一手執戈、一手執干的戰士，並

未牽扯到車戰、騎戰，甚至還沒有「夷人」的「夷」這種弓箭的象徵；「狄」字單從字形而言，有「火」有「犬」，大概是山陵地區帶著獵犬狩獵的族群。至於所謂赤狄、白狄，兩者之間究竟何處是界限，我們並不清楚。從晉國境內這些戎、狄的活動範圍言之，大致是從運城平原，尤其從東半邊，向北、向西擴充，幾乎都和山西盆地主要河流的方向有相應關係。因此，戎、狄兩種人群，似乎都是山西境內森林覆蓋的山地中以狩獵為主的族群。

允姓的「陸渾之戎」和隗姓的赤狄、白狄都不斷南移，允姓「陰戎」還向西擴散到西北綠洲。及至晉獻公、文公兩代，晉國經歷了重大變化：在兩代政變之中，晉國的君主及其重要的助手趙氏、韓氏，常娶允姓、隗姓女子為妻妾。這些事蹟即隱含著，周室頭等的貴族、重要的屬國，與戎族幾乎已經融合為一體的歷史事實。隨著晉國的擴張和充實，這些族群的記載逐漸減少。與此同時，晉國諸卿大夫能各自迅速地組織精銳的戰鬥部隊，我以為主要的兵源可能就是將這些戎、狄收編為各自的武力。

從齊桓公以後直到戰國，變化最多的是沿草原南線的諸侯，尤其是晉國──地理上的「華夏」中心。晉國的主體在山西，三家分晉以後，今日大半個山西省是趙國領土。趙國的擴張是逐步向北，跨過今天的太原直達後來的長城線。在這一地區，趙國還建立了自己的屬國──代國。趙國的東邊是燕國，燕國擁有華北平原與壩上交接地帶最東端的大片土地。在春秋時期，燕國並沒有扮演很重要的角色。從戰國開始，燕國卻是很重要的北方的參與者：歷史記載，燕將秦開曾向東拓地千里，如果這個距離可信，則燕國的統治地區應可到達大凌河一帶。燕、趙之間，還有一個中山國。中山國不在周人封建體制之中，而是山戎為主建立的國家。

趙國的西邊，韓國佔了陝西高原東部偏南。他們面對的前線並不寬廣，但韓國的軍備不弱，在三晉之中算是相當強悍的單位。韓國的旁邊則是秦國。秦國的祖先，只是趙地養馬的戍邊單位。後來他們遷移到關隴地區，逐漸吸收了西周大部的領土，也就繼承了西周需要面對的問題。及至秦國成為戰國七雄之一，其擴張之道也是將西北「義渠諸戎」吸收為自己的戰鬥兵源。

這一南北對峙的形勢，只是論述北方的前線。其實偏在南邊的齊國，何嘗不是要面對整個北方所必須面對的問題。齊景公離齊桓公的時代並不很遠，他自己愛馬。據歷史記載，他曾經在苑囿中蓄養了眾多馬匹，臣子譏諷他雖養了「千駟」，卻「人無稱焉」。

20 世紀六七十年代，在臨淄發現了齊景公的殉馬坑，其中埋葬了六百餘匹戰馬，都是五到七歲左右，姿勢整齊、昂首側臥、四足蜷曲，後馬的腿搭在前馬身上，儼然是戰前等待衝鋒的姿態。這個巨大的殉馬坑，沒有車只有馬，與其他車馬坑的內容完全不同。此外，在臨淄出土的瓦當上，也出現了乘馬的圖像。這些事實指明：齊國已有大量騎兵部隊，不僅是車戰，而且能騎馬作戰。趙武靈王實行「胡服騎射」是在公元前 307 年，齊景公的時代比他早了近兩個世紀。

華夏與戎狄的互動，以車戰開始，而最後轉變為騎戰。這一轉變有重要的意義。整個戰國時期列國之間的戰爭中，「千乘」「萬騎」是經常出現的數目。七個國家，每家都有數萬乃至十萬的騎兵部隊，代替了以前笨拙而遲緩的戰車部隊。這種轉變擴大了作戰規模，也使得國與國之間為了彼此鬥爭，以慘烈的戰爭作為手段，而終於實現了秦漢大統一的局面。

從另一角度言之，晉國卿大夫的部隊，似乎以步戰和車戰為主。騎戰的出現，要等到戰國時才顯著。所謂「千乘萬騎」，兵車和騎兵隊都成為特定軍種。

晉國分為三家，佔了當時強國總數約一半。韓、趙、魏三國之中，以趙國兵力最強，魏國最富，韓國的武器最為銳利。趙國地處如今山西省的東半邊，而且擴張到海河流域的北部及西部迤南。到戰國時代，趙武靈王「胡服騎射」，正反映在趙國的疆域之內有許多在草原上生活、善於騎射的百姓，也反映了趙國的北邊界外，也就是今日張家口一帶的壩上，還有許多北方的游牧民族。

若以《左傳》作為主要依據，那麼在東北方面，燕國的情形很少見於記載，在春秋時代並不活躍。燕國為召公之後，也是一個重要的封國。當年分封時，周公、召公是周王室的左右手，以召公的地位和實力被封在燕國，擔起防

衛東北的責任，其意義正如封太公之後於齊，承擔防衛東方的任務。燕國的擴張，在春秋時代沒有太多的成就。然而，戰國時代的燕將秦開拓地千里，其方向基本上是向東與東北，從今天的北京，開拓到渤海灣北面的遼東等處。燕國的北面正如趙國一樣，是在今日稱為壩上的張家口附近。那裏的草原並不大，可是有高草的牧地，也有瀦水遍地，著名的「五花原」淺淺一層水，遍地青草。這裏不適於養馬，但確實是很好的牧羊之地。以此地形地貌言之，燕國的北面確實有可供游牧民族生存的自然條件。燕地出土的考古文物——帳篷以及車馬配件，反映了似乎燕國鄰近地區還是有游牧的族群。

再往西方看，秦國在今天的關中繼承了西周留下的空地，成為西方強國。秦國的西面、北面甚至於南面，都有外族。秦國西南面是蜀地，有「五丁力士」開通山路的傳說，這一方向的居民，竟可能是三星堆族群的後裔。在秦國強盛時，西方自寶雞以下的褒斜道上，本來就有一些西周銘文記載的小國，這些國家逐漸就因為秦國的擴張，而被其吸收。在西方，秦國沒有什麼需要擔心的外患，反而是蜀地殷富，秦國很早就可以在此開發水利，保證食糧供給。李冰父子開拓都江堰的故事，就說明了這一點。在秦國的北面和西面，卻有較為複雜的局面。前文曾提到過，西周的基地，甚至於他們的宗教聖地「靈台」，都是西戎原本據有的地盤。周人吸收西戎以後，也可能要防禦從更西面來的敵人。秦國也一樣向西擴充，一方面強化其武裝力量；另一方面，「義渠諸戎」這種西方族群大概是匈奴的前身，也被其吸收。秦國的北面是河套，「黃河百害，唯富一套」，這個地方農牧皆宜。不僅河套本身，今天的陝北神木、延安等處，原本也是不錯的草原地帶，演變成為毛烏素沙漠是後世才發生的。在秦代，那裏是農牧之間的過渡地區。甚至於居延山谷、祁連山和賀蘭山一帶，以高山為屏障，以谷地為牧場，都是游牧民族活動的好地方。也因此，秦國的武裝部隊多了馬匹和邊疆民族的成分，實力躍居列國最強。後來的匈奴最初發展的基地，就在秦國的西面和北面。這裏的居民必須要時刻戒備，準備抵抗鄂爾多斯草原上出現的游牧民族。

下面一個問題就是：獫狁和鬼方曾經在北面的邊界上長期與華夏對抗，他

們南移後，誰接替其位置？這個答案就是：匈奴。因此，我們的課題是：為何演變到秦漢時，匈奴族群能發展為游牧帝國，與春秋以降從華夏逐漸演變而成的農耕大帝國對抗？

這兩個對立的大帝國以秦漢的長城線，在東邊以今日的壩上為界，在西邊以鄂爾多斯作為擺動的空間。這一特殊的現象，值得我們注意：東、西對立的兩大族群，他們各自統一是否有互相對應之處？否則，很難讓我們理解，從陰山的山後到東邊的壩上，為何居然出現了匈奴這一大族群，代替了獫狁等舊日牧人，躍升為強大的戰爭部落，統一了整個北方草原，形成對中原農耕帝國的極大威脅。

這兩大帝國同時出現，在我看來，和整個世界公元前 1000 年到公元 500 年那一千五百年間的變化有密切的關係。

第七章

「游牧—農耕」模式兩千年

一

　　匈奴並非一日出現，也不是在短期之內可以形成的。這群牧人，我們可稱之為「黃種草原牧人」。幾乎同時在亞歐大陸邊界奔走的西方白種牧人與匈奴並非同族，他們與居住地較南的農民之間，隔著陰山、阿爾泰山到高加索的群山。再往南面是甘肅、青海的濕地和湖沼，加上天山南北麓的綠洲，是白種和黃種牧人彼此交錯的廣大牧地。

　　我認為，匈奴可能來自壩上東北的呼倫貝爾大草原，那裏水草豐美而且滿地高草——對於羊群而言，牧草又高又硬；對於馬匹和牛群而言，則是非常好的食物。如果匈奴在此起家，等到獫狁和鬼方往南遷移時，他們就能直接與華夏接觸了。

亞洲大陸的東北部，呼倫貝爾一帶，可能是世界上為數不多的優良牧地之一。從那裏成長起來的牧人群體，一波又一波，憑藉東方良馬，不斷向西南進入草原。蒙古大旱地，包括佈滿石塊的戈壁、黃沙遍野的沙漠，可是也有貝加爾湖和大興安嶺——前者是湖泊，後者的南坡在夏天也是好牧地。從貝加爾湖更往東方，則是四周的高草平原和呼倫貝爾大草原。這裏雖然氣候寒冷，但水草豐美，是東亞地區最大、最好的草原。此地出產的馬匹是亞洲系良馬，比高加索系的「天馬」略微矮小，然而耐得長跑，且能迅疾加速，正是戰馬的好品種。這片廣大天地，是歷史上號為東胡、丁零和肅慎等族群活動的區域——這些游牧民族，才是中原政權兩千年來最主要的外患所在。

不過，在春秋戰國時期，這裏還是遙遠的地方。那些族群居住在黑龍江、松花江中下游，中間又隔了興安山地的寒帶樹林。他們與西方的匈奴也有關係，不過中間隔了一個蒙古高原中部的戈壁。那時候，這些東方的騎士還沒躍登歷史舞臺。

戰國晚期開始，東胡牧群的霸權逐漸由匈奴接替，佔據了雲中以東。雲中位於蒙古高原南部環境較差的戈壁，多石少沙，更談不上是草原。於是，匈奴和中原的交接和進退最初經常是在東方。隨著匈奴的成長，丁零和東胡逐漸融入匈奴，成為北方草原的主人，他們與中原的衝突規模一次次擴大。匈奴人眾增多，內部的組織也相對複雜化：單于之下出現了左右賢王、左右谷蠡王、左右大將、左右大都尉、左右大當戶以及左右骨都侯六個等級。

匈奴逐漸壯大，沿邊諸侯也就必須注意來自北方的侵擾，蹟象早在春秋時期就逐漸呈現：在北方的海河流域、沽水上游，終於出現了外族侵犯邢國的事件。在此情況下，齊桓公躍登舞臺，以「尊王攘夷」的口號在「天王體制」下稱霸諸侯。春秋五霸始終以「尊王攘夷」作為口號，隱含著中國的封建制度在這個口號之下進行重組，最後演變成秦漢大帝國的階段。若將中歐歷史作比較，羅馬帝國在極盛時代佔有的地盤和漢代幾乎相當。羅馬兵團兵鋒四出，據愛德華·吉本（Edward Gibbon）等人引用的記錄，當時整個羅馬帝國的人口達到一億兩千萬左右。去除亞洲和非洲的殖民地，以羅馬在歐洲的主體而言，

其人口應該在四千萬人左右。羅馬帝國的人口結構也在不斷變化，因為一批批羅馬軍團出征取得新的領土，這些戰士們不再回來，就必須有新的兵員接替羅馬本國人口。

羅馬兵團每次出征，最大的單位大概是兩個兵團組成的集團軍，每個兵團下面有十個聯隊。當時的羅馬軍隊每個兵團有五六千人，其中有六百名騎兵，兩個兵團合起來的集團軍就有一千二百名騎兵，總軍力達一萬至一萬兩千人。由此計算，和齊景公、趙武靈王的千乘、萬騎相比，羅馬軍隊中馬匹的數量少多了。羅馬人作戰的主力，主要是輕、重裝的步兵。

以秦漢時期的中國與羅馬對比，漢代人口大約也是五千萬。然而這五千萬人口絕大部分是在中原地區，那時還沒開發到今天的西邊和南邊。七國之間互相廝殺，再加上秦漢之際楚、漢的對立，中國用在戰爭上的馬匹數字實在相當龐大。這些馬匹有少數來自西北方，今日陝甘寧和青海一帶，最大部分的馬匹還必須自北方牧人手上取得。《史記》中的《貨殖列傳》及《匈奴列傳》都提到過邊界上的馬市，還未到秦長城以前，處處可以做雙邊交易。「戎王」養馬以山谷為計量，可以因此致富。由此可見，這兩大帝國的成長都和馬有關係：華夏的農耕大帝國以米糧換取北方的馬匹和皮毛，北方匈奴的游牧大帝國換得米糧，則吸引東部大草原上更多游牧民族加入。匈奴大帝國以單于為共主，統治著大草原上的各種民族。如上文敘述，匈奴大單于之下的封建體制構成了多層級的統治結構，有各等級的王以及王以下的當戶、侯等單位。如此複雜的統治制度，實際上鬆散又容易引起內部衝突。因此，從一開始匈奴帝國內部就並不穩定——「五單于爭立」，就是為了爭奪共主寶座。漢朝趁其內亂不斷大舉征討，再加以懷柔的互易與和親維持和平。在對漢朝的「和」「戰」之間，匈奴實際上分裂為南北兩部。北匈奴在華北到西北的草原上活動，南匈奴的領地則是從河套一直延伸到青海、甘肅的草地。後者存在的時間比前者還長久，但實際上已經淪落為漢帝國的附庸。

匈奴大帝國的形成，應當是東亞地區游牧民族的第一次大整合：以匈奴為核心，東邊吸收了東胡、丁零、肅慎；在西邊的擴張終於進入了賀蘭山、陰山

地區的山谷牧場，將更西部的游牧民族納入大帝國控制之下。這個系統，應當包括「五胡亂華」時的羯和氐，甚至包括在甘肅居住的大月氏這一白種游牧民族，我們稱之為「戎狄」或者「鄂爾多斯文化」的主人。

中國歷史上最顯著的事件之一，乃是北匈奴西遷。起先匈奴深入今日的新疆地區，驅離佔據新疆東部的月氏人，使其遷往烏孫。這一事件，又引發了一連串的反應。匈奴分裂後，南匈奴逃離蒙古高原，居住在「黑水道」[●]一帶。北匈奴受漢王朝攻伐，開始向西亞「四海」（黑海、裏海、地中海、波斯灣）地帶進發，進入歐洲。一波又一波的移動，迫使原本居住在高加索地區的歐洲白種牧人更往西行，佔據中歐至北歐地區，這就是歐洲歷史上所謂「蠻族大遷移」，其時代是從東漢中期開始。在歐洲，蠻族的勢力終於顛覆了羅馬帝國。萊茵河和多瑙河北面的歐洲人，實質上就是歐洲蠻族的後代，包括東、西哥特人等，便是此後歐洲民族國家的源頭。

由此，匈奴創造了一個草原帝國的模式。中國北方大草原此後經常變換主人，這一基本模式卻依然存續。東漢這一強大的農耕帝國，也不能不習慣於與北方游牧帝國的對峙。這種游牧與農耕並存的形態，成為東亞農耕國家與游牧群體之間對立而並存的常態。

二

東漢、三國時期，中原王朝面臨內部分裂。從三國時代開始，中原政權分裂的單位都各自從外面引進四周的其他族群，作為作戰和生產的兵源。舉例言之，董卓軍隊的主要成分實際上是以羌人為主體的西部族群。蜀漢的武裝部隊除漢人以外，也有以河西、隴右作為基地的羌人部隊，甚至於羌人種植的「羌麥」還是諸葛亮六出祁山的軍糧來源。蜀漢的部隊人數不多，等到諸葛亮寫

● 也就是在今天的河套西面，沿著陰山腳下向西延展到天山北路和阿爾泰山。

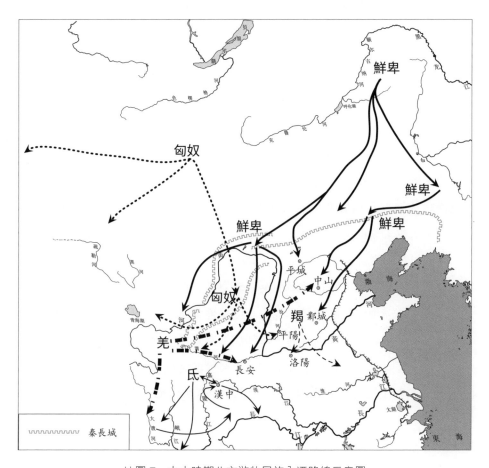

地圖 7　中古時期北方游牧民族內遷路線示意圖

《後出師表》，原來的老兵已經凋零，其中所列舉損失的將領，包括賨叟、青羌這些人，就是中國西南部和蜀漢西北的少數民族。

曹操成為中國北方的主人以後，其軍隊最主要的來源，是從北方和東北引入丁零、烏桓的丁壯。這些外族軍隊與曹操降服的黃巾部眾總數不下百萬，集中在河北南部的正定一帶，以當地許多小河流域作為墾拓基地及徵兵的來源。如此的武力作為基礎，魏晉才能夠終於取得勝利，再度統一中國。

東吳第一代的水、陸軍隊，以東南長江、漢水流域的漢人作為主體。而到諸葛恪時，東吳從洞庭湖、鄱陽湖的四周搜索山林，大舉徵發「山越」為兵。

晉代的統治非常短暫且不穩定，「八王之亂」後，晉朝實際上從內部先崩潰，在中原北面邊界上的胡人才紛紛進入中國。「五胡亂華」這一段混亂的時代歷時漫長，「五胡」包括東邊的匈奴、羯、鮮卑以及西邊的氐與羌，這些進入中原建立短暫而分裂的政權的族群，終於與留在北方的漢人混合為一體。這一如此長期、大規模的族群漢化，史所罕見。

　　從南北朝以後，華北一帶、黃淮以北不再有純種漢族人口。塢堡裏面的漢人村落，形式上是由大族在管理，也保護村中的農民，實際上無法避免與四周逐漸漢化的胡人互相影響。胡人進入中原後，逐漸與漢人交融——胡語、漢語混合，構成了新的中古漢語。

　　匈奴以後，草原的主人是鮮卑，其中一支建立了北魏；接著到了南北朝晚期，分佈於阿爾泰山、陰山地區的突厥籠罩了整個中亞，東端一直擴張到中國北方。後來統一中國的隋唐君主都曾一度忌憚突厥可汗的勢力，受其封號。

　　再以下則是唐代中國的崛起，唐朝成為華夏民族建立的大帝國。然而這一帝國內部，實際上已經包含了此前匈奴、突厥的各族成分。更可注意者，唐代的周邊，經過中國的文化影響，出現了許多模仿中國的鄰國，例如渤海、高麗、朝鮮，甚至於日本，都是模仿中華文化重組的新國家。經過安史之亂後，從大興安嶺以東至亞洲邊緣，諸種族群的混合乃是殘唐五代重整的基礎，然後才進入宋代中國。

　　唐朝是歷史上與西方、北方胡人交流最多的時期，進入中國的胡商和尋求生活機會的各種胡人為數眾多，也帶來了多姿多彩的胡人文化。盛唐長安，堪稱世界上最繁華的都市。詩仙李白、「浪子將軍」高仙芝，以及那些如花胡姬和健壯的崑崙奴，都是來自各方的胡人。在音樂方面，西方傳來撥弄的弦樂器如琵琶、箜篌、胡琴等，以及篳篥、胡笳等吹奏樂器，結合為隋唐乃至後世所謂「國樂」的主要部分。西方的絲綢之路，駝鈴不絕，帶來了寶貨，也運去了絲綢。吟唱的詩詞，改造了《詩經》與樂府的形式和內容。開元一代的盛況，好景不長。胡人僱傭兵由許多「雜胡」組成，他們掌握了整個東方前線的財富和資源。於是，安祿山及其部眾自覺可以挑戰長安的中央政權。「漁陽鼙鼓動

地來，驚破霓裳羽衣曲」，後代戲劇《長生殿》中「小宴」一段，演的便是中國中古時代的轉捩點：盛極一時的大唐，最終轉為衰敗的殘唐。

此處，對大唐盛世的中途夭折，我們必須有所論述：開元、天寶盛況的界劃之外，擔任安西四鎮節度使的高仙芝在 751 年兵敗怛邏斯，唐帝國失去對中亞的控制也是一個時代分隔點。此役之後，尤其再經過安史之亂，唐帝國不再能夠插手蔥嶺以西——亞歐交界地帶，從此由以西域為地盤的突厥系族群與阿拉伯主導的穆斯林集團爭奪控制權。我認為，最須注意的是：關隴以西、玉門關外，從此慢慢變為伊斯蘭信仰長期佔據的領域，甚至藏傳佛教的力量也只能收縮於青藏高原及其山下的中國西南部。

大唐衰微，國家分裂。各處軍閥紛紛割據，這些軍人很大部分是胡兵蕃將，所謂殘唐五代的系統，主要由被唐政府收編的沙陀軍隊構成。這些部隊的駐扎地，是在山西省南部。他們的將領陸續在中原稱帝，「五代」中有四代即如此情況。其中也有漢人在沙陀軍中服務，包括柴榮、趙匡胤。後者就是以沙陀軍團為資本，建立了漢人政權的宋朝。

殘唐五代，因為軍閥混戰，北部戰亂不斷。尤其黃巢、王仙芝、秦宗權等大規模暴亂，使中原一帶戰火燎原。那時期人口損失慘重，甚至竟以人為糧。這種大亂，引發了大規模向南逃亡的潮流。尤其在河南，淮河一帶整村的農民隨同地方豪強南遷。我們許家，就是從淮河邊上的固始南遷福建。這種移民潮的南下路線，通常經今日江西、安徽兩省南部，然後進入福建、廣東兩省北部，再循著地方河流向海岸遷移。這些人口，有相當一部分是今日所謂「客家」的族群。這些南下人口也組織了地方政權，例如福建、廣東就有閩、吳越等國。我們許家經閩北遷入福建，逐漸從閩江流域遷移到漳州。這一波南下移民的艱難困苦以及對南方發展產生的影響，不下於「永嘉南渡」。

五代歸結為宋，其疆域只有隋唐帝國的一半。實際上宋朝已不再是天下國家，乃是列國之一，四周有若干國家並存。宋朝北方是契丹人建立的遼國，遼往西南則是拓跋氏和唐古特人混合建立的西夏，繼續往西南是喜馬拉雅高地藏語族群建立的吐蕃國，更往南下則是藏文化和漢文化混合的南詔（後稱大理

國）；而在東邊，高麗、日本也崛起成為東北亞的獨立國家；同時，在東北的山林和草地中逐漸成長的女真，後來逐漸取代契丹人與宋朝對抗。這個列國體制的時代，維持到蒙古大帝國出現——又一次，游牧大帝國橫跨亞歐。

宋、遼「南北朝」的新型格局以後，接著是女真人進入中原，以至於蒙古的狂飆。成吉思汗的鐵騎橫掃亞歐大陸，兵鋒所指者破，無不屈服，蒙古帝國成為世界歷史上最大的征服集團之一。可是這一集團的體制，其實並不堅實。成吉思汗及其兒子們三度西征，兩度南下，在亞歐大陸建立了四個汗國，涵蓋了中東、中亞的大部分地區和中國的西部；還有許多次級的汗國，分佈在今日中國的西北各省。大汗的都城中，上都是蒙古大汗君臨北方、西方各種胡人的汗帳，大都（今天的北京）則是大汗以中原皇帝的身份統治漢地的都城。大汗的軍隊不僅由蒙古本族構成，亞洲草原上幾乎所有的族群，都可能是蒙古大汗分發到各地戍守的「簽軍」，以鎮壓被征服的各地。

直到新興的明朝建立，蒙古人才退回大漠北方。實際上，蒙古並沒有消失，元朝以後的蒙古在中國北方存在兩個幾乎獨立的單位：一個是在原蒙古帝國的東北角上，史稱「北元」；一個是在河套地區建立的達延汗政權，相當於蒙古高原南邊另外一個單位。在嘉峪關以外，還有若干統治疆域比較小的蒙古諸汗，被統治的其實都不是蒙古人了，只有統治者是蒙古的王子。再往西走，就是成吉思汗四個兒子建立的四大汗國及其衍生的小單位。

明朝建國初年，太祖特別吩咐將來的皇帝：大明的四周有十五個國家屬「不征之國」，如果他們進貢並接受中國的宗主國地位，當善待之。這些國家包括朝鮮、安南、暹羅、琉球等，以及東南亞一帶航路上的小國。

三

滿洲崛起於東方，取代明朝並統一全國。清朝君主既是中原王朝的皇帝，也是滿洲大汗。東邊的遼東是滿洲人的老家，壩上以北的廣大地區則是蒙古餘

　　　　　　　　　　　第七章　「游牧—農耕」模式兩千年

部所佔據的區域，清廷將其作為兄弟之邦納入統治。所以，清代的體制是「滿漢雙軌制度」。康雍乾三代，清廷花了極大力氣，三征蒙古，以滿洲與蒙古部屬的力量統一了廣大的蒙古，並平定了南疆的回部，還有滿人早就視作自己宗教故鄉的藏地——那個由藏傳佛教統治的高山地區。

從遼東本部直到藏地，這個大的弧形地帶三面包圍了漢人華夏的部分。於是，清帝國的雙軌制即：大弧形上的游牧群，在宗教方面接受了藏傳佛教和漢傳佛教，經濟上以漢地的錢糧維持滿蒙的武力；漢地由大清帝國的六部管理，北方諸汗和藏地則屬滿洲大汗統領，由大汗委派的都統、將軍、大臣、佐領等等監督各處的旗、盟等單位。滿人以東北的少數民族入主中原。這個不大的部落，居然在努爾哈赤手上整合附近其他部落，成為強大的部落群。終於，他們盡其全力，收服了蒙古各部，成為明朝的主要挑戰者。趁著明朝式微，統治者無力兼顧，北京陷落後，山海關守將吳三桂開門迎敵，滿人得以入主中原。歷來北方少數民族奪取中原的事件，以這次最為容易。清軍入關以後，利用毛文龍在皮島的舊部孔有德、耿精忠、尚可喜帶領的火炮部隊（被稱為「烏金超哈」）作為前鋒，得以橫掃中原。這是中國歷史上最早的大規模炮兵部隊，卻是用明朝的降將征服明朝。

清代最大規模的征伐，是康雍乾三代連續征討北方草原上的蒙古部落、西北的回部、藏地的固始汗以及大小金川羌人的碉樓群落。如此功業，在清人的心目之中，甚至比入主中原有更為重大的意義。

清帝國一攬北方草原和西部高原上的藏傳佛教政權後，如此定義這一成就：滿洲大汗乃是整個亞洲大草原的主人。他們認為，除成吉思汗以外，其他族群沒有做到過如此規模的征服。實際上，康雍乾三代乃是以漢地的錢糧、火器及滿洲的健兒，窮舉國之力方成就如此結果。為了這個「漢地—草原」的二元帝國，清朝幾乎用盡了手上掌握的全部火器。蒙古人以駝城佈陣，可能以萬計的駱駝都在炮火之下化為灰燼，亞洲駱駝從那時候開始數目大減、一蹶不振。而滿人的耗損，在康雍乾三代以後就可以看出：八旗已無健兒，火器營的火槍也用舊了。

這次成就的二元帝國，以熱河承德作為蒙古諸汗以及藏地僧侶朝見滿洲大汗的地點。那裏有喇嘛教的「八大廟」作為游牧帝國的信仰寄託，還有大片的草地，象徵著北方草原上的牧場。來朝的蒙古大小諸汗及王爺，可以支撐帳篷，圍繞著滿洲大汗出席種種典禮，其中最重要的是「木蘭秋狩」的圍獵，以此確認滿洲大汗在草原上的共主地位。漢地的錢糧用於供養北方游牧大帝國，蒙藏回部的大小頭領從此生活舒適優越，不再需要投身於無窮的掠奪和戰鬥，也使得北方草原上的馬上男兒不再剽悍勇健。

在草原稱霸的部落同時稱帝，清王朝這種二元帝國的結構在中國歷史上並非首次。漢朝與匈奴糾纏了四百年，或戰或和，後來是以和親為手段籠絡了匈奴的一部分，至少南匈奴與漢人的關係幾乎就等於藩屬。然而，南單于仍舊號稱是北方草原的主人——這個結構也就意味著：漢朝的皇帝，同時也是南單于之上的領主。

「五胡亂華」時代，至少在羯人建立的趙國、氐人建立的前秦，其領袖都使用雙重名稱：大皇帝和大單于，或者天王和大單于。在他們的心目之中，隱隱然也有個雙重結構。突厥盛時，勢力凌駕於後來的隋唐之上，楊、李二家雖然後來不承認，但實際上都曾經認突厥單于為主。等到大唐國力強盛，尤其是太宗朝盛極一時，太宗自己是中原王朝的皇帝、大唐天子，而草原上的族群則稱他為「天可汗」。這一結構，明明白白也是個二元帝國的結構。

因此，在中國歷史上，名義上也罷，實質上也罷，草原與漢地的關係其實相當複雜：可以對立，也可以並存，而更可能是名義上的兩個部分——一個南邊的漢地政權、一個北面的草原政權並行的雙重結構。至於宋代，遼宋互稱「南北朝」，以條約和互相之間的贈送維繫平衡，實質上是中原王朝借歲幣和互市與草原保持平行的關係。然而，宋與西夏之間就並非「南北朝」的關係，而是很勉強安排的上下之間的關係，也是用歲幣和互市維持長期的和平。這種方式就不再是二元制度，而是一種列國體制的形態。從這些角度考慮，北方草原與漢地之間的共存，並非草原是一片、漢地是一片這種單純的分區。「新清史」的觀點，提出了一個角度的看法；整體而言，我們更應該注意，這漢地與草原

之間，煞費心思安排出了一種互相依賴的「曖昧結合」。

四

　　從匈奴開始，迄於滿人，幾乎所有由邊疆進入中原的游牧民族，都是從東北角落開始發展自己的勢力，然後沿著長城線進入。至少有四次，這些外族建立了自己的帝國，進而中原王朝的西北方才陸續有強大的游牧民族出現，例如突厥、吐蕃、回紇，甚至黨項。

　　在中原王朝的西面，上述幾個外族都有相當的發展空間。凡是中原王朝強大的時候，其西鄰必定會承受壓力，外族被這股力量壓迫，必須向西延伸、逃避。這就造成了一撥又一撥的民族移動延續不斷，在中國歷史上不止一次。長達近乎兩千年的向西擴充，使得西邊的牧地不斷更換主人。西域部落的成分不斷更改，最先被推離王朝的族群往西去，就形成歐洲歷史上不斷出現的「蠻族入侵」的一部分。

　　在上文，我們已經談過「蠻族入侵」導致羅馬帝國的覆亡，也就是西方以民族體制為常態，而東方則以帝國秩序作為穩定的基礎。新到的蠻族，也就是高加索、黑海、裏海地區不斷孕育的歐洲白色人種。這些騎馬民族不斷進入中東地區，建立一連串的基地，威脅兩河流域與埃及的農業國家。同樣，他們也橫向進入歐洲，其中在北面的一部分乃是維京人以及後世的北歐民族，他們駛船如馳馬；還有一部分則沿著黑海和地中海之間的隙地進入愛琴海，這就是希臘城邦以及後來延伸的羅馬帝國的民族來源。

　　歐洲雖然名義上曾有統一的天主教會凌駕於這些「部落國家」之上，也有所謂法蘭克王國（即後世法國的前身）與神聖羅馬帝國，但如此形勢，決定了歐洲不可能統一為一個大局面。中國依託黃河、長江流域，使三大核心區以農業村落、城郭、道路逐步聯繫成為一個龐大的統一帝國模式。二者對比之下，中國可以長久維持一個統一的帝國格局，而歐洲只能長期諸國林立，永遠帶有

民族主義的色彩。

　　大致言之，歐洲白色人種，亦即所謂「雅利安人」或者「印歐—高加索人」，還有後世的突厥族群，其形成應當是相當於秦漢之際。突厥族群與亞洲東部出現的通古斯語族，例如鮮卑、女真、滿人等等，有所不同。

　　陰山以南所謂「黑水道」與賀蘭山、祁連山的一連串谷地和濕地，其實相當便利，可是少人行走，其緣故乃是這些谷地分別被不同的游牧部落佔用居住；相對而言，河西走廊是一條暢通的直線，從陝甘地區一直進入新疆的連串綠洲。至於「黑水道」的北面，就是中國稱為「戎人」、西方稱為「斯基泰人」的亞洲白人活動區域。在中國歷史典籍中，這條北線沿著阿爾泰山山麓向西進展時，陰山到阿爾泰山山脈之中的處處谷地，分佈著小規模的游牧部落，且與蒙古高原上（尤其蒙古高原東部）不見邊的遼闊草原景觀頗為不同。這些山谷都有足夠的水源，可在山谷之內牧養牲口，不必遠行；往阿爾泰山內走，則有群山的保障。這些阿爾泰山山谷的牧人即強大的突厥族群，在中國歷史上前半段並不顯著，到後半段才忽然大放光彩。這一族群的子孫，蔓延於西亞「四海」地帶的邊緣。

　　突厥族群忽然成為強大的力量，正是在「五胡亂華」的後期。這一支新興力量，很快就取得北方游牧地帶的霸權。隋唐兩朝將興未興時，楊、李兩姓的發展都得到突厥的庇護。在唐代，突厥族群作為媒介之一，將西方族群的力量以貿易伸展到唐朝內部，從而帶來了許多東西文化的交流。不過，唐代文化的國際性，主要拜粟特人所賜。

　　大批粟特人以胡商的身份帶來了粟特文化的影響。最著名者，當然是生活上的一些項目，例如食物和宗教信仰。可最重要者，是粟特族群也成為波斯文化和印度文化的媒介，帶來了祆教、景教與西亞草原、山地的救贖信仰 ●；此外，印度佛教中許多宗派也是西來的重要部分。粟特語是當時歐亞貿易路線上，最為重要的通用語言。

● 此類信仰認為一般人可以經過歸向神的洗禮得到神佑，在未來可以不經審判就獲得永生。

這裏特別提出突厥族群，是由於這群人在伊斯蘭信仰出現以前不僅勢力遍見於中亞，而且他們作為東西文化的媒介，使得西方的波斯系統和中原王朝之間能夠互相影響。他們留在中國的後裔沙陀，從安史之亂時介入中原王朝內亂，抗衡東方胡族的崛起，直至殘唐五代，沙陀軍的力量在中國便成為主要武力。因此，突厥族群在中國扮演的角色，與東方征服者的牧人有根本性的不同。我以為，突厥族群能夠發揮如此力量，相當程度上是由於他們的游牧類型與沙漠草原游牧有所不同。突厥族群的居住地基本上相當穩定，同時擁有鐵礦和鑄鐵技術。中亞地區的「天馬」不僅是他們的戰馬，而且是長程商道上與駝隊並行的交通工具。突厥族群不僅在亞洲東部的舞臺有其表現，同時也是亞歐相交之際的媒介。他們上接波斯傳統，下與伊斯蘭教接軌。更重要者，在蒙古西征之後，蒙古的汗國都招募突厥族群作為禁衛軍，補充蒙古兵員之不足，而這些突厥族群卻以禁衛軍的身份逐漸奪取了汗國的主權。亞洲大陸東西兩群北方騎馬民族的興起與轉變，居然有如此巨大的差別。

這種形態導致的長期、不斷出現的民族移動，影響到整個亞歐大陸。值得注意的一個現象是：中原王朝以西的民族，在移動的途徑上不斷成立小型的國家。最可見者，是新疆綠洲的城邦，也就是《漢書‧西域傳》中所講的「三十六國」等。跨過了崑崙山，這些向西推進的部族，也不斷在阿富汗的瓦罕走廊和中東地區的綠洲上建立一處處小城邦，然後發展成為國家。

兩河流域、希臘、羅馬，在歷史上都承受了這些忽起忽滅、路過就建立政權的外族的騷擾。中原政權力量越強大，這種往西推進的波浪也就越顯著。因此，在世界歷史上，游牧民族征服中原政權或者被中原政權往西邊推，於是東方的變動形成一股壓力往西方傳導，建構了中東和西歐的歷史。

不僅是歐洲歷史受到這種「推背行」的影響，中亞、南亞與中東地區的國際形勢，也同樣承受這種壓力。成吉思汗和他的兒子們率領蒙古騎士向西狂飆，所過者破。在中原以西，蒙古大軍族滅了黨項人的西夏，也攻滅了遼國王子耶律大石建立的西遼。這兩個國家，其實都有相當的漢化。西遼承襲了遼國本身已發展的契丹「大字」——仿照漢字設計，有其獨特的系統。西夏也有自

己的文字，和遼國的「大字」相當接近，卻是獨立發展的。這兩個國家的生產生活方式，不再是游牧民族聚居形態，而是相當程度上接受了農耕。漢代在居延一帶建立的軍屯、民屯基地，這種生產組織對於西夏和後來的西遼，都是值得模仿的榜樣。這兩個國家不僅有文字，也接受了佛教和中原王朝治理國家的一些經驗。西夏有自己的文學、藝術和宗教系統，不再是游牧民族聚居一處而已，如此一個邊區小國，竟能長期與宋朝抗衡而毫無遜色。

在中亞一帶的記憶中，這兩個被稱為「黑汗」的國家，儼然是華夏的「別支」。例如，《長春真人西遊記》記載，在丘處機遊歷處，當地的居民佩服這兩個國家利用漢人的知識和技能發展水利，能在沙漠中生產糧食，並稱嘆「桃花石諸事皆巧」。他們口中的「桃花石」，原本即謂漢人。

「桃花石」這個名稱的原意，至今還在辯論之中。日本學者的意見，基本上是指涉拓跋氏建立的北魏，將其當作中國的代稱；張星烺先生則認為是「大漢」的轉音。我個人認為，究竟指「拓跋氏」或者「大漢」都無所謂，值得注意者是這兩個國家都在發展過程中沿襲了中原王朝的經驗，而將其移植到中亞，於是才有三四個「桃花石」的說法：主要的「桃花石」是中國，另一個「桃花石」是遼國，其他兩個就是西遼和西夏。在馬可·波羅這一類訪問蒙元大都的訪客心目中，「中國」有三個：一個是遼國曾經佔領的地區，一個是大汗所在的華北，一個是南方的「蠻子國」。在中東地區族群的印象中，當時的「中國」是個複雜的文化體，其中包涵了不止一個國家單元。他們的觀點，在考古學上而論，確實有值得注意之處。

西遼和西夏都被蒙古大軍滅族，而且毀壞了幾乎所有的文化餘存。西夏的記憶，至少還可以從宋史中得到一些印象，例如，韓琦、范仲淹維持了宋、西夏之間近百年的和平。西遼的部分，卻少見於中原史籍的記載。從考古學看來，曾經雄踞今日新疆邊陲近百年的西遼，是有相當文化程度的國家。1980年曾發現大批西遼錢幣，上面的銘文有阿拉伯文「桃花石可汗」字樣。這兩個國家有其文化傳統，甚至也有其書藏及閱讀的資料。雖然並非被完全遺忘，卻也是到最近才有考古資料呈現其文化發展的程度。

在今天的瓦罕走廊上，蒙古人族滅了花剌子模這一突厥系亞洲胡人建立的王國。一波又一波強大的游牧民族都曾在這條南北通道上建立政權。現代以前，最後一波進入者則是蒙古人的汗國──窩闊台與察合台。蒙古人會建國，但是不會治國，大汗的子孫們很難維持汗國長期穩定的存在。

印度次大陸上，蒙古部隊中的一個軍人「跛子帖木兒」（Timur the Lame）的後裔建立了莫臥兒帝國，其王室也如中亞的蒙古汗國一樣，都接受了伊斯蘭教信仰。同樣地，在中東地區，伊利汗國的突厥軍人逐漸篡奪了蒙古人的政權。他們將蒙古的汗國改變成為奧斯曼帝國，其後身「土耳其」這個名字，已經明白地自報來歷。莫臥兒和奧斯曼這兩大帝國盤踞印度次大陸和中東地區，是歐洲白種人向東開拓時必須處理的對象。結果是，在中東地區，英國的殖民勢力瓦解了奧斯曼帝國，從此有許多部落國家或領土國家分散各處，分別被白種人（尤其英國和美國）操縱或侵犯。在印度次大陸，英國東印度公司的職員克萊武（Robert Clive）代替大汗們收稅、訓練警察，以此作為竊取權力的手段，終於將莫臥兒帝國竊據為大英皇室擁有的國家。此外，在東歐的蒙古汗國，經過莫斯科公國代收稅和管理，權力也同樣逐漸被篡，進而發展成為沙皇俄國。以上這些變化，廣泛地涉及亞歐大陸中間那一塊心臟地區的權力結構。而蒙古狂飆，卻是第一步的誘因。蒙古西征，當然給歐洲人帶來極大的災禍。可是，他們也覺得這一災禍等於一場狂風，掃清了許多本應去掉的東西。第一要件，是歐洲被蠻族入侵，遺留的封建制度遭受衝擊，大軍所至，焚毀田園，摧毀堡壘；更甚者，是教廷的權威蒙受極大的打擊。於是，歐洲必須要重新思考在此之後究竟該怎麼辦。接著，就是一連串出現的現象：歐洲人開始思考有沒有其他更好的制度，也開始尋找在基督教以外有什麼樣的學術和知識──文藝復興向東方去尋找當年希臘、羅馬、波斯的智慧，其契機乃在於此。

蒙古狂飆使東西之間有過一個時期，蒙古的驛道穿越各個汗國，亞歐大陸有一條暢通的大道。著名的馬可‧波羅就是在這條路上訪問中國，然後經由海道回到中東。《馬可‧波羅行紀》的報道，使得西方國家驚詫於東方有如此強大而富足的大國。可惜的是，在蒙古人的鐵騎之下，這條大道上太多的國家和

部族最終碎裂甚至於被族滅，以至於我們對東西之間廣大土地上曾經發生的一些事情，直到最近才有點點滴滴的考古新發現，或者破解以前未知的語言，方能理解──多少被遺忘的歷史，等待撿回。

思想體系的成型和演變

儒家的人間秩序，用今天的俗語可稱為「關係圈」，是一個多重結構、多重層次、不同性質的巨大網絡，儒家稱之為倫理。費孝通先生所提出的「差序格局」，基本上就是陳述這種屬個人與群體之間的權利與義務。中國思想中的人，既是倫理之中最基本的粒子，也因為有思想，亦即有自覺性，乃能在如此龐大的系統中，與各種層次的變化彼此感應，建構自身與宇宙、社會網絡的密切關係，最終堂堂正正，身負責任，也得到資源的互換。

一

從先秦儒家始，中國的讀書人或士大夫（亦即文化精英）便結合道、法、陰陽及諸家思想，將宇宙、人生以及人與人各個層次的理念，綜合為一個相當

周全的思想系統。這一複雜系統中，「天」是宇宙之主體，舉凡日月星辰、大地山河、鳥獸蟲魚、花草樹木種種，人在其中仰食託生，也經營土地，在其上種植、牧育。因此，天與人彼此相依：人界定天，天容納人。人間是一部分，地上的自然是一部分，天地星辰間的關係是更大的一部分，許多不同的網交織為一個龐大的宇宙。

人也不能脫離群體：從婚姻、家庭、親戚以至鄰里鄉黨、朋友故舊等種種人間組合──許多個人組合為群，個人在群體之內，同甘苦、共患難。個人有父母，也有子嗣，於是在時間而言，個人是承先繼後的時間鏈上的一個環節：前有祖上，後有兒孫。

人間本身的網絡，還可以分成交換關係的經濟網，同聲相應、同氣相求的社會網，相鄰居住的鄉里關係網等。這些層層疊疊的網，每個都有其力量，以此能力與其他網絡共同存在，彼此影響。如此一個巨大多維的網絡，涵蓋自然、社會、時間等種種向量，任何環節的變動都會牽動網絡的近處，而又波及網絡的遠處。

以上敘述的情形，以空間而論，有地理的空間，有人群與人群之間的平行和交叉；以時間而論，有祖宗到子孫的承前啟後，也有族群自身和地區之間排列的前後序列。這一網絡之中，有親緣關係，有地緣關係，有經濟交換的市場關係，也有統治者與被統治者間的管理系統。許多不同維度的疊合中，最基本的「粒子」，就是「個人」。

凡此各種各樣的關係，又隨時變動，以致引發不斷的調節──這是一個配合各層次的變動，隨時尋找系統的平衡。簡而言之：這一龐大組織，乃是一個複雜的趨衡系統。在這一趨衡中，個人、群體、自然、宇宙都不能自外於這一龐大體系，每一部分都有主動或被動的參與。凡此趨衡作用產生巨大的能量，使得其中的個人均能分享其資源，也必須承擔一部分責任。因為在這個多層網絡中，個人既是界定網絡的中心點，也是接納網絡動靜的承受點，是實際存在的個體，自己有其存在的價值，具有的能力足以發揮。每一個體的性格、行為，都會影響到上述任何一個網絡本身的特性。於是，個人在網絡中應具有

如此定位：既有身為中心的自尊，也須認清享有群體福祉就必須感恩。

在漢代，由董仲舒與禮學家共同努力，將儒、道、法三家思想合一，建構了這樣一個龐大的感應系統，涵蓋宇宙、國家、族群、親屬、鄰里鄉黨。各個方位與層次鏈接為綿密的網絡，其中每一單元都與其他單元呼吸相通，禍福相連。如此一個彼此交感的巨網，跨越時間維度，在過去與未來之間，父祖、兒孫之間，以發展、傳遞、繼承、延續和不斷調整，不斷變化、延綿與永在。

在精耕細作的農業鄉里，以耕作聯繫天、人，以農舍手工業的產品，經由帝國道路系統及郡縣體制，與天下各處互通有無。並以此建立了一個理性的「鄉舉里選」制度，揀選人才。這些經由風評、口碑脫穎而出的俊秀，在基層是「孝悌力田」，擔任鄉里領頭人，以賢良方正、經明行修等名目，經由徵闢入朝擔任公職。這些俊秀即漢代的文官，負責溝通上下、聯絡官民，使得內外無障礙，以維持這一巨大網絡的和諧，調節其運作，俾得流轉不息。這些受過教育的知識人，不是信仰某個神明，而是志願為萬民謀福祉，為天下開太平。

如此繁密複雜的網絡，個人在內，難免會感覺處處受拘束，沒有自由。然而，這種網絡也有一個共同的原則。借用明代心學的觀點，每個人都有「心」（良知良能），這個「心」的原則猶如法律條文的根本法——在西方的法律中是權利，在儒家則是人自身的「良心」。一個人只要對得起良心，可以單獨忍得千夫所指，而終於達到「富貴不能淫，貧賤不能移，威武不能屈」的境界。在這個境界，即使受欺壓，即使被誤會，秉持仁者本身的道德勇氣，便可以堂堂做人。

儒家推崇現世的理想，主張以人間自己的努力，尤其個體自身參與創造新的世界——大同世界。在這個世界中，上述從宇宙到個人的大網絡，都可以有所安頓。個人在大網絡中既有歸屬，也有發展的空間。這個大網絡，卻並不承諾宗教性的解脫與提升，人從生到死，都是具體而實在的存在。

漢末以後瘟疫長期不斷出現，生命無常，對於中國人當然也有很大的刺激。在儒家現實世界中，怎樣安頓無常的生命？人們為何生活？在朝代衰亡以後出現的不安與恐懼如何安頓？儒家的天命，是承受者與負責者，從帝王到平

民，每個人在現世之中的行為都必須自負責任，以決定世界的未來。在對於現世生命有極大懷疑的歷史階段，必須要有儒家之外的文化因素，才能處理這種大規模人口的長期不安。

相對儒家而言，佛教、道教開創了精神上的新天地。從思想史角度看，漢代以來的中國文化，因為受佛、道影響，經歷了深刻演變，既擴大了視角，也開啟了許多思考的新方向。在士大夫領導的儒家傳統文化之外，漢代出現的以宗教信仰作為組織基礎的武裝團體，如太平道、天師道等，此時依舊潛伏於民間。這些團體和漢代以來佔據社會優勢的中上層知識人之間，有衝突亦有交流，在基層、中層，兩種思想發生了高度的混合，而不是按照純粹的儒、道、法的路線進行。

二

外來宗教思想因素最活躍的時期，是在南北朝。此時，北方草原上的民族，經由西邊的阿爾泰山、甘青草地以及東邊的蒙古高原、白山黑水紛紛進入中國。一批批的草原民族分散在中國大地，他們佔據北方，同時也吸收了儒家文化。最典型的如北魏孝文帝改制，解散部落，全面接受漢化。

在草原民族佔據北方的時期，儒家思想失去了依靠政府、文官發展的社會基礎，但依然存留在民間的村落或塢堡中。北方有一批以士大夫家族（也就是受教育程度為中等以上的知識人家族）為核心的村落，士大夫家族維繫著村落的團結，維護百姓的安全，也延續著中國的文化。

換言之，南北朝是一個混合期：分裂的中國各部分中，本土及外來各種思想糾結纏繞，終於逐漸混合。最後的結果還是以中國傳統的天人合一為主流，建立在天性、人性最基本的要求上，建立在倫理最基本的要求上。南北朝時期中國文化接受了許多外來思想的影響，尤其佛教思想的進入，在形而上學，也即天地之論、性命之論等方面，也從道家吸納了相應於佛教的玄學系統。因

此，南北朝的學者和僧侶其實開啟了相當新的課題，而且佛、道的教義和學說都能並行發展。

道教是吸收傳統巫術，並且巫師對於生命及世外有所措施的信仰系統。在傳統的信仰中，無論是自然信仰或祖宗崇拜，都沒有空間安頓這一對於無常的安撫和期待。道教至少留下一個人間以外的秩序：那個秩序可能就在人間，但是常人看不見；它也可能藏在「世外」，這個「世外」可能不太遠，就在附近山頂或者山谷之中；甚至於，這個理想世界就是你附近的村落，其中的百姓所過的安定而寧靜的日子，過了桃花源的山口才能看見。同時，這一桃花源，也可能就是你自己內心的境界。因此，我們可以解釋為什麼陶淵明「採菊東籬下，悠然見南山」。他的境界，就是菊花的淡、南山的遠。

只是，道家的理想要轉變為道教的宗教承諾，生與死、真實與虛幻、今天與未來，都可經由信仰讓信眾有一個可以安身立命之處。天師道組織了一個理想社區，其旁支就是水官信仰：天師道曾從華中向東南開展，在那場艱難的長征中，參與的母親在孩子夭折時，對於將死的孩子做出承諾——我將你寄託給「水官」，將來有一天他會讓我們重聚。當瘟疫不斷、死亡常在眼前的不穩定中，如此的寄託也是非常需要的。

太平道的《太平清領書》，承諾的是一個公平合理的世界。但那個世界的來臨，是要在宇宙的主流從「蒼天」轉化為「黃天」的時候：「黃天」來臨，代表新紀元一切從頭開始，每個成員都將按照新秩序排定的獎懲得到新的生命。

上面所述三種思想，後來分別歸屬於道家的不同宗派。內丹、外丹、法術、祈禳、奇門等修煉門道，分別從不同的途徑領悟道術的精粹。

佛教在中國的發展最為可觀，時間也很長，從漢代開始就出現。佛家的承諾，也隨著教派差異而有不同的批判。佛家不是一個消極的宗教，但是其承諾卻不是未來的樂趣，而是未來的解脫——今生今世所有的災難和不幸，從此不再困擾生者。當然，其中派別甚多：有的追隨著一定的行為模式、嚴守律法；有的盼望自己深入思考，最終找到內心的覺悟，實現生命的解放；也有的

則是盼望「轉世」，一個未來的世界在河的另一邊，或者在未來某一天的新世界中，一切都安頓，不再有煩惱，不再有困擾。還有一部分，則是主張造福人間，自己投入事業，幫助信眾或應當被幫助的弱者得到些許安頓。至於最高的層次，還是超越成住壞空，得到心靈的完全解脫。

這些期盼和承諾，確有安定人心的作用。儒家則從未開拓方便的捷徑，而是要求人人努力省察，努力從自身的體驗、從自己出發，以期新世界的出現——那時可能你已經不在世，然而，你有責任幫助全體人類一步步走向這個新世界。

這一現實而具體的任務，和前述佛、道兩家理想的期待有很大區別，主要在於：儒家入世的理想，其前提是每個人都可以做到聖賢；而佛、道的承諾和期盼，則是出現神力，回報信者的祈禱和修煉。魏晉南北朝以後逐漸發展的這兩大宗教，終於在唐代開花結果。佛教不單從起源處尋求經典，也在內部不斷開拓新宗派，希望經由不同途徑，最終找到超越的解答。

這種精神境界在中國的出現，相當於景教在羅馬帝國的出現。因此，歐洲人才在古希臘的智慧以外另有一番期盼，期盼那個獨一真神帶來心靈的安頓和未來的解脫。佛、道兩門宗教，在隋唐扎根而且發揚光大，不斷開展新的境界。我以為，只有中國經歷了一段艱苦困難的時代，才會引起如此的反省。所謂艱難困苦，即我們可以在「五胡亂華」中失去了自己，也可以從盛唐忽然陷入大亂——這種令人震驚的經驗，從亂中尋找自己的現象，可說是前所未有的超越：超越了自己，超越了當世。

南北朝之後，大唐盛世，無比光輝燦爛。但此時，強盛富足的中國從民族成分而言，已不是純粹的漢人。不僅南北朝時期的外族幾乎全部融入中國，唐帝國又接納了不少以經商、從軍、留學、訪問等種種身份而來的人士。入唐者還有由於失去原居地而留在中國的整個族群：例如，充當僱傭兵的沙陀軍團；又例如，波斯被大食佔領，波斯帝國的王子、王孫以及原來的統治階層，一批一批來華入籍居留。祆教、景教等救贖信仰也被來華居留的人眾帶入，可是因為教義比較排他，在中國並沒有顯著的存留。祆教乃當時西方宗教的一大宗，

經賀蘭山、祁連山的「黑水道」，穿越河西走廊進入中國，分佈甚廣，其總體發展卻頗為受限，在唐代能見到的影響並不顯著——可能埋下了一些救贖觀念，但要在後世與佛教的各系統（如淨土宗）合流，才能形成較大的群眾力量。景教並未在中國取得適當發展的空間，可能是因為救贖信仰更易傳播，也可能因為景教的傳教士沒有機會接觸到眾多漢人群體。

唐代的中國與四面八方都有接觸，但罕見西方宗教以外的哲學與文化思想傳入，更多可見的反而是音樂、飲食、醫藥、服裝等方面的元素。以李白為例，他在進入中國後非常活躍，待詔金馬門，詩名遍天下，但除了詩句中展現的思想境界以外，並未見他系統化地介紹中亞的思想。

唐代接納了許多外來人士，但真正具有文化境界的並不多。最可觀的還是佛教的活動，包括介紹學派、翻譯經典以及發展寺廟的功能。許多重要的宗派都在唐代出現，其中最為重要的，則是玄奘介紹的經典以及創設的法相宗——他引入了當時印度佛教的主流。只是中唐以後，一方面有律宗、淨土宗的流行，另外一方面也有禪宗的復興，這對於佛教在中國的發展方向有重要意義。佛教寺廟分佈各處，嚴耕望先生甚至可以從詩文所記載的信眾走訪寺廟路線，編寫出一部唐代交通路線的專書。除了引導信徒以外，寺廟還有許多社會功能，例如醫藥、借貸、賑濟等等。其氣勢之盛，遠超儒家。

佛教對唐代上層人士的影響相當普遍和深入。一部分專業的僧侶主持寺廟、說經講道，聚集信眾以千萬計，佛教獲得了太多的資源，以至影響其與朝廷的關係。「三武滅佛」裏唐武宗強化對佛教的控制，就反映了唐代政權與佛教寺廟之間從信仰到經濟資源爭奪的許多衝突。

只是，在社會思想方面，佛教究竟是出世的。因此，佛教信徒在個人行為上沒有抗議不公或主持正義的社會介入。當然，我們不能否認，佛教思想的普及，使許多人在世俗的生活之外有另外一個超越的境界。那個境界，足夠使許多存在心理困擾的人不再堅持改革社會或者與不公平的制度抗爭。因此，唐代佛教雖然人數眾多而且經濟力量深厚，卻在社會運動方面沒有看到波瀾，這也許就是佛教出世思想原本的特色。

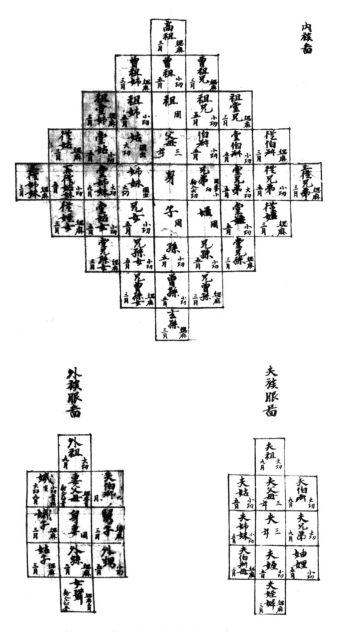

杜友晉《書儀鏡》（法藏敦煌文書 P. 3637）

這幅盛唐時期的倫理關係圖，體現了中國傳統社會中親疏遠近的社會結構。

　　　　　　　　第八章　思想體系的成型和演變

除了佛教，中國主流文化也有其挑戰者，乃是民間宗教。其實，道教的民俗信仰系統與道家的老莊學說，彼此有相當的落差。道教相信自然之中有一股神力，若掌控了這種神力，人可以長生不老，天地可以永恆昌盛，天上秩序作用於人世，可使人間變成樂土。亂世中對人間樂土的追尋，與道教各種派別的成長幾乎是同步的，其中最顯著的是漢末的天師道。

天師道之後，發展出以天師為領袖的各種道派。民間原有的各種信仰，往往也屬自然力的崇拜範圍，因此也被各道派納入其信仰體系。比如武當派，其自然力的崇拜為「四象」之中的「北方玄武」，是龜蛇同體的形象。這就使得民間有一種超越皇權、自然強大的力量，它支持民眾否定皇權，在儒家建構的思想體系之外另加選項。儒、釋、道三教合一的思想發源於宋，明代林兆恩在福建創立三一教，也倡導三教合一，這一教派傳播範圍有限，其理論流傳民間，卻未曾引發廣泛而深切的反應。

上述道門信仰，相當普遍地彌漫於民間。最後一次大規模的爆發是義和團運動，這一盲目、迷信的宗教力量，被慈禧太后利用來抵抗外來侵略者，終於八國聯軍以此為由實施侵略，加速了清代的覆亡。

此類民間宗教組織後來也發生轉化，其中很大一部分轉化為今天的人間佛教、世俗道教。據我所知，它們從中國的臺灣、香港到海外華人地區，都有很大一批力量，彼此間並不排斥。各家融合的趨向，終於見證了佛教、道家以「人間化」彼此趨同的過程。

在思想的路線上，民間發展的信仰系統，與近代外來的以自然科學理性、宇宙的規律性作為背景的西方思想，彼此難以融合。基督教的獨一真神信仰與中國民間的多神信仰也無法協調，自明朝以來，中國民間一直都排斥這一西方的信仰傳統。

三

安史之亂將大唐的輝煌攔腰斬斷，從此開始，東亞的整個局面有極大改變。先說這一時期的地理情況：從魏晉南北朝直到盛唐，中國是東、西、北三個方向游牧民族的匯聚之所。拓跋氏建立的北魏政權穩定，足以開創各民族融合的條件。唐代是華夷之間又一次大融合。等到安史之亂，大唐稱霸東亞的局面從此結束。

從唐至清，大概可將東亞分為四個弧形。最北面的弧形從大興安嶺、呼倫貝爾向西，沿西伯利亞寒帶森林往西到達高加索山下，包括俄羅斯南部與黑海、裏海。這個弧形的西方末端，實際上已經插入歐洲，包括今天的烏克蘭、巴爾幹半島在內，當然也有相當部分屬今天俄羅斯南部頓河流域。在這個大弧形之中，蒙古高原中部有所謂克烈部，其首領王罕曾一度是成吉思汗的義父。有西方學者認為，克烈部大概是基督教在亞洲發展到最北部的一個據點，這位王罕即基督教傳說中的「約翰長老」——東方一個失聯基督教部落的首領。我特別提出這一點，也是因為基督教進入中國大概就是由西北進入。這一段基督教東傳並非在絲綢之路上進行，而且不在中原範圍之內。因此，「約翰長老」的傳說，並不能說明基督教已經傳入中國。

第二個弧形，是從山西盆地北面的高峰，也可以說是在雁門關以外向西延展，從陰山之下循著「黑水道」，在天山北路又向南彎折進入到今天的阿富汗，一直到今日伊朗和中東地區的核心，甚至可遠達西歐。這第二個弧形，以伊斯蘭教信仰代替波斯原有的信仰成為主流。在伊斯蘭教勢力沒有擴張到成熟地步時，這一帶乃是大唐安西都護府的管轄範圍。跨過這一地區，乃是黑海和兩河流域。伊斯蘭教的發展，恰好與唐代的衰微同步進行。怛邏斯一役，高仙芝敗離後，中國少有進入瓦罕走廊的機會。此前，中東波斯大帝國的信仰也被伊斯蘭教取代。這條線上，突厥各族紛紛嶄露頭角。今日在這一帶的各個民族國家，基本上都與突厥族有些關係。這一弧形的西半邊，很早就湧現出波斯的祆教。粟特商人在大唐經營駝隊貿易，經由東西通道上的西路交通帶來粟特語

和祆教信仰。粟特人來自這條線上的呼羅珊地區 [1]，他們在中國形成僱傭兵集團的「昭武九姓」。

第三個弧形，是從漢代的河西走廊進入南疆綠洲城邦，經今天的阿富汗，向南一直到印度河邊上。這條路在唐以前，是最主要的東西交通幹道。可唐代開始，突厥人開拓了陰山南面的「黑水道」，突厥人終於成為中亞一直到兩河流域最主要的民族。這些人和阿拉伯人融合，以至於最後都接受了伊斯蘭教信仰。

以上三個弧形通道，都是蒙古帝國西征的路線。按照次序從北往南，南道的活動最為頻繁，也是蒙古人與阿拉伯人直接衝突的場所。到最後，蒙古帝國主要的汗國居然都被伊斯蘭化了。

南面還有個較小的弧形，乃是關隴地區沿青藏高原向南轉折，進入中國的西南部。這條是信仰藏傳佛教的羌巴族群（也就是吐蕃的後代）的活動路線，其尾端則可從南海到今天的泰國和越南。這一條山路，以縱向的橫斷山脈與谷地作為通道，考古學上稱之為「南方絲綢之路」，能直接連通長江流域和珠江流域：也就是說，經過縱向的山谷與西江，居然能從西北直接聯繫到珠江三角洲。

在崇山峻嶺遍地的雲貴，最引人注目者則是南詔國的出現。以藏傳佛教為信仰主流的許多當地民族，也各自在山谷之中成立部落。在吐蕃興盛時，甚至大唐都無法伸展其勢力到這一地區。因此，唐以後的宋代，太祖玉斧劃江，將大渡河以西都劃在其勢力範圍之外。

在四個弧形之外，從珠江口到渤海灣的海岸線，則是向南海和太平洋擴張的路線。這條路線上的「海上絲綢之路」，也是歐洲和中東地區商人繞過馬六甲進入中國的海上航行商道。可幾乎都只是外商由此進入中國，中國的商船基本上沒有駛向馬六甲以外的經驗。而向外遷移的華人移民，也是在這條路線上沿著馬來半島及其東西兩岸的島嶼，尤其是西方的一串島嶼，如菲律賓、婆羅

---

[1] 今伊朗東北部、阿富汗部分地區與中亞南部地區。

洲以至於今日的印度尼西亞群島，這一帶是華人移民的極限。

中國很早就發明了指南針，而且以「針路」聯繫天象、山影、水色，發明了一套導航方法。然而，中國商船卻從未真正進入印度洋與東向的外商競爭，幾乎只是被動地接受了無數的外商船隻。印度人、信仰伊斯蘭教的非洲人和中東人，駕駛著船隻在印度洋往來貿易，但中國的航船很少跨越馬六甲海峽，如此現象很難解釋。

上述陸地幾個大弧形中，經由最北路進入中國的宗教思想或商貨都不太多──從「黑水道」進來的主要是伊斯蘭教和祆教；最早經由河西走廊以及綠洲城邦進來的是佛教；經南方絲綢之路進來的是藏傳佛教和南傳佛教；經由海上絲綢之路傳入的，也主要是伊斯蘭教，廣州、揚州以至於福建和山東的某些地區，都能見到伊斯蘭教商人帶來的外來信仰。最後一階段，則是近代歷史上歐美以基督教資本主義以及議會政治，再加上船堅炮利，以其排山倒海之勢，全面登陸中國。

四

再回到中國本身的思想與信仰。唐代的儒家學者中，有很多人出身世家大族。他們之中即使有人皈依佛、道，追尋形而上學的理論，大多也不能忘情於儒家。從韓愈開始，即有一批文人投入古文運動，不僅提倡古文，也志在恢復古代的儒學道統。趙宋以來，理學人士致力於回歸中國文化的基調，即使最終接納了外來宗教如佛教，也努力將其融入中華體系。

當然，儒家在隋唐開始復興，從唐初到中唐，其工作只是在編纂和整理經典，並未深入民間，也沒有引發士大夫的強烈回應。在韓愈的領導下，儒家才恢復作為一種社會思想的本色。只是，唐代學者所做的學術研究並不呈現特色。作為一場社會文化運動，也只有韓愈等人主張要回到儒家思想的原典。只是，我們必須感謝唐代初步的復興。若沒有唐代的開啟，儒家在宋代就不可能

發展出如此壯大的力量。

宋儒的保守心態，也許正如劉子健先生指出：即是「內卷」（involution），甚至出現堪稱返祖的現象。我認為，處於中原的趙宋強鄰環伺，武力不如人，靖康南渡後更是局促於南方，只是列國體制中的一國而已。宋代中國唯一能夠抓住的是：如何守住文化的命脈，從存續再盡力追尋，繼長增高。宋代學者致力於純化儒家，將外來的因素，尤其是神力因素，不管是佛教的神、祆教的神還是景教的神，都一概排除。最終者，是將人心存著的一個純「理」，當作形而上倫理最重要的基點。

宋代理學的發展，無可否認是儒家的復興。這場復興運動之中，儒家承受了道家甚至於佛家的影響。北宋儒家復興的主要貢獻，是學者們對經典的闡釋和建構理論，比如周敦頤、二程、張載、朱熹（即濂洛關閩等學派）的工作。他們的貢獻在於規劃儒學研究的方向和典範，更著重於對個人內修的關懷，至於其社會功能方面的作用反而在其次。北宋儒家將「道」字強調為儒家思想的核心，其中道家的影響不可抹殺，甚至宋儒在強調內省的層面也不能躲開佛、道兩家的影響。只是到張載的《西銘》，有個完整而簡要的說明。此時，倒是將儒家本身的社會性和倫理性，成功地交織於「道」的內修層次之內。朱熹的理學，則將內心的整理又提升了一層。於是，儒家的內外兩層圓滿地整合為一個龐大系統。朱熹指示要將儒家思想納入心中，必須從《大學》《中庸》開始，讀到《論語》《孟子》。「學」「庸」兩部分的主張和路徑是：人只有從內心得到根本的轉換，才能夠去面對外在世界；到了最後，「士不可不弘毅，任重而道遠。仁以為己任，不亦重乎？死而後已，不亦遠乎？」如此局面下，這一類格言，使得士大夫不是憑藉自己士族或者學派的影響力，結合為社會力量與皇權抗爭；而是以良心與良知為本，自己培養出一種抗爭的勇氣，為超越的真理，也為人間的公道而抗爭。這就將人的修為與社會責任合二為一，成為士大夫終身的任務。信仰不只是學術而已，乃是自己人生的歸屬。孟子有言：「富貴不能淫，貧賤不能移，威武不能屈，此之謂大丈夫。」這種境界不是鑽書本所能做到的，而需深入、終身持守的修煉。

西方古代希臘有一個「犬儒學派」（Cynicism，這個名詞其實與「犬儒」的現代含義相當不同，為了避免誤導人，我稱其為「修身學派」），我們可將其中積極的部分作為對比：他們也主張，人應該挺身面對所有的誘惑和迷茫，只有末流的修行者才會選擇出世。儒家不應當是「自了漢」，不應當是出世，儒家應是積極的入世。

五

宋儒常常就「道」與「理」進行辯論。究竟「道」與「理」是一還是二，何者更重要？「道」在人心以內，「理」在人心以外？在這場辯論中，宋儒所要求的，是將人間的秩序、倫常當作安定的力量。「道」與「理」之外，其他則無關緊要，「神」只是個象徵而已。宋儒此番爭辯的最終結論為：人間的倫理是一切的根本。儒家原本的流動性的社會觀念、組織觀念，改變為固定的倫常——君臣、父子、夫妻、兄弟、朋友，這「五倫」成為世界上最重要的原則。

張載的《西銘》，便是以此固定上、下關係，固定統、屬關係，固定延伸、核心關係。固定的上與下之間，上有其優勢，下有其服從。這種觀念最終只是要求對皇權服從，《西銘》的解釋因此有其時代性。在我看來：中國思想中，龐大複雜的宇宙系統，包括人間系統，其實時刻在變動、調適。因此，只有在變動之中，才能時時刻刻取得安定的恆態。這種變動的觀念，就不是傳統儒家固定的倫理觀念可以處理的。

皇權的獨尊與儒家的倫理觀念有著直接聯繫，這一點無可否認。宋代道學、理學的爭辯，使儒家改變其原本靈活的、尊重個人、尊重理性、尊重情感的思想系統，使得階層之間的相對關係固定。本來君、臣關係是相對的：臣對君要忠，要忠於君上，忠於其職務；君對臣要仁，要仁愛、體貼臣下。轉變之後，則成了僵化的上下關係，上來治下、下來反制的相互關係不復存在。

明代儒家所做的反抗，是重新檢討道學、理學的僵固。宋儒的道學、理學最甚之時，陳亮與葉適都已提出「心學」最初的構想，但到了明代才發揚為王陽明的心學。「心」是在「人心」，「上取於天命」，即宇宙秩序秉承的化育萬物的大愛之心，亦即「仁心」。陽明心學認為，由心體會、認識天命，其權在於個人。人與天地宇宙同消息，庶幾可以堂堂正正做人。心學在明代被廣泛討論、不斷發展，承受來自道學的壓力也非常大。

明末清初，有一些不同的解釋各自出現，可惜清代以科舉與考證之學束縛了儒者的心胸。清朝的康熙是外族統治者，面對中國如此龐大的天下，其考慮是：不能將最高的權力付諸天、付諸理性，而必須付諸君權的絕對性，必須維持君、臣之間上下尊卑的秩序；並且，外族得到「天命」，就取得了君主絕對的權威。所以康雍乾三朝，統治者花了很大功夫整理典籍，由此重建了道學的規範，亦即上、下秩序的規範，而不是人自立於天地之間的主權。清代強大的皇權強調道學的重要，卻不在乎其拘泥。於是，不少讀書人失落了人可以「為天地立心，為生民立命」的精神。

與此同時，17 世紀的西方，正在向民族國家系統進行轉變：教會本身的權威被大眾質疑，而上帝的「恩寵」（providence）卻成為新教倫理的中心。西方開展理性主義運動時，中國也正在開展心學這一本著自省、反省和自立的運動。遺憾的是，東西方之間並未彼此呼應，對西方、對中國，這都是很大的損失。其中原因，在於最早將西方思想帶入中國的是耶穌會士，耶穌會士信奉天主教，這些天主教會的神父並未將新教批判教會和神學的理論帶入中國。

王氏心學其實有更多詮釋的空間，也有不斷調適觀念的空間。我們今天有很多可以從王學基礎上發展的可能性，尤其從物理的量子力學或化學中各種不同大小的粒子等方面頗可印證：人間的網絡，何嘗不是宇宙網絡的一部分；人間的倫理，其實只是人間網絡之中的一些社會部分而已。

第九章

「修己安人」的理想與挫折

在中國文化體系中，人是宇宙的界定者。個人在宇宙和社會網絡中，既有催動變化的機會，又有蒙受群體護持的福祉；其自我期許中既有自尊，也有相應不能逃避的責任。在這一章，我想特別申述這種責任的承擔者。士大夫階層個人的遭遇，自古有之，於今亦然。

一

在戰國時代，國家層次的集體單位正在成型之中，還沒有所謂士大夫的階層出現。那些所謂游士、說客游走各國，紛紛提出他們的建議，以幫助封建社會的貴族和國家統治階層實現國家轉型。孔子以下，各家各派分別基於自己的

角度以及所在國家的現實形態，提出種種建議或設想。這些建議基本上圍繞在組織、管理國家的方向，然而所牽涉的範圍，卻是從形而上學的宇宙論，直到倫理學的人間關係。

這些游士，在國君和統治階層面前，有時是低聲下氣，有時是趾高氣揚。整體而言，他們居於客位，可以受到應有的尊敬；有時也屬可有可無，是大人先生們身邊被圈養的說客。只是，他們都必須要對自己所提出的建議具有一定信念，也因此幾乎都稟賦了知識的尊嚴，而不為權勢所屈服。他們如此的姿態，在國君與統治階層的心目之中，有時能贏得應有的尊敬，更多情況下卻是被主人當作無關緊要的「他人」，呼之則來，斥之則去。

從齊桓公時代管仲幫助齊國改組了國家，到戰國晚期李斯幫助秦始皇建立了中國歷史上第一個專制君權，這些人物中，大多數人都嘗試維持自己的尊嚴。理想的情況是：任何游士如果得到信任，他的主人接受其意見，就應對其有一定的尊敬。但在現實中，既然有了君臣之份，臣終究必須向君王低頭，這是當時知識人的兩難之局。秦始皇統一天下期間，諸多說客、學者幫助其建立制度，或實際參與國內政務和征服天下的大業。但面對這些人，秦始皇始終把君王的尊嚴放在最高位置。於是，韓非子下獄，李斯被後繼者處死，「焚書坑儒」的悲劇在歷史上留下一幕令人悲嘆的結局。

只是，統治如此龐大的國家，不按照法令、規章是不行的。從考古所得，例如睡虎地和青川等秦代地方官吏墳墓出土的文書可見，秦代大小官吏都有一份手冊，以備依照文官倫理、法條去治理地方行政單位。這些手冊或指令明白地呈現，執行文官倫理與辦事手續必須有一定的知識作為基礎。這一事實顯示了文官組織在實際運作上的價值，肯定了統治機構中的工作人員必須具備一定程度的知識與修養。這一特色指明了：由於工作的需求，他們要有一定的知識和修養；因為統治者需要他們的意見和服務，他們也應有一定的自尊。然而，他們只是得到一時敬重，及至統治者自身地位穩固時，這些士大夫就屬可有可無的附屬品，終究沒有真正的尊嚴。

漢代的情形與秦代不同。漢高祖提三尺劍，以庶人而定天下。他並無文化

修養，但從自身經驗非常清楚地體會到，蕭何、曹參、張良、韓信這些知識人對他的成功有極大的幫助。沒有這些人，單單憑周勃、樊噲等一眾武將，他無法知道如何接收檔案，怎樣按照檔案資料搜集資源、組織群眾。天下既定，劉邦剪除功臣，終究還必須倚仗蕭何、曹參幫他建立統治機器。文帝能夠登上皇位，將呂氏專政的局面挽回，也還是倚仗滿朝官吏，配合周勃等元老重臣，穩定了漢初的帝制格局。

後來的文景之治中，國家倚仗的是各個階層的吏。使用的條文和執行原則，是各級吏士所能掌握的要件。這些吏士從實務中學習知識，也從知識中樹立自尊。文景二朝的高級官員（包括宰輔）基本上都是由基層吏士逐步升遷，而終成朝廷柱石。這些人氣度軒昂，遵照條文和規定，根據自身堅持的原則，可以與君王據理力爭，也能重視處理事務的能力。在沒有士大夫階層的時候，他們已經具備了士大夫的特色。

武帝時代，已經普遍實行徵辟制度。政府高級人員可以從民間選拔賢良方正、孝悌力田等人員。這些人員之所以被選拔，理論上是因為他們的品德足為一方表率；實際上，等於政府召集一批掌握地方話語權的領袖。他們並非全是學者，可是能代表相當程度的民意，參加政務的討論，例如《鹽鐵論》就是政府官員（御史大夫桑弘羊）與這些地方賢良對話的記錄。因此，他們往往以郎吏起家，通常以「執戟郎」（內廷侍衛）的身份進入中央政府。這些人的身份，毋寧說是地方代表，也可以說是後世士大夫的原型。

二

武帝以後獨尊儒術，政府開始設立學校，在國學之中培養治理國家的專才，這就是逐漸走向專業性的治理人員。只是，這些人也必須要有一定的修養，以規範其行為。因此，漢代的太學注重培養的是專業和品行兩方面都夠格的人員。國學的課程基本上是研讀儒家經典，主要進行思想方面的教育，然後

是學習各種禮經與法典。如此訓練培養出的太學生，乃是中國歷史上第一批接受高等教育的士大夫候選人。在進入政府成為公務員時，他們有一定的自信和自尊。即使游離在政府外，他們自恃擁有知識，也培養了學者專業性的自尊。王莽出身雖然是皇親國戚，但也不過是一介太學生；他篡奪皇位，並非完全倚仗皇室外戚的身份，更多的原因在於其身為知識人的自信，也倚仗著同樣作為知識群體的那些太學生的擁護。

東漢時期的社會發展，與西漢建國時建構的方式相比已有相當變化。從考古實物可見，西漢時期遺留文件所反映的鄉村社區（里、社、僤）有相當緊密的結構，地方上的一切事物幾乎都由基層社區自己處理，社區領導者以「三老」為主體。經過近兩百年的演變，東漢的社區就不一樣了：地方政府第一級是縣，更高一級是郡，再高一級是州，然後是中央，形成層層疊疊的權力金字塔；至於縣以下的基層社區，則有相當的自主性，知識群體——也就是太學生或退休官員，對於基層的活動有相當的發言權。東漢所謂「鄉舉里選」，乃是從基層中互推一些能夠替大家服務的人選，這些人也就是後續的徵闢對象。上述制度下的人才流動，可以使基層與中央的信息得到相當程度的流通。光武帝及其擁戴者雖然有些是諸侯後人，但更多卻是太學生這一知識群體。為矯正新莽以後政治上經常藉讖緯之學「造作符命」的風氣，此時的儒生開始重視儒家的原典。在學習和研究階段，他們致力於保持和闡釋原典的經義，這就是純粹的「學問之學」了。於是，一方面是學術的任務，另一方面是參與執行政府法律功令的能力，兩者合併，就界定了學者「坐而言，起而行」的雙重性格。

東漢太學生的大規模抗議運動，是中國歷史上第一次知識人「起而行」的事例。東漢時期儒家經典被重新整理，經書的注疏在此時大量出現。鄭玄等人的工作，是中國歷史上第一次以考證作為學科的根本部分——如果沒有準確的原典，就無法從原典引申「微言」，使讀者對於儒家經典的「大義」得到清楚的了解。而這些大義，架設在「修己以安人」的要求之上。「修己以安人」是雙面的：「修己」是安頓自己的心性，知道人在宇宙秩序之中的地位；「安人」則是根據這種精神，假若社會有不平、不當之處，有義務加以糾正。因此，從

西漢董仲舒架構了「天人感應」的大結構以後，以儒家為正宗的中國文化精神，就經由培育學者、教育學生的途徑，培養了大批知識人。讀書人將自己和宇宙之間的關係安頓到一起，擔起發抒這種理想的責任。東漢的經學運動又發揚這一傳統，用來矯正讖緯之學的扭曲。

這場運動，反映的是東漢太學生對於讀書人責任的自覺。太學這個官家設立的最高學府，學生從幾十人擴張到三千人。這麼多的太學生，當然就是群體運動的基礎。他們在校的時候是學生，畢業之後就是官員，其中尤其大部分是在中央任職，太學生運動因此大多數是針對中央權力結構的不當，如太監和外戚的干政，或者在任官員的濫用權力等。他們常常舉幡召集群眾參加抗議，這種形態的知識人的群體運動，就不能說是知識的虛幻或瑣碎了。

現在以東漢的現象，與幾乎同時代古羅馬的情形加以對比。羅馬承襲了希臘的修身學派，和中國的儒家相當類似。修身學派認為，宇宙是個趨於平衡的秩序，人類在大宇宙中的責任和使命就是使宇宙能夠不斷走向平衡。也就是說，人將做人的權利自己擔起。所以，「當仁不讓」，安定天下是他們的共同理想。只是在古羅馬晚期，基督教興起，將人的責任拱手讓給了神。這一轉折，就將人的自覺性和使命感都一舉而喪失了。

從以上觀念來看，我們能夠理解，為何東漢的知識人群體運動成為中國歷史上少見的高潮。後世宋、明、清三代，都有或大或小的群體運動，然而其規模與氣勢都不能與東漢相比。

東漢知識人的自覺性還表現於另一個層面，就是社群和社區對人的性格、修養有所評定。所謂「月旦評」，是汝南一地以許劭為代表的地方知識人定期評定每個人修為的程度，這就是群眾幫助個人、督促個人盡量提升人生境界的活動。

不幸的是，東漢後期，中國遭逢前所未有的大規模瘟疫，種類甚多，至少包括瘧疾、鼠疫、傷寒、血吸蟲病等類別。一次瘟疫可能至少持續兩三年，不久後又有另一波瘟疫出現。瘟疫蔓延的範圍之廣也是前所未有，幾乎人人都感覺無所逃於天地間。當時，中國人口數目大減，許多地方死者遍地，農業

脱產。這一危機感籠罩下的東漢末年，無法呼應前述太學生運動提出的道德訴求。很多人將天降的災害對人間秩序的警醒作為關注重點，並不認為任何個人道德的提升或者理念的通達可以解決。這從而引起了民間廣泛的群體運動，如大規模的黃巾起義；另一規模雖小、影響卻大者，則是在四川一隅出現的天師道活動。這一民間教派最終與先秦道家結合，演變成中國的本土宗教信仰——道教。

這些教派活動對專制皇權的合法性，也提出了質疑。黃巾起義要求「太平」，這個「太平」不僅是指「和平」，也包含「平均」之意，其經典《太平清領書》中有些章節就是陳述「共財均富」的理想。天師道更將這一理想付諸施行：在教團掌握的小地區推行社區福利，有公共救濟的糧倉和資源，也有社群本身收支共有的模式。若將這些素樸的社會主義理想與世界宗教發展比較，可見其實大多數宗教在初期開展時，都有類似救濟貧寒、共享福利的主張。但是，教團僧侶逐漸變為特殊分子，於是各種教派似乎失去其原始社會主義構想。

以上敘述，我們可瞻見，從西漢到東漢的演變中，中國社會理想的面貌已有相當差異。然而，儒家代表的理念，以及知識本身從學術到經典，以至於從經典陳述的理想轉變為社會組織和社會活動，這些過程相當具體，並未遠離儒家原來的理想，只是加重了現實的應用。這種文化知識的演化，不能完全說是擴散，但至少不能說是「內卷」。只是，從三國到魏晉南北朝的下一階段，情形就不一樣了。

三

如前所述，東漢知識人意識高漲的盛況，在漢末遭遇了社會現實挑戰。從公元 171 年開始，中國遭逢了數十次大大小小的瘟疫。當時全國總人口約五千萬，瘟疫加上戰爭導致的死亡和遷移、出逃，使人口折損了大半。《傷寒雜病

論》的作者張仲景，其家族原本有二百多口人，十年不到就失去了三分之二，這個比例和全國總人口的損失比例相符合。其實，在當時中東地區和歐洲也有瘟疫，同樣面臨大量的人口減少。如此巨大的災害，將東漢中國內部的穩定秩序完全顛覆了。

從漢末建安年間一直到唐初，中國處於分裂時期。軍閥混戰，戰爭導致的人口耗損其實也不下於瘟疫造成的災害。整個中國究竟折損了多少人口，很難有準確的統計數字。晉代的統一短暫且混亂，從南北朝開始北方大批胡人移入中國；「永嘉南渡」時漢人大規模南遷，不少黃淮地區的人口遷往淮河以南，又將本不在戶籍之內的南方居民從山林之中強制納入政權的管理範圍。這場自北往南的人口大移動，將整個中國的人口版圖重置——經過數百年紛擾，到唐初中國再度統一時，原本漢代的人口結構已面目全非。我估計，胡人進入中國的總數可能以千萬計，而南方各族土著人口被納入編戶齊民的數字也不下千萬。

魏晉以後，北方的漢人以宗族組織自保。胡人最初是作為僱傭兵或僱傭勞力被引入中國，後來主動進入中國的部分，卻是以部落的組織遷移。無論宗族還是部落，這時候北方的人口結構和東漢故有的社、里地方組織已大不相同，原本社區和社群的結構轉變成地方社區發揮自治功能的領袖群；胡人方面，是以他們的軍事組織方式「部勒」成員。同樣地，漢人的宗族或親族則是以先設的成員身份約束其內部成員。

北魏孝文帝時代，鮮卑人解散了他們原本的胡人組織，將成員以漢人的方式納入鄉里和宗族結構。這是將部落歸入國家組織之內的一個步驟，而這個過程本身卻是強制性地由國家公權力主導，改變了本來胡人部落成員的身份，也改變了部落本身的結構。於是，胡漢之間都遵循了同樣的途徑，也以同樣的鏈接將其成員束縛在親族、宗族的大結構之內。

北魏到北周時代，從爾朱榮開始，參加北方六鎮戍邊的軍人們，無論胡漢，都被改組為軍事化的大集團。只是，軍人們的組織結構以及姓氏都經過幾度翻覆。例如，後來成為隋唐皇室的楊氏和李氏，在北周府兵屢次改組的過程

中也經歷過改姓，某個階段軍士們全部改為胡姓，下個階段又全部改為漢姓：楊忠就曾被賜姓普六茹氏，後復本姓；李淵被賜姓大野氏，後來也恢復了本姓。如此種種變化，無形中將北方胡漢人口都納入同一模式，也使其遵從這一模式下個人的權利和義務。

漢代大帝國公權力下，人們的生活至少得到法律保障，官吏不能擅自殺人。及至「五胡亂華」的混亂時期，無論胡漢，單獨的個人無法生存，必須依附為團體的一部分。

甚至在南方，不斷遷移的新人口，其遷移過程也是集體行動。若非以宗族親緣團體的方式成群移動，則也是以有相當組織的流民團體方式結隊，往南尋找落腳處。因此相對過去而言，整個南北朝時期，中國地區的人口結構逐漸轉變，個別人口不知不覺中轉變為團體中當然的成員。

以北方村落中宗族結構下的漢人而言，這些宗族都由禮、律兩種形式規範其成員：禮，是文化的慣例，即使不成文，也有相當的約束；律，是法令的條款，已經沒有國家體制約束的村落，只是沿用國家制定的法律條款，規範個別成員的權利和義務。

胡人也面臨類似情況。他們在南北朝時期進入中國，是以部落結構出現——不是以習慣的風俗，就是以部落本身長期建立的規範管理部眾。部落首領控制成員的權力，幾乎是絕對的。相對而言，漢代以儒家倫理組織社會，倫理結構下每個成員的權利和義務乃是具有相對性的：人，有基本的尊嚴；人，對其他人也有必須要遵守的規範。如前所述，身處這個混亂時期，個人如果不屬一個團體，就幾乎沒有生存的機會，生存的代價則是喪失其自主性。

由此我們也就能理解，在此動亂時期，為什麼佛教的傳入和道教的制度化能在中國形成兩個極具規模、人數眾多的信仰系統。這種信仰系統，乃是在「先設團體」之外，讓其成員有一個可以安置身心的立足之處。

再以「先設團體」本身組織的嚴密程度而言：從《世說新語》中漢人宗族結構在南北兩個地區的差異就可以看出，不同的大環境影響了這種親族組織內部的構造。《世說新語》形容，北方農村中的親族組織在當地原生原長，其成

員也在這個小的村落群中，相互知道彼此間的關係，每個人之間相對的地位都很清楚。因此，在當地組織內，成員彼此尊卑長幼有非常清晰、明白的約束。北方村落的親屬很少遷移外處，於是大型團體可以進行相當細密的次級和更次級的制約。在南方，衣冠南渡帶來了老家的親屬組織。但在新的地方，很難重新出現一個同樣的村落容納同樣的人眾，使得親族的成員必須分散在不同的地方。《世說新語》記載：南遷族群往往必須要分批移向不同的地點；分手之時，他們在岔道口上依依拜別，含淚離開，親人之間難捨難分，因為此後能否再見是未知之數。如果有機會再見，同姓、同郡望的關係已足夠使族眾彼此認同，不須再仔細講求誰是大宗誰是小宗。這一時期譜牒之學大興，也是因應了時代的需求。

以香港新界的客家而論，今日珠三角客家的生活就反映了約定俗成的傳統。每年在除夕、冬至或掃墓那天，或一定的節日，客家全族親人，即使居住在百里以外，也必須按時趕回來；他們將帶來的食物納入事先預備的大鍋之中再行分配——這個「大盤菜」，代表的是所有人共同在聚會的日子，享用彼此費心費力準備的食物。「一年將盡夜，萬里未歸人。」無論風霜雨雪，踩著釘鞋，打著雨傘，冒著風雪，這些人都會回家。聚會地的親人，也要熬著饑餓等待親人到達，方才共享盛餐。節慶終了，離別的時候相送不捨，數里之遙還是一波一波陪送上路。

從這些例子可以看出，漢代那種一般人意氣風發的昂揚氣度，尤其是太學生與知識群體頂天立地，只以「做人」兩個字為其良心依託的情況，隨後的幾百年間很難繼續存在。此外，這種集團的歸屬，使得傳統成為團體的象徵和結合的要件，個別成員要創新、要改造，將是極為困難的事情。

四

在此環境下，佛教、道教有其特定的訴求空間。可是，等到這兩種信仰成

為教團，我們可以發現：中國的宗教教團都是按照親族的模式組織其群眾：師父等於「父」，弟子等於「子」；同樣，師叔、師侄等關係和家族結構也是完全一致的，有輩分、親疏、長幼、尊卑的區隔。

那個時代，儒家反而沒有市場。在魏晉南北朝，漢代的太學式微，儒家本身的理念以及儒家普遍的教育，都因為戰亂蒙受極大損害。隋唐時代確實對經典注疏有過一次很清楚的整理，例如孔穎達的《五經正義》；只是這些經典被放到一邊當作教條，罕見有人從經典之中闡揚新意，開創更廣闊的境界。

曾經輝煌的儒家，在隋唐時代竟被佛、道兩家壓過。這一現象之所以出現，一方面是因為儒家失去了活力；另一方面，佛、道也是新興的思考方向，就整體文化而言，這應當可以歸入「開展」而非「內卷」。儒家處於停頓的狀態；佛、道還在繼續不斷發展，尋找新的解釋、新的理想——這是「內卷」和「開展」居然同時並行的時代。

儒家的重新復活，要到唐代中期以後韓愈等人再度探索儒家理念之時。我個人認為，儒家的人際關係是「修己以安人」。人、己之間是相對的鏈接：因為相對，團體對個人的約束仍舊有一定的求與予；個人對團體有一定的義務和責任，才能夠有一定的權利和保障。如此相對的人際關係，是中國理想秩序認定的目標。

隋唐時代大氣磅礴，中國接受和消化了大量的西方因素，這在人類歷史上也是罕見的波瀾壯闊的景象。西方歷史上要等到思想解放以後，以及對外擴張與資本主義出現的時代，才整個脫胎換骨，成為一個前所未有的巨大文化系統。

隋唐時代的「開展」，在日常生活方面有更多可見之處。如眾所知，此時經由西域或更遠的中東地區傳來的麵食、葡萄酒及各種香料等，逐漸成為中國人生活中的常見食物。中國人的衣著、起居、音樂、藝術都吸納了外來因素，一部分是東部亞洲民族的風俗，另一部分則是經由西域傳入的波斯、突厥、吐蕃等地的生活資源與文化因素。漢代是中國文化扎下基礎的時代，唐代的中國文化則是開展發揚。

由此而言，隋唐也是個開展的時代，其速度和幅度前所未見。也只有在19 世紀西潮衝擊之下的中國，其變化方可與隋唐相比。中國文化的蛻變從魏晉南北朝開始，隋唐成其大，到宋朝才逐漸轉為「內卷」。這一七百年左右的巨大轉變，與歐洲文化集團在近世的發展相比，也是長時段的巨變。

　　從人類歷史而言，中東地區從基督教蛻變成伊斯蘭教主宰，那一變化也幾乎和隋唐中國的進程同步。怛邏斯之戰後，唐帝國安西都護府屬下千餘勞工、數萬兵士帶給中東地區的禮物，使其在物質和技術方面開拓了一個新的境界。從那時開始，中東地區有了類似中國瓷器的「西番瓷」，只是當時他們並不知道使用高嶺土，以至於其精美程度始終不能與中國瓷器相比。他們對紙張的使用，並不在印刷書本、普及知識，而是用於房屋的裝飾和陳設。又比如，印刷的前身，碑拓也進入了中東地區，成為後來西方印刷術的先聲。這裏舉例而言，是為了說明：中東地區只是在實際生活中吸收了中國的文化成分，對中國的禮教他們並沒有感受，甚至中國飲食上的差別，對他們好像也沒有形成大的影響。

　　但是，他們對中國文化的印象，卻存留在一個意想不到的角度，「桃花石」這個稱呼，代表他們對東方的憧憬，以至於中東地區會將西遼王子耶律大石在西疆建立的西遼，當作「桃花石」的一個模型。

　　到後世，在更遠的西方，馬可‧波羅對蒙古大汗在上都的生活所做的記錄，使得整個西方驚詫地期待與東方接觸。20 世紀初意大利歌劇作曲家普契尼改編的圖蘭朵公主的故事，講述西方王子對東方公主的愛慕，也反映著當年西方宮廷對東方的嚮往。

　　等到元朝統治者統一南北中國，面對蒙古的「萬戶」「千戶」屯駐在地，儒家完全無力反抗。在這個系統下，儒生若想發揮作用，幾乎只剩參政一途。但在文官體制並不健全時，蒙元的統治階層也不知如何治國。各地駐扎的簽軍，實質上是武力鎮壓，強行收奪資源。如此國家體制下，思想的空間也就有限了——有之，也不過是民間的宗教活動而已。

　　明朝恢復了漢人統治，朱元璋一方面承襲了宋代的專政以及帝王對文官制

度的威勢，另一方面也延續了蒙元無視制度的暴政。朱元璋刪除了儒家經典中質疑君權的內容，如《孟子》中「君之視臣如土芥，則臣視君如寇仇」「君有大過則諫；反覆之而不聽，則易位」「聞誅一夫紂矣，未聞弒君也」等幾十條，甚至此前曾將孟子移出孔廟。朱元璋設立的特務組織錦衣衛以及之後的東廠、西廠（合稱「廠衛」），取代了蒙元的千戶來管束、監察全國，東廠、西廠由宮中的親信太監擔任首領，只對皇帝負責。

明末以無錫的東林書院為中心，以江南士大夫為主的東林黨興起。東林黨人討論自己在宇宙之間，在國家、民族、社會之間，應如何發揮人格的良心，如何保持自身的獨立，如何對抗各方的威權，如何用民間的輿論抗衡統治者的暴政，其活動開展得非常艱難，遭受到宦官專權勢力的不斷打擊，不少東林黨人更被廠衛殺害。

本章涵蓋的發展趨勢，是由先秦到明代，中間一段是盛唐代表的古代中國的巔峰。這一漫長的過程，也可認作中國文化重要的轉折：春秋戰國後，經歷了秦漢的成熟，南北朝因應外來侵略而走向衰微，大唐盛世乃是中間承先啟後的大轉變。大唐一代乃是中古時期的盛況，開元、天寶恰好分成盛衰兩個時代。借用《長恨歌》的句子「漁陽鼙鼓動地來，驚破霓裳羽衣曲」，「驚破」二字所代表的，又豈僅是明皇、貴妃的一段愛情悲劇，也是中國文化成長的過程。

中古結束後，宋代的「內卷」只是長期衰退的一個階段。明代雖然看上去是帝制的復活，實際上文化的活力已經不足以拉動另外一個新的時代。這也就是明清兩代面對船堅炮利的西潮和資本主義市場經濟時，中國文化必須要改變的原因。那一改變的過程，又豈止是清末至今的百年而已。言念及此，能不淒然！

第十章

中古之變（上）：
財富中心的下移

大唐盛世，聲威遠播，堪稱盛世，號為升平。尤其太宗到玄宗時期，從國家實力到文化動能，以至於一般人的生活，確是其他時代難得一見的安定與繁華。

眾多外族以商販、朝貢等名目紛紛進入中國尋找發展機會，以至外族人口迅速增多。尤其在最繁華的都會區，外來人口比比皆是，都市生活也因為有胡姬如花、葡萄酒紅，顯得多彩多姿。然而，禍根也由此伏下。大唐勁旅遠征他處，在外折損也罷，回朝補充也罷，都使大唐的軍隊包含大量胡兵蕃將。這些職業兵有些還是外藩王子、王孫，例如波斯亡國，波斯貴胄子弟進入大唐皇宮擔任侍衛。安史之亂爆發的原因之一，就是范陽、平盧等四鎮，基本上都是來自北方和東北方的雜胡僱傭兵。唐代藩鎮有極大的自主權，有若干鎮守重要地區的藩鎮，甚至還可以奉旨鑄幣。安祿山得到玄宗和楊貴妃的寵信，乃是藩鎮節度使中最有實力者。

安史之亂使大唐的盛況中斷，甚至於中國歷史上的中古時代也被這一叛亂所終結。盛唐為何居然一落千丈？蓋因唐朝起家是從胡化轉變為漢化，此時卻

因中外貿易發展順暢，逆轉為接受更多的胡化因子：外來人口基數增加，外來文化深度浸染，以至北方邊防和節度使中胡兵蕃將的比例大增，一度突出為沙陀兵將為主，形成了中晚唐的胡化現象。如此有聲有色的局面，終於完全散板、崩潰，以至於殘唐五代的帝位主要由沙陀軍人的系統佔據。甚至於後世，宋代的趙家雖然是漢人，但也是因其在沙陀軍人集團中佔有了重要的地位，才於禁軍主將的位置黃袍加身，開啟了新的朝代。

大亂開始前，唐代的軍隊（尤其鎮守各處的藩鎮）已為胡人所滲透。一旦藩鎮造反，平復藩鎮之亂的依舊是胡人部隊。平定安史之亂的郭子儀和李光弼，他們的部隊何嘗不是胡兵蕃將為主？朔方健兒也是如此，朔方和河東兩支大軍的馬匹多是回紇馬，其時從如今的甘肅、寧夏被驅趕至兩軍駐防所在。

於是，安史之亂使北方核心區遍地都是胡兵蕃將彼此廝殺。本來是戍守邊防的藩鎮，也紛紛據地自雄。淮上諸鎮，就是很顯著的個例。

安史之亂雖平，中唐以後藩鎮林立，幾乎不聽中央號令。原有可以徵稅的土地，中央無法管理；本來暢通的道路，有時候會因藩鎮之間的衝突忽然中斷。凡此因素，都嚴重影響了大唐帝國的管理機制。更不用說戰亂之中，農民無法如常耕種，當然也就造成了災荒和流民。

唐代的統治，在安史之亂後基本上已經失去了中央控制的能力。如何籌措國用是個重要課題。楊炎改革稅制，以兩稅法徵取貨幣為主，代替絲帛和穀類等實物。這一轉變，乃是從南北朝開始興盛的實物經濟的結束，開啟了另一個時代的貨幣經濟。貨幣的流通，實質上代替了商貨的運轉。貨幣本身又可以書信委託的形式流通，實質上是貨幣的信用狀。這一轉變影響巨大：一方面規避了藩鎮林立、交通不暢導致的危機，另一方面也開啟了貨幣可以借貸、預支等靈活性。在市場運作上，貨幣經濟更有效率。正所謂「歪打正著」，唐代政治上的禁錮、癱瘓，卻令長期存在的實物經濟有了改革的轉機。

從經濟方面看，貨幣的使用可以令經濟運作從政府獨佔逐漸分散到社會各部門。這一方面可說是資本經濟初步萌芽的機緣，另一方面則意味著政府喪失了最有效的控制工具——如果政府結構不作相應的調整，政府本身將無法與

經濟發展同步。

因為戰亂不斷，唐代的藩鎮，無論政府軍還是叛軍，實際上都形成了武力把持地方政權的現象。中唐以後的藩鎮，既有自己的財源，又有自己的兵源，不再接受中央控制，鎮將由內部產生，從同階層的兵將互推最終變為下層擁護某個特定的上層：鎮將「冊」節度，近衛「推」鎮將，當然更往上層就是節度「策」天子。唐末五代的梁、唐、晉、漢、周，這五個「不是朝代的朝代」，無不如此產生。後梁的朱溫根本就是盜匪出身，後面四代則都出自沙陀軍，受軍中兵將的推擁，號稱改朝換代。最後一朝的改變，則是趙匡胤以周世宗親信、殿前都點檢的身份黃袍加身，開啟了一個新的朝代──宋。

二

宋太祖本身起家的經歷特殊，也就特別防備他人效尤。因此，有宋一代的武人階層身份都殊為特別：其中大半是太祖稱帝前同袍的子孫，大將們被解除兵權後，皇帝答應他們富貴終身，子孫享用不絕；此外是靠得住的「外家」，宋太祖既沒有知識人的擁戴，又沒有朝廷大臣的背景，除了老弟兄們的支持，還需要以此避免出現唐代外戚干政的弊病；當然，他自己的子孫們，所謂宗室，也必須得到一定照顧。

這三撥人眾，俗稱為「三班祗候」。他們為數不少，而且隨著時間繼續增長，怎麼安置這些人是個大問題。他們平時被安置在皇宮作為宿衛，奉派差遣則稱為「三班使臣」──這等於是貴族群體，倒也並不列入正式官員之列，應當視為皇室直接指揮的特殊官員。他們也掌握了各種專營權的利益，此類榷稅的收入數字龐大，甚至可能超過政府平常徵課的田賦收入。以政府財政結構論，這樣大數目的收入由皇室直接控制，對政府運作而言其實是頭重腳輕。

經濟方面，宋代既然延續兩稅法，已然是貨幣經濟的天下。因此，宋代皇室只要掌握貨幣財源，就不愁沒有錢照顧上述三撥特權人士：宋代的政策，是

利用政府專有或專賣的權力，以供應上述特殊階層。從漢代有鹽鐵專營以後，唐代也有一些榷稅作為專營項目的徵稅，甚至於原本作為政府儲存穀類的常平倉，在貨幣經濟出現後，也可轉為隨時出售的糧食，以滿足換取現金支付需求。在宋代列入榷監管理的項目為數眾多，如漁、鹽、茶、馬、鐵、金、銅、瓷器、木材、釀酒、軍器、織造、鑄幣等。

宋代在水陸交通要道上的關口或驛站設稅官收取榷稅，相當於「買路錢」。政府或以官家定價，全部收購過關的某個項目。所有能夠集中生產的項目，幾乎都成為官家監榷的對象。在這些榷監服務的人士，則主要是上述「三班祗候」中選出來的子弟。

監榷制度若論其好處，就是商品的生產和流轉幾乎都由受過訓練的專業人士經營管理。於官方而言，掌握了經濟就意味著掌握了市場的安定，官家一旦決定任何項目或多或少的產品，也就掌握了規定的產量和運銷的方向。整個國家的經濟都會受到影響。如果把上述各種產業的出現當作資本經濟的初步萌芽，則完全經過中央調配或者缺乏調配的影響，未必能夠反映經濟自身的調適能力。

這種制度還有其衍生物：各級官衙都可以有「公廨本錢」以及「公廨物產」，例如房舍、土地。於是在宋代，除了中央有權力操縱經濟，各級文武單位所在都可以掌握相當的權力，以影響當地的市場情況。地方與中央的互相影響或牽制，使得全國的經濟並非有計劃的管理，而是隨機受到供需機制的影響。

整體而言，宋代經濟乃是貨幣經濟。政府掌握了資源，也就掌握了現金。宋代現金使用相當靈活，在其他朝代，國防經費是列入國用，宋代卻從太祖起便設下「封樁庫」，特別儲蓄一定的收入作為國防準備金。宋代在外交方面，面對強鄰常用繳納「歲幣」的方式換取和平，遼、金、夏都有定額的歲幣，數額隨雙方強弱之勢而調整。這種以金錢買和平的方式，在漢唐時代必定以為是羞恥，而在宋代，卻認為相當划算。實際上，這一算盤打得可能也不差。以宋遼關係言之，經南海而來的香料需要由宋朝的港口進入，遼國需要香料則必須

從宋朝購買。宋朝給了遼國歲幣，遼國又以歲幣購買所需要的東南亞貨品，以及宋朝本身出產的瓷器、絲帛等貨品，遼國要付出的費用也就和歲幣相差不多。宋與西夏之間關係更特別：西夏領土不大，土地不夠肥沃，種植的糧食根本不夠。因此，宋人一手交出歲幣，一手外銷食糧。這樣在算盤上進行一番加減乘除，其實宋人並不吃虧，卻換來了邊疆的和平。

三

宋代經濟不如唐代富足，但在中國經濟史上相當重要，是一個劃時代的階段。宋代設立了許多権監，大概由於有專人管理，這些生產事業的發展有相當可觀的成績。

美國學者郝若貝（Robert Hartwell）在費城的賓夕法尼亞大學執教，終身志業就是研究唐宋時期的中國經濟史，尤其是宋代部分。他指出，宋代鋼鐵產量居當時世界第一。他經由煉鋼、煉鐵燃料本身的消耗來計算生產量，這是很細緻的一種計算方法。而且，整個太平洋、印度洋地區甚至到中東地區和歐洲邊緣地帶，國際貿易船隻帶去的不僅是絲綢、瓷器，還有大量的鋼錠鐵塊。他認為，如果以此作為指標，宋代中國堪稱前工業時代鋼鐵生產量最大的國家。

如此大的生產量，再加上其他外銷、內銷的產品，使宋朝相當殷富。我們的一般印象是，唐代是富足的，宋代遠不如唐代殷實，郝若貝的觀察與這個觀念並不一致。他的研究顯示，宋代產業種類繁多，而且生產量極大，是唐代已經發軔的多姿多彩的國際貿易的延續。我們再看開支方面。暫不說唐代太宗、武后時代的繁榮，單單講開元、天寶年間的情形，就是揮金如土──長安市上有多少的消費者！仔細推敲，唐代全國的開支大來大去，胡人遍地都是，買馬、賣絲等國際貿易上出入項目繁多，社會生活也是多姿多彩，其實公私均有浪費。這麼一個富足而揮金如土的國家，單單靠田畝和家庭紡織業收的實物稅當然不夠用。然而，唐代政府在主要地點設錢爐，也就是授予地方發行貨幣的

特權。這一大批貨幣的上市，就已經是將本來的實物經濟轉變為貨幣經濟了。

唐代大來大去的輝煌與熱鬧，不見於宋代。但宋代生產的種種產品，誠如郝若貝所說，很多是以遠洋貿易運銷世界。宋代經濟的實在效益，可能不會弱於唐代。

宋代的財富有不少是分散在地方，或者政府的若干單位之內。舉例而言，宋代的大將，無論是守邊還是殿前禁軍一類，往往需要自籌軍費，南宋七王——靖康以後，最多時有七員大將，號為「七王」——手上都擁有自己可以支配的資源。例如，岳飛在收服洞庭水寇以後，擁有很多資源；張浚、楊沂中加上四川的吳氏兄弟（吳玠、吳璘），自籌的軍費來源有國內貿易所得，也有境外國際貿易的收入。

宋代官職猥多，由同知、通判等名稱，就可知一個地方有多少官員。而且由於職權並無明確界定，彼此間有重疊、模糊或空白處，真正辦事的乃是胥吏階層。胥吏也讀過書，他們受過相當程度的教育，至少很了解公事。這些人手上掌握的資源，可以下達到農村裏面的大戶。

除了胥吏階層以外，從宋代開始，尤其是在范仲淹推動同族之間彼此互助，甚至於主張同族有共同的族產時，地方大族就可能擁有相當可觀的產業。關於宋代地方社會與地方大族的關係，研究者頗多，從中可以看出：財富積蓄在地方層，既維持了大家族的生活，也以社會救濟的方式負擔了地方上相當大的費用。例如范氏家族從范仲淹開始成為地方大族，有義莊的社會賑濟，也有家訓和家規。南渡以後，范氏子孫一次聚會即可有二百多人，都靠義莊族產度日，維持這一蘇州大戶人家的社會地位。除范仲淹家族外，還有像杭州錢氏這種累世人才不絕的大家族，至今未衰。

以上陳述可見，宋代的財富分散在各個層面、各個地方。除了宋徽宗時代相當浪費以外，其實宋代社會上的奢華程度遠遜唐代，而民間生活水平的富足和安定可能比唐代還過之。

四

宋代經濟繁榮，尤其南宋對外貿易興盛。泉州成為當時世界第一大港口，帆檣如雲數以千計，其中外商航舶較多。因此，在福州、漳州、泉州、廣州、惠州，都有外商子孫在當地落籍。在泉州的墓園，至今還可看見阿拉伯文的墓碑，前幾代是阿拉伯文，後來才逐漸變為漢文。泉州的清真寺，其實不止是現在能看到的一座，只是其他已經因戰亂或時間而頹壞了。南方國際貿易的活動也不限於廣東和福建，而是已深入長江，例如揚州就是國際大港。

南宋經濟發展的規模，可見於《宋史》及《宋會要輯稿》。中國的產品，幾乎供應至當時歐、亞、非三洲各國，東至日本和朝鮮半島，西到紅海邊上的非洲、阿拉伯國家以及地中海地區——蒙古西征以前，正是伊斯蘭文化在這些地區開花結果的時候。

約有五十多個國家與宋人進行海外貿易，其中包括錫蘭、三佛齊、婆羅洲、吉蘭丹、占城、爪哇、天竺、埃及、伊拉克、索馬里、琉球、新羅和日本。流通的商品有珍珠、象牙、犀角、乳香、龍涎香、沉香木、珊瑚、瑪瑙、玳瑁。從大食和三佛齊進口的多半是香料和珠寶類商品，有些中草藥是從爪哇進口。

無論從陸地還是海洋，中國出產的產品，都要經過伊斯蘭教政權控制地區轉送到其他各處——這一地區，分隔了東亞與歐洲的交通。《諸蕃志》所指各處貿易對象，正證實了宋代中國是當時整個世界——西方新大陸還沒有被納入世界的歷史圈——生活資源的主要供應者。宋代中國出產的瓷器、銅器、鐵器、絲綢、布匹等各種商品，滿足了從日本到歐洲各地的需求。

今日中國被稱為「世界工廠」，其實早在13世紀，中國已經是世界工廠。更可注意者，是宋代鑄造的銅幣實際上在各處通行，正如今日的美元一樣是國際流通的貨幣，而且是各地貨幣兌換的基準。

東南亞和印度洋地區的考古學家曾經認為，十二三世紀的貿易瓷是太平洋和印度洋地區國際交流的主要商品，因為在各地的沙灘、水灣都不難發現海難

船隻留下的瓷器碎片。各處的王孫公子、富商豪賈，都以收藏中國瓷器為榮。中東一帶伊斯蘭教的清真寺，都以中國瓷器的殘片作為裝飾，貼在門柱、牆壁等處。

中國貿易引發的國際形勢，最可注意者則是由海路開往西方的船隻，往往以非洲東岸、阿拉伯半島沿岸作為終點，往北經過波斯灣或印度河出口分佈各處，在南面則是以非洲東岸與紅海港口作為商貨散佈各處的中心。正因如此，阿拉伯和非洲東岸各伊斯蘭國家以及奧斯曼帝國的蘇丹（總督）們，掌握了轉口貿易的機緣。當時，紅海地區的蘇丹掌握了進入歐洲最主要的通道，勒索高價的轉口稅，最終使得歐洲的買主無法忍受。這是歐洲的十字軍一次次討伐伊斯蘭國家最為重要的原因之一——如此重要的歷史事件，其背景之一卻是宋代商貨被扣留在紅海海灣。

伊斯蘭國家坐享中間轉手者的利益，於是他們的文化與經濟成為從中東到印度洋最大的一股力量。直到歐洲發展商業及後來的工業革命，歐洲基督徒與中東地區穆斯林之間的平衡才主客異位。中國的製造者和商人，其實從來沒想到自己生產的物品，小到一顆香料，大到貴重的瓷器和絲織品，居然在世界歷史上引發了影響如此深遠的風波。

回顧南宋的經濟實力，確實令人十分驚異。南宋開始將世界上第一批「交子」（相當於存款信用票據）當作紙幣，貨幣發行量受國際貿易的影響，而不一定完全受限於國內市場。中國的銅幣是各處喜愛的貨幣——無論宋朝政府鑄造多少銅幣，似乎都流到國外去了。中國必須不斷鑄造新貨幣，也因此，交子才成為官方流通紙幣。

南宋與亞歐各處的商業交流並不限於南向和西向，東方、東北方的朝鮮半島、日本、琉球，也一樣和中國有切不斷的文化交流和商業貿易。如前所說，南方貿易主要在福建、廣東的港口，北路的貿易則是以杭州、寧波、揚州作為主要港口，也有部分商貨在山東的港口進出。此時與中國的交流，也正是日韓兩國歷史的轉折點。日本當時是鎌倉時代，朝鮮半島也正處統一的時代，兩國依賴中國生產的產品，也仿做類似產品，例如日本的瓷器、朝鮮半島的印刷品

1

3

4

2

1：「黑石號」出水中晚唐外銷青花瓷盤，2：「南海一號」出水南宋金葉子，3：肯尼亞出土元末明初景德窯青花瓶，4：肯尼亞出土元末明初景德窯釉裏紅瓶。

近年來隨著水下考古的發展，中國沿海、韓國、日本、東南亞、印度、阿拉伯半島一帶都發現了大量中國貨物，從唐末一直持續到清朝，尤以瓷器為大宗。

和銅鐵器用，都是高價位的商貨。

因此我們可以說，宋代中國商業經濟的網絡，涵蓋了整個太平洋西岸、東南亞一帶和印度洋，並最終轉入歐洲。這一大的貿易圈實質上代表了當時亞歐大陸的主要部分，正因為這一現象的存在，才刺激了遠在歐洲西方的白人尋找新的航路前往財富的源頭——中國。

同時，從各種記載，尤其是正史之外的筆記等資料看來，宋朝對外貿易已經有很發達的機制。有商行，有代理商，有航船的經營者，也有專業的船主和水手。在這個時代，海外貿易雖有一定風險，但並不困難。存在的風險只是，如果遭遇海難，他們可能血本無歸，但若是一路順風，則可大獲盈利。那時候已經有投資、貸款等金融活動，唯一沒有出現於中國的項目是海商保險，將這個時代當作中國真正的資本主義萌芽或者商業革命並不為過。

宋代中國可以說已進入相當臨近世界化的階段。在十二三世紀，沒有太大規模的戰爭，亞歐大陸東西兩端經印度洋已連接為一體。但是，不久之後成吉思汗出現了。這一東亞游牧族群，掀起了前所未有的波濤，衝破了亞歐大陸相當平靜的全球化。蒙古狂飆以後，亞歐大陸因戰爭而死亡的人口數量非常驚人。上述平靜的交換和經濟一體化結束，也很難再有如此順利和安穩的歲月。

宋代中國參與國際貿易的主要力量，在過去的朝代中很少由國家直接控制。因此，宋代皇權對全國經濟的操縱能力，其實相當值得注意。

五

宋代的世界貿易雖然被蒙古狂飆打斷，但中國的產品依然由外來的商舶和本國的船隻運銷各處。中國商船一路也載運向外移民的華人。在今天馬來西亞和印度尼西亞一帶的許多港口，都能發現華人居住的痕蹟。有些華人僑居的地區，從他們祖先的墳墓和修築廟宇的年代看來，大概可早至公元十一二世紀。馬來西亞和印度尼西亞一帶的華裔，用當地的語言自稱為「峇峇」「娘惹」。每

次我詢問他們居住在這裏的歷史有多久，幾乎都以八百年作為標準答案。他們的菜肴，以我自己的口味判斷，接近閩越一帶的家常菜。在新加坡曾經有一位許雲樵先生，我們核對過譜系，都出自福建長樂的許家。而長樂的許家曾經在閩國時和宋代參與甘棠港的建設——那是一個人造港口，專為海外通航而設計。

雲樵先生現已作古，他是一位譜系專家，據他見告：福建的許氏，自從離開固始南遷福建，無論哪一房、哪一支，都有人向外遷移。他們遷移的地方，近到越南、泰國等中南半島的國家，遠至涵蓋整個新加坡、文萊、馬來西亞和印度尼西亞。

泉州、福州、漳州、惠州、廣州，都是中國人奔向東南亞和印度洋各地的出航點。這一所謂僑鄉，的確有八九百年的歷史，從這裏分枝散葉，總數當以千萬計。與歐美成為世界經濟主流所牽涉的全球化相比，中國在十二三世紀及以後，也扮演了同樣重要的角色。

明代海外貿易則是由內監宦官管理，每種生產業務和外銷業務都有內監駐守直接管理和操縱。在明代，顯著可見的情況就是廣州市舶司直接經手對外貿易，收取相當於關稅的釐金；這筆款項並不上交國庫，而是在司禮監統帥的十二監的管理之下，直接歸於皇室。

同時，明代的皇子們被分封為藩王，擁有大量土地。明代晚期，大小親藩總數以百計。除了南北兩直隸，幾乎無處沒有藩王的封地。他們還有自己的護衛，幾乎可以完全操縱地方行政單位，任意攬取能夠得到的利益。明末，全國的宗室人數大概不少於五十萬人。維持這些「朱千歲」的生活，包括他們擁有的產業，佔據了全國經濟的很大部分。而這些資源，已不屬政府的公產。

此外，明代的太監也可以各自置產。除南北兩直隸以外，他們據得的產業遍佈各地。由於太監的威權，地方政府通常很難干預這些產業，也不能收取他們的所得稅。

清代的情形基本上和明代類似。內務府直接管理皇莊，經營著各類大小產業，清代的皇室以及各旗貴族也都以皇莊的名義佔有土地。皇莊的管理人在當

地是一霸，《施公案》《彭公案》這些清代民間小說，都有描述地方行政部門無法從皇莊收稅，也無法管束他們奪取或霸佔民間資產的行為。內務府底下還有各種皇商，從門頭溝的煤礦戶到廣東的洋商都擁有特權，不遵守政府的法令，擅自霸佔產業，攫取暴利。《紅樓夢》中薛蟠就是皇商之一，賈府、林府都是掌管織造、鹽業的特權階層。《紅樓夢》裏的大觀園，就是靠這種特權獲取利益，支撐了各家親屬的奢侈生活。

因此，從宋代到清代，這種皇室以及附屬於皇室的特權階層在全國掌握的財富總量不少——究竟有多少我們無法計算，因為不見於歷史記錄，也不在檔案之內。從這一角度我們可以理解：為何在清末需要建設新軍時，中國根本沒有可以支應建軍的餘款，更談不上施行政府應當承擔的社會福利。

第十一章

中古之變（下）：知識趨向於基層

本章仍以唐宋作為比較開始，希望從宋代以後中國政權結構的僵固、混亂，中國從充分參與國際經濟到自我封鎖、閉關自守其間的轉型，失去了主動的力量而陷於「內卷」，說明近四百年來中國文化調適能力的不足。也盼望我們由此警覺，在此方面做出更好的調整，以面對不斷發生的變局。

一

先以唐代本身的變化為課題。在大唐風華正盛之時，萬國衣冠拜冕旒，各方人士群聚長安。李白就是從碎葉城遠道而來，從越南和朝鮮來華者更為數眾多，日本則依託遣唐使帶回的大唐制度建構了整個日本文化的骨幹。這些人到了中國，既接受了中國的教育，也面臨各種不同地區的文化背景在中國融合而成的大唐風格——盛大、寬容，也不無浮躁之氣。

但即使在盛唐時代，也有人能感覺到盛況不能長久維持，於是出現了陳子

昂的《登幽州臺歌》:「念天地之悠悠,獨愴然而涕下。」再看李白有關黃河的長詩《將進酒》,氣概之雄壯,「黃河之水天上來」的氣氛之下,他反而「拔劍四顧心茫然」。李白是個聰明人,他一輩子寫了許多狂放的詩詞,到最後窮極無聊,「獨坐敬亭山」,因為天地之間已經沒有朋友了。他的徹悟,大概就在於《憶秦娥》這八個字:「西風殘照,漢家陵闕。」我非常佩服他的睿智:八字之中,涵蓋日夜、季節、時代和生死這四個層次盛衰之無奈與不可免——看到「西風」就想到春光,看到「殘照」就想起清晨,看到「漢家」就想到漢唐盛世和分裂,看到「陵闕」就想到生死只是一抔土的分別而已。

我們必須知道,李白是在唐代最好的盛時發出如此感慨。他在興盛時會想到衰敗,在生命最高峰能想到死亡,不僅因其天分高、悟性深,也實在反映了當時在中國很流行的佛教思想中成、住、壞、空四個階段的演變:天下事有成有住,就逃不過有壞有空。在盛唐最光輝的時候,處於最熱鬧的文人圈,竟有如此體會。

杜甫是另外一個境界。他送高仙芝接任安西四鎮節度使時,所作《高都護驄馬行》是樂觀的;但晚年,他看見貴族王孫「已經百日竄荊棘,身上無有完肌膚」,也看見年輕的壯丁被編入隊伍,「去時里正與裹頭,歸來頭白還戍邊」,感慨「信知生男惡,反是生女好。生女猶得嫁比鄰,生男埋沒隨百草。君不見,青海頭,古來白骨無人收」。這種為世人悲哀的情緒,在他的筆下凝為「詩史」,已經遠超《茅屋為秋風所破歌》。

就邊塞詩所見,那些將軍出征的時候,送行的詩歌都有點意興飛揚。唐代的邊塞詩為數不少,高適、岑參等都是高手。比如岑參的《白雪歌送武判官歸京》:「瀚海闌干百丈冰,愁雲慘淡萬里凝。中軍置酒飲歸客,胡琴琵琶與羌笛。紛紛暮雪下轅門,風掣紅旗凍不翻。輪臺東門送君去,去時雪滿天山路。」他們形容大軍出征,也形容追奔逐北的勝利,金甲鐵騎旗幟飄揚。其中也有不少人在形容種種意氣飛揚的境界時,會提到白骨填滿了長城窟——徵夫在外,閨中的少婦永遠不能見到夢中的他回來,這種情形令人哀痛。在戰事正盛時,有些詩人會想到許多小兵和一般老百姓付出的代價,「可憐無定河邊骨,猶是

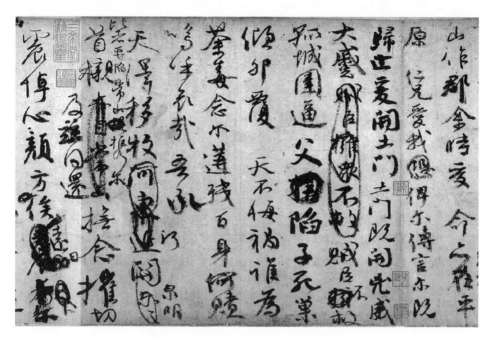

《祭侄文稿》局部。現藏臺北「故宮博物院」。

這幅作品是顏真卿哀痛親侄為國殉難而作，其情緒激越，反映於書法本身強烈的動態感。安史之亂既非完全是軍閥叛亂，也非完全是外族入犯，卻是二者的交疊。因此，這一變亂對於華夏倫理秩序的挑戰，是前所未有的嚴重。

春閨夢裏人」，鞭敲金鐙、高唱凱歌的後面，又有多少永遠沒有回來的夥伴？

大唐一代的盛況，在人類歷史上殊為罕見。大概只有羅馬最盛時、法國的路易十四時代、英國的維多利亞時代，以及美國肯尼迪當政時可相比擬。只是在歷史上，似乎只有唐代的盛衰轉變如此突然，因此引發了文學史上極難得見的現象：同一位詩人，及身之時，既歷經繁華，又躲不開後來的衰敗。如此轉折中經見的種種盛衰興亡，都化入詩人的作品。中唐以後的詩人，尤其以元稹、白居易為代表，後者的《長恨歌》《琵琶行》以及若干短篇樂府，頗多以盛衰之際的感嘆作為主題，垂為不朽之作。

開元、天寶的大轉變以後，唐代的知識人趨於沉潛，也為時代而反省。於是我們看見，韓愈、柳宗元呼籲從古代的經典尋找智慧，尋找安身立命的大原則。然後，我們才會意識到張巡、許遠死守睢陽，不是為了守一個城池，而是為了屏障東南，使江淮以南不要再受災禍。這種作為，不是「愛國」二字可以解釋的，乃是悲憫的情懷。再往下，我們看見的是顏真卿《爭座位帖》與《祭侄文稿》中所蘊含的悲憤，牽扯到他最親近的兄弟子侄在災難中一個個犧牲，他心中所在意的又何嘗是區區座位而已。等到李德裕眼看著吐蕃的軍隊驅趕了數十萬維州百姓入蕃為奴，許多人紛紛投岩而死，這種景象的刺激，是唐代由盛而衰、再到最低點時無盡的悲憤。

唐人情緒的轉變也使我們理解：為什麼唐代晚期佛教如此興盛，有如此多的人接受了這一來自天竺的信仰，更多的人接受了本土化禪宗的頓悟。這是一個悲涼的時代，也正因如此之悲涼，唐人讓我們看見的是深刻的反省，也是深刻的內修。

二

盛唐時代，李、鄭、盧、崔、王這些頭等士族，幾乎可說是與皇室「共天下」，朝堂金紫之中，無非世族子孫。宋代朝廷上，就罕見如此大的士族力

量。宋代君主號稱禮遇儒生，然而政爭不斷，每一個參與政爭的士大夫都逃不開皇權的任意處置，在皇帝的不測天威之下，其實沒有獲得應有的尊敬。宋朝侮辱士大夫比以前的時代顯著而深入，而且我們必須知道：在宋代，尤其南宋，士大夫的士族是化整為零出現於地方社會。

再說宋代的政治制度，與漢唐的差別主要是官員的職位和功能並不一致。一般官員的實際職務都是「差遣」，不是名義上的本官。例如，一位官員可以是翰林學士，這是中央政府的官銜，可是他會被差遣外任，擔任地方官，例如「知杭州通判」等等。以蘇東坡而論，他任黃州團練副使時，無公可辦，既不能指揮軍隊，也沒其他任務，其實就是一種懲罰。在黃州雖然失意，於他的文學生涯倒是很重要的一段，因為他著名的詞賦《定風波》《赤壁賦》等都是在這裏完成。他的弟弟蘇轍也曾經被貶到地方擔任副職，又被差遣監督榷稅。蘇轍抱怨整天坐在桌子後面，看著面前等待出賣的鹽和魚，倒像個魚攤的主人。

甚至於中央一級官員，同樣以翰林學士為例，如果沒有「知制誥」（皇帝的秘書）的任務，便沒有任何可說的權力。即使是六部尚書的職位，若無其他特定任務，也未必能管到任何實務；一旦加上「參知政事」的差遣，才是宰相班子的成員。

文武之間亦復如此：文職加一個軍銜，就能實際指揮當地的國防任務；武官本該是部隊首長或捍衛地方的將領，卻淪為加軍銜的文職官員的部下。西夏前線，韓琦、范仲淹都做過主持邊務的政府統帥；高級軍官，例如狄青，對這兩位文官都要站著回話，口稱「恩相」，儼然部屬，而非同僚。這些軍官並沒有任何指揮作戰和部署防務的權力。

總而言之，宋朝的「差遣」二字，完全打亂了政府原有的按照功能分派工作、按照職務執行職權的結構。自戰國以來，法家申韓之學就是要因能授事，有了職務就有權力，再以其執行任務的效果予以獎懲。刑名之學，就是要名稱和實質相配，國家是個功能體，應按照公務的需要分派職務。宋代的制度恰好與此相反：任如此官職，卻不執行如此職務。這種制度，在政治學上完全違背政府功能的要求。其所以如此設計，主要是因皇帝不授予權力。若按漢代的方

式，皇權不能要求一個專職官員做超越其官職的工作，也不能對於某一職務擅自施加特定的限制。但是，整個宋代政府的功能非常混亂，既沒有延續性，也沒有專業性。同時，皇權對於士大夫的生殺予奪，完全任意為之。

漢代以來，士大夫以知識的自主、道德的尊嚴自立於天地，宋代的士大夫已經完全失去了這種氣概。陳寅恪先生曾經說，天水一朝 ❶ 最為優待士大夫，宋人也自稱本朝沒有殺士大夫的例子。但若以尊嚴而論，整個宋代，士大夫沒有尊嚴。宋代黨爭代代不斷，以差遣混亂職位功能應是其主因。士大夫中，蘇東坡、王安石這兩位賢能者的遭遇即可說明：皇帝愛之則置之膝，惡之則推之地，他們一生不斷受到羞辱。宋代朝廷的黨爭，就是在這種職權難定的情況下，留下不同意見的官員們結黨結派，以奪取權力。尤其北宋，保守的官員與主張改革的新派相鬥百年，政府既難改革弊端，又糟蹋了人才。

三

唐宋之間的差別，是唐代的社會重心在上層，宋代的重心卻下移到民間，諸多資源掌握在民間「外一章」的地方士族之手。於是，知識人的活動，包括擔起社會責任，以及在學術層面尋找對儒家的新解釋，也都在地方層次，以諸如開辦書院和民間講學等形式展開。湖南岳麓書院朱熹與張栻的「朱張會講」，遠近參加的讀書人為數眾多，據說其坐騎喝乾了書院前的水池。這種舉動，與唐朝知識群體的古文運動相比，有相當不同的方向。

及至北宋，知識人更深一步向內尋找自己，試圖架構一個安身立命之所，最主要的努力是建構「天人之際」（宇宙與個人之間的聯繫）相對而相連的結構。也因此，周敦頤的「太極說」，成為宋代儒學的端倪。他們將儒家思想作大幅度修改，容納了佛、道兩家的因素。在北宋，知識人真正深入內心，從裏

---

❶ 天水為趙氏郡望，故宋代又稱天水一朝。《宋史》卷六十五：「天水，國之姓望也。」

面尋找另一方天地。我們看見的只是個開端。

除了道學人士以外，宰輔大臣以及有志向的知識人都有參與改革的理想。然而，國力有限，他們的理想最終無法實現，反而惹起許多黨爭。只是我們不能否認他們的抱負與真誠，例如，王安石和蘇軾站在對立陣容，可他們都想為國家找到一條太平的途徑。另一方面，一些老成持重之人眼看國力不足，而在有限的思想資源之下，很難真正找出一條新的途徑以安天下、安百姓，遂也轉而向內心尋找天地。

所謂「呂端大事不糊塗」，理想的士大夫要能夠沉著冷靜應對面前的局面。只是士大夫在黨爭之中不幸被「小人」篡奪了權力，以至於北宋想要尋找新途徑的努力不但沒有成功，反而將知識人的陣容拉扯以至於破碎。

可我們看見，還是有范仲淹許下宏願：「先天下之憂而憂，後天下之樂而樂。」他在戍守西疆時，寫下《漁家傲》中「將軍白髮徵夫淚」一句：群山千嶂孤城，眼看著滿地秋霜，羌笛盈耳，他有這種情懷也很自然。蘇東坡的《赤壁賦》中，一船賓客在浩蕩江流之中，各有所取、各有所悟，只有蘇軾聽見了「孤舟嫠婦」之悲泣，也從這裏悟得了天地之悠悠。蘇軾一生坎坷，別人從他的詩詞中只看見豪放一路，其灑脫、豪邁背後的深沉悲凉，其實少有人能體會，大概唯有身邊的朝雲能懂得他內心真正的寂寞。

許多舊話本和傳奇故事的底本，對於宋代生活有詳細描述。例如，「樸刀」「杆棒」見於宋太祖起家故事《飛龍傳》的事蹟，《楊家將》也是這一系列故事中流傳最廣的一套說書材料。《水滸傳》雖為明代創作，也在相當程度上反映了宋代社會的真實面貌，裏面鄆城縣的宋江父子和晁蓋都是地方上的頭面人物。從他們的故事就可以看出，財富和權力在宋代是往下移動的，不是在國家的上層。可是，這些掌握財富和資源的地方人物，學問修養和志節一般而已。

宋朝真正代表知識人的，是政府中的官員與為數不多的太學生——當然，還有范仲淹家族等地方大族中的成員。他們發揮的集體力量可能不小，只是不會有類似漢代太學生那種鋒芒。靖康時因李綱被罷而起的太學生活動，既沒有過去，也沒有延續。

於是，宋代知識人可著力處，還在專業學術工作之上。因此，一方面宋代有普遍的講學活動；另一方面，在儒家有道學、理學各類人物出現，甚至佛教、道教中也出現了各種宗派。北宋的邵康節、周敦頤從大處著手，並未觸及細節。若考察其思想的來龍去脈，他們其實都超越了儒家，借用了道家甚至方術中的各種思想。相對而言，南宋的儒家完全轉回學術領域，而且謹守儒學範圍。朱熹提倡從原典出發，他的理論完全以《大學》《中庸》《論語》《孟子》為基礎建立，從此確定了「四書」的基本典籍建構。

　　以道教為例，上述現象更為顯著。我曾到過正定附近的全真道傳道基地，那裏有長春洞、長春觀，他們掌握資源、服務地方，如提供醫藥、維持治安等，涉及普通民眾生活的方方面面。金代時這附近就已出現地方豪強據地自雄，受封為「河朔九公」，也是全真道這一類教派的後臺：他們既保護了教派活動，也借重教派協助管理地方。

　　「九公」中有一家姓郭，郭氏後裔有一人郭侃，《元史》有其傳。據說郭侃曾參與蒙古西征，戰功彪炳，所向無敵。我們很難考證他是否就是金庸作品《射雕英雄傳》中郭靖一類人物的原型，但至少郭家是地方豪強，而且協助外族力量，在中國據地自雄，他們手上也掌握了相當數量的財富和資源。

　　在南宋，幾乎沒有知識人的集體活動。南宋參政的知識人，已失去北宋時代改造世界、安頓百姓的壯志。他們辯論最重要的主題是：匡復還是守成？但這四五次的爭論，卻有兩三次是被權臣操弄。劉子健先生說「內卷」，可能指涉宋朝的制度既不能因時因地各有調整，又反而增設許多疊床架屋的閒差事。如此過程，不是演化的外延生長，而是在制度本身之內的糾纏和干擾。

　　前文已有論述，自宋朝開國以來，知識人在帝王手中是呼之則來、揮之則去的「差遣」，這種委屈也使有志之士不能不另尋出路。正如辛棄疾在《朝中措》所表達的：中夜不能眠，仰望蒼天，卻看見「一天星斗文章」——內心的文章只在天上，因為地上已無容納之所。這種沮喪、無可奈何的情緒下，辛棄疾、陸游等人才寫下如此詩篇。可是，我以為更重要者是：在此沉悶的氣氛之中，南宋終於有陳亮、葉適這一類人物不追隨朱熹的道路：向外，他們盼望能

做救國救民安天下的大事業；向內，他們要探索心之所安，並從「安心」這一目標的探求，找到安頓身心、安頓宇宙的途徑。這部分的努力，要到明代才逐漸開花結果。

宋代的知識人，對於國土淪喪、黎民被奴役確實無可奈何。最後，也只有文天祥的《正氣歌》，也只有陸秀夫背負著最後的小皇帝自沉於零丁洋──在一切希望破滅後，他們以生命對時代殉葬。所幸，張載的《西銘》，正如文天祥的《正氣歌》一樣，畫好了兩條道路讓後人可以遵循，將一己的良知和天下百姓的安危結合為一體：「求心之所安」是第一要義，能否安頓百姓於太平就不能預測了。

四

上述兩宋之間的差異，可謂將思想運動轉變為學術活動。南宋朱熹等人的作為，澄清了思辨的過程，可是也喪失了與群眾對話的機緣。這種哲學的建構，終究限定於知識人的象牙塔中。於是，我們看不見南宋學問大家們與平民百姓有什麼交流和溝通。

史語所研究宋代的同仁黃寬重、柳立言，曾經組織開展集體研究計劃，研究宋代家族，他們找到不亞於二十處，都是縣級家族。我舉兩個例子：一家是「義門鄭氏」，在浙江金華，從宋代開始三四百年未分家；另一家則是「義門陳氏」，在福建泉州永春，也是數百年沒有分炊。這一類的人家，未必家家都有「義門」盛名，也不一定真正做到「百年不分炊」。只是，這些地方性家族大致分佈於二、三兩區之間：江西、安徽、浙江、福建等。這些家族，族人功名不算很盛，也不標榜狀元、探花，只是出了一些中級官員。同族內部彼此扶持，共安樂、同患難；族人中有貧寒無依者，一樣有適當的扶幼養老的濟助。

我在香港見過新界的鄭氏大圍，圍牆之內，上百家人共享水源，三代同堂、十餘人共餐的景象處處可見。這一家人，在宋代從中原遷移到華南。香港

新界有自認是文天祥後代的文氏家族，其成員在灘塗地共同開墾耕地：每家耕種的地畝按人口分配，每年或每幾年重新按需分配一次，使各戶分到的土地不過於肥瘠不均。此類家族在南方各省份處處可見。

宋代的官俸雖然不如唐代豐厚，卻比明清優裕很多，一個中級官員的收入足夠養活家中兩三代人。假若這戶人家代代有中下級官員，再加之族裏有人經營商業，幾代不分，共同維持同族的產業，的確不為難事。蒙古征服南宋後，漢文化的元氣大傷，要仰仗這些地方大家族才得以賡續不斷。

福州也是個特別之地：南宋時期，趙氏宗室都被安置在此，所以福州城區的設計甚至飲食起居都別具一格。隨著宗室王爺們的興盛，福州附近也出現了許多地區性的家族。

接續宋代的元代是個「征服王朝」，不能期盼它有嚴整的行政結構。不過中國社會還是發生了許多改變。各族進進出出，漢人從軍西征。接連戰事中，被捲進蒙古武裝部隊的許多不同族群以簽軍身份留居中國，「萬戶府」的各族部眾也散居各處。等到元代覆亡，這些人又改換漢姓，年深日久，其後人已忘記祖上來歷。因此，中國社會的確在原有人口構成上加入了更多外來成分。

東方的知識也隨戰爭被帶到歐洲，中國發明的炸藥、火銃、弩弓、連弩、水車、羅盤、腳踏轉輪船，許多農業知識，如作物和種植的方法，還有紡棉花的織布機、瓷器的製造方法、冶煉金屬的技術等等，都傳入中東和西方。馬可·波羅把所見雄偉的汗帳，以及大都的宏闊等東方富足的信息帶回歐洲，令歐洲人驚嘆神往。英文裏的「上都」（Xanadu），至今還被視為夢想之都。

這也導致另一現象，即知識的「普羅化」，有用的知識進入民間：算盤代替了算術；各種民間的偏方、骨傷科經驗等，如《世醫得效方》，都由鄉下游醫用來作為治病的參考；類似《三字經》《千字文》的兒童教材也紛紛出現。

由於中國人對於知識人有特殊的尊敬，於是在各處家族制度之下，一些家族並不分家，族內種種事務共同決定。大族所在附近的小家小戶，也隨著大族的影響，至少在一個社區之內有一定的規矩。這就產生一個很有趣的現象：等到朱元璋等人起兵「驅逐韃虜」，最重要的顧問群就是浙西小縣城的知識人。

明代是宦官專政。清代是旗人有特權，內廷的軍機大臣裏，漢臣與滿臣的權力有極大差距，更何況滿臣之中還有親王領班，這一權力結構也是以忠誠為最首要考慮，高於能力和政績。

從宋代隨機性的官僚組織，至元明清三代的特權階層，這四個朝代都有個共同的特色：丟棄了儒家士大夫參與執政的傳統。漢代開始，存留在中國文化中傳統的管理方式，是儒家士大夫與天子「共天下」；至唐代，其間已經摻雜了軍人，尤其胡兵蕃將；宋代衝淡官員的專業化與專職化，出現權職乖離；到元明清三代，宦寺、外戚和征服族群的特權階層則支撐起了皇權絕對化。

從這個觀點看，通過本章所述，至少我們可以理解：何以在明代晚期，西方進入文藝復興以後，近代的理性開明代替了過去的神權。以英國的東印度公司組織為例，西方擴張時期對所獲殖民地的管理，以及過程中的侵略行為所必須具有的軍事力量，在管理學上的實踐頗與中國的法家理論有暗合之處。真正把管理學當作一種社會科學則是更近代的現象。在明清兩代，以帝權高張駕馭一個結構不合理的政府，社會上哪裏有什麼約束公權力的機會？如何能夠放棄傳統，調整自己的缺失，改弦更張？我以為如此現象，是因為政治權力延伸到文化的領域，以至於官僚系統模糊化。面對西學之刺激，明清兩代未能迅速有效地回應，其中緣故之一，可能就在政權結構本身的問題。

第十二章

鐵騎狂颭之下的世界

一

　　成吉思汗崛起於東方，如暴風席捲亞歐，建立蒙古大帝國。這一帝國有其特殊結構，成吉思汗及其子孫多次西征，建立了不少的汗國，原本應該遵照草原傳統，尊奉一位共主，但等到留駐漢地的忽必烈汗被選為共主的時候，漢地以西的許多汗國都已經在當地本土化。這就出現了奇怪的現象：蒙古狂颭征服的疆土如此廣袤，卻並未真正形成蒙古大帝國。那些分裂的汗國甚至是彼此對立的。當然，忽必烈汗領有的漢地內部也有相當程度的多元性。例如契丹人留下的「投下」州縣，以及漢人地方豪強諸如「河朔九公」等，凡此存在都呈現出元代的多樣性。

　　在北方游牧民族的征服行為中，匈奴、鮮卑、契丹和蒙古一樣，都是從北方草原的東方，尤其在東北角上的呼倫貝爾大草原一帶壯大，然後向西、南方發展出各自建立的征服王朝。除匈奴的西征造成西方人心目中恐懼的所謂「黃禍」以外，一般言之，這些起自東方的游牧民族，向西的活動都停頓在陰山之

下，其擴張的目標，僅限於漢地。鮮卑實際上未曾大規模向西開展。黨項和契丹的擴張最遠能到甘肅、寧夏之間那塊草地，只是他們建立的西夏和短暫的西遼，都並沒有進一步往西延伸的機會。這三個族群在漢地的單元，終於都同化為中華大家庭的一部分，甚至於很快就忘記了其自身的語言和族群背景。

相比之下，蒙古的征服有其特點。當時整個蒙古的武力，分成二十四個萬戶府。蒙古人進入漢地，成吉思汗留了六個萬戶府在此，很快就建立了一個由木華黎以太師、國王的名義經略的政權，輔助幼子拖雷鎮守；其主要力量還在草原，他與子孫率軍遠征，每一代都由一個王子作為主帥，率領部眾一撥撥向西進發，進入中亞以後繼續向南、向西擴張。

這一撥一撥的掃蕩，誠如本書前述的狂飆。近一個世紀的過程中，蒙古遠征軍自北而南，從烏拉爾山、高加索地區、裏海直到印度河畔，橫掃了整個西亞和部分歐洲，佔領亞歐相交處黑海周圍，也就是東正教的地盤後，在臣服之地先後建立了四大汗國。那裏居住的人口，一部分是白人的斯拉夫民族，一部分是突厥族群的各分支，例如哈薩克、吉爾吉斯等。他們的貴族階層當然有蒙古戰士的後裔。

理論上，成吉思汗建立了世界歷史上幅員最廣的帝國之一。實質上，成吉思汗及其子孫們但知征伐不知管理。日久之後，汗國本身的蒙古戰鬥部隊因其勝利者身份佔有權力地位，聲色犬馬，終於腐化。如欽察汗國，在蒙古體系內被稱為「金帳汗國」，後來居然已懶於管理自己的疆土，甚至不知如何收稅。終於，替金帳汗國收稅的莫斯科大公國逐漸取而代之。除薩滿巫覡信仰以外，蒙古人未曾帶來其他文化基礎，所以，這一龐大的金帳汗國終於屈服於東正教的擴張。至今，黑海北面克里米亞一帶還有「阿速衛」的名稱和族群，可以視為金帳汗國和元朝遺留的記憶。

另有伊利汗國，在地中海東面，涵蓋兩河流域以及裏海到地中海之間的海峽，包含部分舊日拜占庭帝國的疆域。其族群成分非常複雜，主要民族是突厥族群，今天瓦罕走廊以及土耳其的不少人口，都是這一群人的後代。這一古老地區的文化基礎是古代波斯的文字和管理制度，波斯覆亡以後，伊斯蘭信仰成

為最多族群的文化基礎。猶太人在此地區則佔有特殊地位，他們以經商為業，並不屈服於任何勢力，獨自發展。

舊日統治這一地區的拜占庭帝國，被蒙古的狂飆完全粉碎。蒙古人在此建立的汗國，其中很大部分成為後來的奧斯曼帝國。這個國家的軍人也不再是蒙古人，而是突厥族群的子孫。這些操突厥語的戰士們所組成的軍人集團，終於逐漸篡奪了蒙古人的權力。在宗教信仰方面，伊斯蘭教一分為二，遜尼派和什葉派彼此對立，代替了昔日的波斯信仰。

及至歐洲白人忽然崛起，成為世界的主人，奧斯曼帝國轉而被英國勢力滲透：英國的干預，將其解散為彼此對立的各個單元，使其不斷地對抗和鬥爭，無法團結為一，形成今日中東國家林立、紛爭不斷的局面。在 20 世紀，石油成為重要能源，中東地區擁有豐富的油源，一方面使其佔有世界戰略性的地位，另一方面也讓英美加強了對這一地區的控制。由於英美的掌控，這個地區的各部分無法整合為一，甚至於不能有一個建立區域性秩序的機會。從奧斯曼帝國逐漸解體至今，中東地區一百多年來烽火不斷。至於 1948 年以色列的成立，則是從頭到尾由英國主導，使歐洲的猶太人返鄉建國，實現了他們兩千年來夢寐以求的願望。

第三個地區是在印度半島。在 16 世紀，蒙古貴族帖木兒的後裔崛起建立莫臥兒帝國，逐漸擴張成為印度半島大部分地區的主人。可這個帝國內部，也分裂為二：德干高原部分，以信仰印度教的當地居民為主體，依然延續印度教種姓制度；在印度河流域，則是信仰伊斯蘭教的另一片領土。莫臥兒帝國治下，二者尚可共存，可是未曾設立一套管理制度。當英國開始向東方發展時，東印度公司職員克萊武以替莫臥兒帝國收稅、維持地方秩序及訓練土兵為手段，終於篡奪了莫臥兒帝國的主權。從此，英國成為「帝國」，他們的君主自稱「印度皇帝」和「英國國王」。印度這顆「大英帝國皇冠上的明珠」，在二戰以後世界各處的殖民地都尋求解放時，分裂為印度和巴基斯坦，最後在恆河下游又分裂出孟加拉國。印度以信仰印度教為主，巴基斯坦和孟加拉國則是以信仰伊斯蘭教為主。孟加拉國沿著恆河下游立國，雖然氣候溫暖、水土豐富，卻

是世界最窮困的國家之一。

從上述三個地區近代的變化可以看出，蒙古人征服的大片土地最後居然完全不帶「蒙古」二字，也失去了蒙古封君的主權了。

在向西征伐過程中，蒙古的擴張和後世滿人的擴張也有不同之處。清朝統一整個中國北方草原地帶，是經過康雍乾三代，以漢地的錢糧作為後援，以滿人和歸附清朝的蒙古兩股力量的配合，發展到今日帕米爾高原為止。在征服回部後，清朝就成為漢地和草原的「兩合帝國」：在漢地，以北京為首都，清朝君主是中原王朝的皇帝；在北方草原以承德為中心的藏傳佛教區域，清朝君主就以「眾汗之汗」的名義，每年夏日在帳篷中，接見草原上的大小領袖。如此安排，蒙古從來沒做到。因此，蒙古辛辛苦苦三次西征，在中亞以西建立的汗國並未整合為一。甚至於在新疆的「大王」們，既不屬西方汗國，也不屬東方皇帝。在明朝顛覆元朝以後，草原留下的蒙古餘部實質上還分裂成兩片：一個是在廣大的漠北地區，一個是在河套一帶的所謂「小王子」達延汗巴圖孟克的領地。

只是，蒙古帝國終於消滅了偏安南方的南宋，也征服了西南的雲貴山岳地區，這片大區域納入大一統的疆域，是在忽必烈子孫治下完成的。

按照蒙古本有的制度，大汗必須在忽里台大會經由若干各自統領所屬部眾的汗王推舉當選，才能取得合法性。第一次西征以後，成吉思汗去世，眾人推舉其子窩闊台為大汗，此後的蒙哥汗也是經由忽里台大會推舉登位。然而，蒙哥死後，忽必烈以幼子守家的身份統治漢地，這件事情是有爭議的。從那時開始，大蒙古國解體。他們西征歐洲，在各地建立了許多國家，這些國家彼此之間無復隸屬關係，對當地也並未組織真正的統治機制，只是征服了、擄掠了——蒙古人的子孫們，凌駕在當地百姓之上。

二

真正說到蒙古帝國在漢地的部分，最直接的表現，乃是忽必烈借用漢人典籍《周易》中的「大哉乾元」，將自己主持的新朝命名為「元」，而且接受漢人官吏的建議，以此前的朝代傳統作為借鑒，排列自己帝國的位置。忽必烈屬下的漢地，確實獲得許多儒生的支持，辦學校、開科舉，有些官名也套用傳統官名。從這個角度論，忽必烈的元帝國是中國朝代之一，因為這一套運作前有北朝、後有清朝。而且，假如考慮到此時北方還有金人殘餘的勢力，南方又有南宋的存在，忽必烈的元帝國，毋寧說是中國歷史上常見的「南北朝」形態。

元帝國算得上中國的少數民族統治的朝代，只是我們也必須認清：如此帝國，大概維持不過百年。而且，這一帝國的結構及其內部分工方式，並未轉嫁到蒙古人在西面建立的四個汗國。換言之，中國式的「朝代」只存在於漢地而已。

蒙元是否漢化，乃是歷史學家經常辯論的問題。在近代中國歷史上，為了表彰中國歷史的強大，有些學者主張「蒙元」是一個中國朝代，將「蒙古」與「元朝」畫上等號，認為中國人曾建立了世界上最大的帝國。這一問題，一方面成吉思汗與忽必烈兩個時期，的確有若干漢人或漢化的契丹人、金人等為其服務，例如耶律楚材、劉秉忠、張德輝、廉希憲等人，參與設計統治漢地的制度。成吉思汗西征，也曾經邀請全真道的丘處機遠赴西征前線，徵詢他的意見。也因此，元朝被朱明取代時，有漢人軍閥替蒙古皇帝撐持一些地方性的抵抗。

不過，另一方面，元朝究竟有沒有真正上軌道的傳統帝國行政制度？從明初許多民間記錄可以得知，並沒有如此規律化和正常化。民間記載，蒙古軍戶橫行，地方政治根本就沒有步入正軌。丘處機勸告成吉思汗不應屠城，但是蒙古西征屠城之事不一而足，最多是將城內的工匠留下不殺，因為這些是有用的人才。元代也依照漢人政府組織的綱要和文書，編過一套《元典章》，至於其中的記載，大部分只是說應當如何，其實未必完全落實。整體言之，除漢地以

外，蒙古在西方的各個汗國根本就沒有經歷同樣的過程。我們可以將元朝與中亞、西亞各汗國的情形加以對比：假如說元朝的統治有過相當程度的漢化，西方各蒙古汗國則是被當地文化傳統暗中轉換，然後又由歐洲的西方力量「整盤端去」；中間還有伊斯蘭教，一處處滲入汗國內部，使其轉變成為中東的伊斯蘭國家。這些例子與漢地的發展比較，則所謂蒙古之「漢化」頗有討論之餘地。

四大汗國又多次分別衍生許多汗國，大大小小也有十來處。一個特殊的現象是：在忽必烈的元朝與西方各汗國之間，今日的新疆地區曾經由海都大王據有，攔住蒙古大帝國群彼此間的驛道系統，並不接受元朝的詔令和指示。

另外值得注意者，是西方四大汗國各自的起起落落。他們多次西征，並未再依靠漢地錢糧和人力的支持。那些開疆闢土的大汗們，如何支持這麼大規模的西征，一次次轉戰四處？我們只能說，以蒙古人開疆闢土的習慣而論，戰爭的消耗，無論人力物力，都取之於當地的被征服者，包括敵人的生命以及他們所有的財產。如此龐大的征服帝國群，若從這個角度加以評價，歷史學家有不忍下筆之處。

再以忽必烈的元帝國與南宋的關係論，南宋雖弱，居然存續、抵抗了相當長時間。蒙古軍隊還得設法從西邊繞道，自蒙哥打合川以至於後來多次侵犯南宋，都在西南角動手。蒙古進入雲南，是另有一批穆斯林組成的西域簽軍，由忽必烈、兀良合台率領取得。從此以後，避處一隅的南宋殘存勢力，除了要面對自北而來的蒙古軍隊威脅，還要顧及由西南而來的敵人。

南宋疆域恰巧在胡煥庸線最南的一部分，從長江口到兩廣。如此思考，似乎可以用這個案例，與考古學上北邊來的游牧民族，例如戎狄，進行對照研究——這些人群一旦深入到漢地北方的農村地帶，聚落密集、人口眾多，就不能再往南走了。而且，蒙哥在合川城下過不了關口，那一努力何嘗不是在這條線靠西的中段，最終無法跨越胡煥庸線。

三

蒙古人在西亞建立的汗國前後不亞十來處，可是統而不治，一個接一個轉變成其他族群統治的國家，而且絕大多數接受了伊斯蘭教信仰，整個制度伊斯蘭化，遠離了蒙古人本來的傳統。

在漢地，元朝的局面也不過是軍閥割據。許多將領率領兵馬在各處佔領地盤，有很多還是漢人。滅宋的過程中，統軍大將史天澤、張弘範以及西征的郭侃，都是前述「河朔九公」一類的漢人軍閥。

元朝的統治制度非常混亂：真正據有漢地不到一百年的時間裏，設有行中書省，後來變成明清以後的行省；有時候置行御史臺，使中央的司法系統也可以派一批人到地方執行公務；行御史臺和行中書省之間，並沒有統屬關係。《元典章》所描述的政治制度，其實可能僅具空文而已，未必按照條文執行。

忽必烈建立的元帝國之內，至少有兩部分群體：一個是當時其手下的萬戶，自己領有屬民，隨時可以徵調出征；其餘部分則是宋遼所屬的州縣——遼國是既有投下（部屬）州縣，又有本國的州縣。遼國北部由北院管理，南部由南院管理，可並非按照地理邊界平分，而是以封地為界，中間有交錯的部分。蒙古繼承遼國制度以後，並沒有任何系統性的規劃。因此，據有漢地的忽必烈，其統領的區域之內，也並不像一個完全繼承漢地朝代的國家。元朝的統治，相對於清朝，其實不如其有實效。

在元朝，人們被劃為高低不同的等級，漢人中的「蠻子」（也就是南宋的人民），地位被排到最後，儒生又被列入其他行業之後。這種分等制度，也非正常的國家統治方式。如果我們將元朝當作中國朝代來看，可以說是「混亂的時代」。權力的分配和執行，完全是以意為之，不按規章辦事。

成吉思汗在第一次遠征時，將大皇后及嬪妃留在蒙古北面杭愛山附近的草原上。這一皇后的后帳斡耳朵，理論上是他可以回去的大汗宮帳，由皇后主管。然而，自出征以後，他卻從未回去過，死後衣冠冢也在今天內蒙古的伊金霍洛旗。從上述現象看，中國歷史上沒有第二個可以類比的模式。

不過，元代社會還是有許多改變，最主要者，應是儒家知識人失去了傳統的優越地位：「九儒十丐」，儒的地位只是高於乞丐而已。元朝反而給予宗教人士一定的身份：藏傳佛教的喇嘛、漢傳佛教的和尚、道教的道士以及伊斯蘭教的阿訇，甚至於猶太人的教士，在元朝統治者的眼中都是很可靠的知識人。因此，與漢唐時代相比，中國社會在既無精英也無士大夫的情況下，每個地方都必須自己尋求彼此相處的個別模式。在各處家族制度之下（如上章所述「義門」），尤其南方一些縣份的士族並不分家，族內種種事務大家共同決定。大族附近的小家小戶，也隨著大族的影響，至少在一個社區之內有一定的規矩。如眾所知，元代知識人地位甚低。然而，正是由於亂世無所依傍，地方層次的聚族共居、彼此保護，竟依然是以知識人的士族為主體。同時，元代的科舉制度並未完全按照常規進行，許多知識人流落無所歸依，反而將其所知所學轉化為謀生工具。

四

在歐洲人的世界，蒙古西征當然帶來極大的災害。可如前所述，這一前所未有的挑戰，衝擊了原有的封建制度和教廷權威，也使得歐洲人向內反思、向外尋找，希求重建一套安身立命的依據——這才開啟了文藝復興的契機。

元朝的情形與歐洲並不完全一樣。原有的佛、道及其各種支派，在元朝治下基本有相當開闊的存在餘地。有些教派僧侶，例如藏傳佛教的喇嘛，在元朝被稱為「番僧」，常常是政府用來搜刮漢地過去帝王陵墓或者巨家大族墳墓的爪牙。一般言之，蒙古人對宗教相當容忍。在元朝的公文記錄中，常見將各個教派的僧侶及其領導層依次列舉，放在一般老百姓之前的情況。例如，公文書稱其「和尚每」（「每」等於今日的「們」）、「先生每」（指道士），與番僧並列，他們的社會地位其實不低。

蒙元屢次西征，因為軍事行動的要求，自東徂西，水陸道路都很暢通。而

且因為有驛道制度，行旅基本上相當方便。這種措施，就帶來了亞歐大陸上東西來往的商販與絡繹不絕的旅行者。他們因此成為東西文化的中介，由他們將所見所聞向西帶到歐洲，或者向東將歐洲的文化帶到中國。

馬可‧波羅曾長途跋涉，往返於東西之間。其實，從其叔父開始，這個商人世家就在販賣東西方的特產。他往來中國的方式不單是經由陸路，至少最後一次便是走海路，據說其任務是護送元朝公主嫁至西方的蒙古汗國（這一說法的可疑之處在於：元朝的公主怎麼會嫁給身為自己堂兄弟的伊利汗國王室？），從中國回到印度河口，再轉入蒙古人在歐洲的汗國以及歐洲內部的商港。從中國起航的港口，至少有山東的登州、長江流域的揚州，更往南則是寧波、泉州、廣州，這些道路上都有在東西方穿梭的商販與旅客。上述口岸中，泉州、廣州最大，從宋代以來就是東西航道很重要的東方起點。到今天，泉州的清真寺以及外商的墓園依然存在。

自宋代以來，經由太平洋轉入印度洋的航道，其實已相當發達。這條航線上有印度船、中國船和阿拉伯船，三種船隻的構造都有其特點。例如，中國船隻水線上的披水板、尾舵都是保持船隻平衡的設施；印度船的三角帆和阿拉伯船的多帆桅杆則各有不同。宋代以後，中國的指南針作為尋找航向的工具，逐漸被海盜、航商普遍使用。在元代，中國航道上的「牽星術」也被印度人和穆斯林採用，作為尋找方向的方法。

在此航道上來往的海商，不僅運送貨物，也附載各種乘客。這些不同來歷、不同身份的乘客，大都是對航海有特別興趣的人物；對於這條東西航線的兩端，他們也有相當程度的介入，《馬可‧波羅行紀》就是這種旅行記錄的產物。於是，當時中國的文獻增加了不少西方知識，大幅度擴張了唐宋以來中國對印度洋的認識。明初鄭和下西洋的盛舉，就是因應於上述中國航商取得的西方知識和印度洋航道上的各種情況，才得以進行。《馬可‧波羅行紀》帶去的東方知識，當然也引發了西方人對於東方的嚮往。

據歐洲歷史學家的意見，馬可‧波羅現象還引發了歐洲人前往東方尋找新航道的動機。當時，蒙古帝國的伊利汗國正處於發展晚期，有些汗國已相當分

裂，以至於佔據紅海以及阿拉伯半島沿海汗國的蘇丹竊取了蒙古汗國的收稅權力，在一些航道必經的港口，他們勒索航商、壟斷航道。如此情形，是歐洲人汲汲於尋找東方航道的主因。至於美洲新大陸的「發現」，乃是由訊息的錯誤引發了意外的後果。

西方各蒙古汗國與元朝之間還是有密切來往：在陸地上，有一條相當暢通的通行路線，相當於驛道的設置；在海上，從揚州、明州、泉州、廣州等處，來自印度洋和南太平洋的各種外商穿梭往來，也使得這條通道成為大家熟悉的航路。鄭和本人即是隨蒙古軍隊遷移到雲南的穆斯林後代，其副手也是穆斯林。成祖派他們率領強大的艦隊訪問太平洋和印度洋各處，也是因為這些人物擅長海上貿易。這一航路，從元代開始一直到 1840 年，都是中國新開闢的向外開拓的路線。它曾經帶來財富，後來則帶來災禍。

於是，這條新航道漸漸代替了傳統的絲綢之路，不僅商貨經此流轉，許多訊息也在東西兩邊傳遞，帶來了相當的影響。世界從此不再是分隔的：「全球化」的第一步，毋寧已在此時踏出。在那以後，五百年世界改變，其劇烈的程度和幅度都前所未有。只是，五百年來的「全球化」，究竟是互相裨益，還是因鬥爭而帶來極大規模的衝突？撫今視昔，我們唯有無言搔首，舉頭望天。

皇權籠罩的中國

一

　　如上章所說，元代的統治整體而言，不到百年，但是留下了很深的刻痕。明代的許多方面不再是宋代中國的復舊，而是開創了另外一個面貌和體制都不同的新朝代。從另一方面可說，這塊土地上究竟有如此多的漢人，原有的資源還在，宋代中國留下的影響並沒消除。明代是一個建立在過去基礎上、新舊混雜的體制，遂發展了自己的方向。

　　明太祖朱元璋「驅除韃虜」，恢復了漢人的政權。朱元璋這一支隊伍雖說名義上是民間教派的一部分，卻是繼承了岳父郭子興的勢力，並沒有顯著的宗教色彩，只是當時許多武裝力量名義上都奉韓林兒為共主。韓林兒固然用了「小明王」的稱號，其實也並非進行真正的教派活動，「明王」的「明」字，在佛教中也存在，也許更應該看作假借神道以號召、約束群眾。

　　以政權性質而論，明代的皇權，似乎不僅擁有過去的權威，還加上了征服者的為所欲為。因此，太祖留下的組織系統中，皇權的獨尊乃是漢唐以來所未

見。成祖經由靖難之役取得政權後，對於皇權有更強力的掌控。過去朝代是宰相領導外朝，皇權統掌內廷，二者間是彼此平衡的格局，明代的君權則是絕對的。太祖設錦衣衛，成祖信任宦官，又設立了直屬皇帝的特務組織東廠，廠衛權力超越司法，凌駕在無力反抗的百姓之上，文官的職權最多只是傳達號令而已。

整個明代，位同宰相的首輔大臣掌握實權的機會極少，真正好的首輔大概不過「三楊」及其後的于謙、張居正；當然，還有惡名昭著的嚴嵩父子，他們被稱為老、小兩個閣老。最常見者，是替皇上辦事的文人秘書班子，與內廷的司禮監沆瀣一氣，上下其手——司禮監加上內閣就代表皇權。張居正是實心辦事的改革家，只是在萬曆皇帝手下，假如沒有馮太監做內應，他根本無從施展。

如此強大的皇權，背後有忠於它的武裝力量。簡而言之，明太祖創立的衛所制度，統領只聽命於皇帝的職業軍隊，世襲且佔有一定經濟資源。衛所並不一定在抵抗外敵的據點，而是分佈在各處重要的戰略要地，以武裝力量控制全國——這不像是一個奉天承運、為民君上的統治者的作為，毋寧說是武裝佔領者的心態。

自晉代分封制完全破產後，明代又一次將國家的公權力分別交託宗室子弟，每個皇子都封一個藩國。藩國具有一定的直接統轄的據點，也有自己的軍隊，號稱王府護衛。明朝的宗室皇子在各地分封藩國，比如秦王、晉王、燕王、桂王、唐王；皇孫們則是縣級的王，這些縣級王府也擁有土地及護衛。到了萬曆年間，宗室所據有的土地、掠奪的財賦、率領的軍隊，幾乎將整個國家體制內資源都分配淨盡。成祖就是以藩王身份，率領自己的護衛奪取附近寧王的朵顏三衛（嫩江流域三個蒙古部落的彪悍騎兵部隊），舉兵篡奪帝位。

除了宗室，司禮監的太監也可以自己置產，退休後在莊園安享餘年。佔有土地以外，宦官們經常擔任各種政府機關的監督。明代內地有權關，海港和邊地有稅關，這些遍佈各處的衙門為政府收斂的資產大於一般的稅賦。上述資源，基本上屬皇室直接控制，不經外朝的政府。

如此而言，明代的帝室其實視國家為其私產。因此，我才將明朝統治者比作武裝佔領者。到了明末，朱家的宗室有四十多萬人口，這也就等於一個特權群體了。

二

明代建國不久，太祖就下令讓大批人口南遷。最為顯著者，是從中原遷往西南部。前述第三區涵蓋的很大一部分，就是今天的西南各省。本節的敘述，著重於從秦漢到明代中國西南部的發展史。

秦代開發了四川，漢代打通西南夷。其實，西南地區應該是一個大地理區劃，高山深谷，將大片山地切割成許多陵谷縱橫的地區。從漢代西南夷的情形言之，許多不同族群的原住民各自獨立生活。

概括言之，秦漢以至於蜀漢對西南地區的開發，是中國歷史上第一波。同時，此區開發以後，中原與越南的聯繫，就多了一條通道。例如，在漢代前半段，進入中南半島都是沿著廣東沿海；而在東漢到蜀漢，中國和越南的糾紛不止一次，漢末中原逃離戰亂的移民，居然很多就以今日之越南為其客居地。蜀漢時期，成都與越南之間交通不絕，人員來往似乎為常事。南北朝時，開發西南部的工作基本上是從四川一路進入，也從湖南南部經過廣西沿西江進入雲貴。許多移民，尤其是一般老百姓，進入西南也是一個逃離災難的抉擇。

第二波開發則是在唐代，劍南節度使轄區正是今天的西南部。只是中央對這一轄區沒有充分的掌控。在那時，吐蕃強大，從喜馬拉雅山麓往下開展，延伸進入雲南和四川。吐蕃的興起，對唐代西南方是個威脅。西南開發，相當程度是面對這個強大的鄰居，必須佈置國防的縱深。因此，劍南節度使與四川有密切的關係。

終於在唐代，六詔統一成為南詔，也就是部落組織接受藏傳佛教，同時容納遷入的漢族移民，構成了一個新的政權，基本上是藏文化與漢文化的混合。

這個時代，當時的西南中國一方面自成局面，另一方面和中原地區的關係比較密切。

宋太祖「玉斧劃江」，南詔已成為大理國，儼然不受宋朝經略。蒙哥死於合川後，蒙古軍隊有一部分逐漸進入西南。但真正的大量移民進入西南，乃是在忽必烈以後：元朝承認各個小部落自己的主權，但會調動簽軍監督西南部當地族群的土司。簽軍大部分是西北回族，或從信仰伊斯蘭教的其他族群徵調而來，經四川逐漸進入西南中國，沿河谷通道分散在今天雲貴的西部和中部，甚至於廣西。元朝統治者派梁王在雲南監督地方領袖，受到分封的梁王與大理國的關係構成很微妙的組合：當時梁王是代表元朝的統治者，然而最後一個大理國的領袖擔任總管，掌握了實際的權力。這個局面下，就出現了土司制度：宣慰使、宣撫使由土司擔任，也就是將部落首領收編為元朝的地方官員，依舊是世襲的，代代掌握本族人眾。

土司制度在明代繼續沿用，成為統治西南部的主要形式。明太祖統一中國，命義子沐英留鎮雲南節制土司，世稱黔寧王。這一體制，在統一的大明帝國下是個特例。沐英成為打天下的眾將中唯一得善終者，其子孫也世代鎮守西南。直到明朝亡國時，沐家最後一代沐天波還隨從永曆帝流亡緬甸，死在保護永曆的衝突之中，的確是與明朝共始終。這一制度後來也被清朝繼承，中原王朝派去的流官，最多只是號稱監督土司的上司。但是經由漢化的過程，土司制度也逐漸衰微。實際上，一直到 1949 年，西南土司至少一半以上依然存在，而且行使著內部的統治權力。

在許多地方的民間傳說中，都有在大槐樹下報到後被分發至各處移民點的故事。這一大移民的故事，似乎從山西到山東，甚至於在河南都可以找到。至於終點站，主要就在今天中國的西南部。大量漢人移入西南，與當地土著共同居住、互相適應。我在雲南等地看到過不止一處明朝的軍事據點號稱某某寨，清代當地的土官還號稱都司。民間活動之中，許多戲曲、戲劇以儺戲的形式演出，主角常常就是以將軍的角色出現，驅趕邪神。大理的納西族土司宅院木府，當地人稱之為「小紫禁城」。

當年太祖遷移了多少人口，典籍未見記載。從大槐樹的故事看，移民的原鄉顯然相當廣泛地散佈於北方各省。我們也並不很清楚，這究竟是因為北方人口太多，經過戰亂地方殘破，養不活那些人口？還是他存心將這些漢人移入西南「實邊」，形成與當地人雜居的情況？

內人的家鄉是山東威海，明代在當地設有海防衛所，與名將戚繼光的故鄉登州相隔不遠。我查過他們的地方志，看見一些「小雲南」的地名：不知究竟是這些山東的衛所從雲南搬過來，還是這些衛所最終搬到了雲南去？

遷入雲南的簽軍，很多是來自西域的穆斯林。在山東威海，一些顯然是穆斯林後代的居民，到今天已經不知道自己祖上來源，可依然不吃豬肉。從這些角度來推測，明代將許多人遷至西南部，一部分目的是掌控當地，另外一部分目的是將在漢地的蒙古遺族安頓在可以管理的地方——這是一種戰略性的安置。

整個明代，西南土司提供了許多土兵、「狼兵」（西南土司組建的地方武裝）等，作為政府常備軍的輔助兵種，政府軍不夠用時就徵發其共同作戰。著名的女將秦良玉就是土家族的女土司，她所管轄的石砫宣撫司在如今的重慶一帶。這位女將軍率領的土兵，都是用藤牌、短刀的步兵。明代大小征討不斷，徵發西南土兵是常見之事。

更可注意者，是漢人逐漸進入西南，與當地居民犬牙相錯，建立了許多城鎮。政府也在漢人眾多的地方，改土官為流官，設立州縣，這就是一步一步將更多人口納入編戶齊民的管轄之下。

現在到雲貴、廣西以及湘西，常常可以見到一個現象：兩山之間的谷地，如果有比較狹窄的河流，河岸往往只是通道；如果河谷比較寬廣，那就是漢人的開發地。從谷地到山頂，大概分成三個層次：谷地、坡地和山區。三處地形因高度差異有不同氣候，可供不同族群開發使用。有些族群善於開發梯田，居住區就在坡地與谷地之間。山谷之間，若非谷底有河道交錯，可以從一個河谷

鑽入另一個河谷，就是坡地上面的「馬鞍口」❶，成為兩區之間的聯繫。

這一塊西南山地，由於地形所限，真正完全的開發相當不易。在現代以前，沒有鐵路、公路等設施，所謂開發也只是開墾山地為田畝，或沿道路發展商業城鎮。雲貴偏於南方，即使在山頂也不至於寒冷。因此，前述三種地形出產的農作物有彼此互補的條件，也就創造了當地交易的條件，更創造了西南部與中原之間的交通和貿易。

隨著貿易發展，當然有更多人口遷入。因此，從明朝到現在，西南部逐漸接受了許多別處移來的人口，使得當地的文化多彩多姿，生產的資源也種類繁多。這些向西南山地移動的人口，總數很難計算，應當為數不少。及至今日，西南諸省及湖南的西部，頗多地區城鎮的漢族人口比少數民族多。沈從文稱湘西為「邊城」，湘西乃是中國極為內部的地區，遠離國界，居然稱其為「邊城」，也就可以想見，西南這一廣大地區在漢人心目中終究還是邊地。只是沿著河谷或者山坡上的道路，逐漸點連成線，線構成面，賓主之間彼此融合，土司轉為流官。

明清一方面延續著過去的土司制度，另一方面又不斷改土歸流，逐漸將原本漢人不多的西南部，轉化為交通要道上幾乎都由漢人佔滿，只有山地和谷地留給土著居民的局面。如此現象，延續到抗戰前，可以視為西南開發的第三波。

抗戰的主要基地，就在中國的川康雲貴 ❷，尤其在東部路線被日本佔領、切斷後，中國對外的通道就以滇緬公路作為主幹道。所有外來的必需品，包括汽油、軍火、藥物等，都由這條「輸血管」輸入抗戰時期的中國。也因此故，當時的國民政府在雲南佈置了重兵。相對而言，西南本來軍閥割據的局面也就無形之中被衝淡了。

更重要者，雲貴兩省容納了北方南遷的學術單位、國防研究單位以及若干工業企業，例如化工廠、紡織廠等。這一波「高端移民」進入雲貴，極大地提

---

❶ 坡地上兩山之間的缺口，形似馬鞍。

❷ 康指西康，民國時期舊省名，主要包括今四川省西部及西藏自治區東部地區。

升了中國西南部的經濟、文化水平，也加強了這一地區的文化融合。終於，西南部多民族、保持原有風格的局面，一轉為走向中國文化主體的一部分，這是西南開發的第四波。

假如說有第五波，則是現代中國為了進行三線建設，將諸多產業和國防設施遷入西南。高鐵路線的鋪設和互聯網的普及，更是打造了地理空間和數據空間的連通，西南部不再是崇山峻嶺中自成一局的地區。

三

另一方向的人口移動，是黃淮地區向各處的疏散。黃河與淮河多泥沙，流速慢就沉澱下來墊高河牀，流速快則把泥沙載到下游，淤積在河口附近。再加上一條南北向的運河，攔住了黃河入海口。原本黃河可以由山東半島入海，雖然河道會左右擺動，但問題不大。有了運河，就有新的問題出現：運河流速慢，還不能淤積。唐宋兩代，運河載運的南方米糧及其他物產可隨時經過汝水、泗水等支流轉入黃河，然後到首都所在——唐代可以運到關中，後期可以運到洛陽，宋代則可以運到汴梁。「汴水流、泗水流，流到瓜州古渡頭」，這是一條很順暢的路線。宋代並不需要往北聯通今日北京的運河，因此，黃河流向北方與運河並不相關涉。元朝建立大都，需要從南方北運資源，於是黃河不得不在渤海灣或者山東以南選擇一個出口，無論哪個出口都會與運河交叉，使得運河積沙淤塞。

淮河是中國東部一條相當大的河流，在宋以前有時流入長江，有時流入黃河，有時經過別的河流注入東海。此時的黃淮各自流通，並不互相干擾，也不會對運河有任何影響。黃淮二者的互相糾纏，是日後才發生的問題。

元人必須借重運河聯絡南北。雖然他們也經常借用海道運輸南方物資，但海道迂遠，又有風濤之險，不如緩水平流的運河順暢。然而，元朝對黃河以東的各個河道並未花心思整理，日久自然就出現了河流不暢的問題。到元末，各

185

處河流互相干擾，處處發生氾濫。賈魯開始著手整理，動員了大批民工，但全無整盤計劃。於是河南、山東和安徽各處的河道水患和因此組織的河工，人多事雜，引發了大型民亂。

改朝換代並不能解決問題，黃河、淮河的淤塞和氾濫常常引發許多災害。而且，永樂之後首都遷至北京，南漕北運是必由之舉。從蘇北一直到今天的渤海灣沿岸，沒有一處黃河可以自由流出。如何在黃河和運河的交點之間，找到一個安排？

淮河如何入海也是個大問題。淮河流經之處，有相當部分是黃土平原的沿邊，載沙量極大。若沒有南北運河，淮河自有東流入海的途徑。既然有了運河連接南北、隔離東西，淮河的出口就必須和運河交叉。因此，黃、淮、運三條水流的糾纏，造成了極難處理的水患。明代治水專家潘季馴的辦法，是改造了洪澤湖蓄積淮河之水，「束水攻沙」，作為淮河與長江、黃河之間的緩衝。這個辦法其實不錯。只是在明代，又有另外一個考慮。

明太祖是乞丐出身，其父祖兩代生無自宅、死無墳墓。他認定鳳陽有一塊地方是他們的埋葬之所，就在此修建皇家陵邑，並謂之中京。這一陵邑內有房舍、街道，但是並沒有人居住。明代皇室堅持這是「龍興之地」，絕不能淹水。然而，鳳陽地勢較低，如果此地不淹水，就必然會在彼處氾濫。加之明朝對運河本身的重視更甚於過去，這個難題長期無法處理。於是，此後就有歌謠：「說鳳陽，道鳳陽，鳳陽本是好地方。自從出了朱皇帝，十年倒有九年荒。」

淮河流域的居民，幾乎年年要出去逃荒。每年青黃不接之時，也正是春水氾濫的時節，從蘇北（尤其淮安一帶）來我老家無錫的難民，他們的船隻遍滿附近大小河流。這些人在太湖流域的富裕地區尋找臨時工作，當地一些城市為了安置他們，至少無錫的地方領袖們經常準備一筆經費，用來接濟蘇北逃荒的難民。從明代以來，無錫大小人家修理房舍，都定在蘇北難民來的時節，藉此給他們安排一份臨時工作；也特別開倉賑濟，來者不拒，盡量給予幫助。

每年還有一批人，流亡到長江以南安徽、江西兩省的山區之中。在宋代，

那裏還是相當不錯的地方，後來成為南方的二線，而且山陵、溪流之間，總有許多隙地可以安置新到的難民。我家從福建遷到無錫的第一代祖先青岩公，他一輩子的工作似乎都與治淮或救災有關。雍正年間，他在兩江總督麾下，屢次擔任布政使的職務。有一年，江西報成群難民佈滿各處，長官們不知如何處理。他提出，這是蘇北來的逃荒難民，不是匪徒，應當好好安置。上司就派他到萬載縣（古稱袁州）實地處理。當地大小河流上中游之間，有些地方有許多樹林和竹叢，沒有太多人居住。他的辦法是：指定難民在這些地方自行伐木取材，於離河稍高的坡地建設村落，在河流兩岸開闢田畝。如此措施，安置了十多萬人口，解決了當時一個大問題。萬載縣也有了正式編入戶籍的勞力，能夠開發新土地、完糧納稅。

　　我引這段故實，只是說明整個明代到清代黃淮地區的水患，引發了多少年不斷的人口遷移。原本在唐代甚至於五代都非常繁榮的淮河流域，竟淪為人口愈來愈少的地區。這種中國內部區與區之間的移民並不少見。又比如，在明清之際，湖廣一帶頗多戰事，四川則因為張獻忠的屠殺損失人口不少，「湖廣填四川」成為一時現象。

　　明代實行開中法，鼓勵百姓在長城九邊要塞附近開闢荒地種植糧食。這些農戶的收穫充作邊塞軍糧，政府則減免他們的賦稅。這一方法，使得東到壩上、西到河套，幾乎每個關口附近都有在自己家鄉無以謀生的農民，寧可住在邊塞附近，有一片自己的開拓空間。這些人也引發了周邊地區的市場化，他們不是軍人，沒有不許經營商業的規定，因此除了農耕生產以外，往往會兼營買賣：他們收購牧場上的產品，例如皮毛或邊塞的藥物，運向內地；也將內地的日用器物和各種消費品，運到邊塞。

　　這種情形，又引發了第二個現象：山西地處東西關口之間，當地農民在農閒時往外運送貨品，也是一個副業。日久之後，山西人「走西口」成為一種普遍現象。他們不只是運輸工人，也是販賣貨品的行商，而且在原有的基礎上又增加了兩項業務，即匯兌和存儲。明清兩代的「老西兒」，乃是中國商業化現象之中類似歐洲猶太人的一批從商者。「老西兒」並不需要永遠離家，他們在

各處的票號有願意在外創業的年輕人，循著開中法的條例，分佈在明長城線上各處，形成一條以山西人為多數的沿邊移民區。

這些區間的移民，在不同地區有不同現象，也有不同規模。明亡以後清軍入關，東北地空。即使官家不許漢人移民關東，實質上遠在 18 世紀開放百姓出關的規定之前，就不斷有山東人偷渡「闖關東」，人口數量相當龐大；新到的人隨時可以找到山東老鄉，將其安置於淘金或拓荒的機會。

向國外遷移也是新起的現象。福建、廣東兩省人口向海外移民早已有之。只是宋代外移的人群很少。明代移民海外的人口也不算眾多，政府不僅不鼓勵，還嚴加禁止。鄭和下西洋，擒回佔據舊港（在今蘇門答臘島）的陳祖義，罪名是「去父母之邦」，非法稱王。當時正處西方殖民時代的前夕，而在中國歷史上，移民海外居然是個罪狀，離開文明的中國，就是不識好歹的「棄民」。只是這一浪潮擋不住，五代時期就已經有人往外移動了。葡萄牙人、荷蘭人以及日本人的海商集團騷擾東南沿海時，中國的海商集團一樣也向外移動，在外建設據點。只是，中國的官方並不鼓勵如此做法。因此，當荷蘭人向明朝戍守澎湖的都司請求通商時，都司居然告訴他們自己去開發。與西方的殖民開拓事業相對比，這位海防官員是太慷慨了，還是太愚蠢了？

鄭成功的父親鄭芝龍是縱橫東亞的海商集團領袖。在還只是顏思齊「小兄弟」的時代，他就在臺灣的布袋港建立基地，有營寨、土地、小港口，還有自己燒窯的窯口。在明朝官方看來，這些都是非法行為，只是這裏被視為偏遠的「化外之地」，也就不必計較了。

自鄭和下西洋以後，明朝的海外活動其實相當活躍。商貿來往不絕，福建、廣東的百姓移往各地的人數相當眾多。政府既管不了，也無記錄。當時呂宋是西班牙人的殖民地，曾有兩三萬華工被西班牙人僱傭，開拓田畝和礦產。西班牙人虐待、屠殺華工，鄭成功得知後，曾經打算帶兵討伐，以其實力，完全可以趕走西班牙人。可惜鄭成功忙於攻襲南京，失敗以後意氣沮喪，這一計劃竟沒有進行。歷史不講「如果」，否則鄭家非常有機會開闢一個「海上中華」。

　　　　　　　　　第十三章　皇權籠罩的中國

四

元朝是否經常舉行科舉，學者們意見不一，文獻記載也並不一致。不過，元朝並不重視科舉人才，很多政府官員並不是所謂正途出身。明代開國時，太祖認為國學生是很有用的人才，恢復了以儒生作為官員主要來源的科舉制度。

太祖選士，重視君臣之間的上下差別。他的原則是以絕對的君臣之際、上下之分，作為儒家教條的重要項目。至於儒家整體，只要不犯君主，在太祖眼中，還是比其他各家好，因為儒家主張的依舊是三綱五倫。這就出現了實踐與理論間的落差：在實踐上，他主張君臣之際、上下之分的絕對倫理；在理論上，綱紀倫常又是必須堅持的原則。於是，明代的儒家整體上還是國家的官方教條所寄，經過考試選拔的儒生是替皇帝管理百姓的官員。

自古以來，君權都應受儒家經典理念的約束，不能獨大。君臣之間不是主奴，而是分工不同的夥伴關係。但是在明代，太祖取得天下以後，大量誅殺輔助其打天下的文武官員，幾乎很少幸免者，包括李善長、胡惟庸等文官及隨其起兵的大將，如藍玉、廖永忠等，一個個被剪除。到太祖過世時，功臣大概就剩雲南的沐家，文臣之中，當年起家的夥伴百無一剩。成祖奪位，又是一番誅殺，其中最著名的，當然是方孝孺的「誅十族」慘案。

天威難測，不容干犯。從太祖時代開始，有許多朝臣出家門上朝前就先和家屬訣別，因為不知是否能活著回家。從成祖奪位一路算下來，方孝孺是第一個被誅殺的重臣，接下來是護國有功的于謙，還有正言不諱的楊漣、左光斗，再則是東林領袖高攀龍被逼而死。真正有功而幸免的宰輔大臣，大概只有張居正一人，但死後即被清算。而且皇帝誅殺大臣的手段極為殘忍，楊漣抗爭不屈，是被鐵釘釘死的。這種誅殺，大半是由司禮監領導的東廠和錦衣衛執行。君視臣如寇仇，臣子當然也就不會甘心了。

回頭看宋朝，縣級士族已成為地方的權力階層。這些人在地方有領導權，甚至於還能得到優厚的待遇：考取科名的儒生，可以減輕其家庭的稅賦，甚至免除其土地稅，只繳納生產稅。這一優厚政策，使得許多農民寧可將土地投靠

於有功名的士族，以免去稅賦；士族無償取得大批投靠的財產，也因此不勞而獲，進入地方的上層。

如此情形，一直延續到明代，君主與士大夫之間形成相當矛盾的關係：一方面，士族與君權對抗；另一方面，士族又不得不依附君權。明代士大夫對君主的抗爭，幾乎都集中在皇位的繼承問題、嬪妃的地位問題等等。這看起來是皇室私事，但士族們以性命爭之，就因為這些事情與綱紀倫常的儒家教條有關。既然作為儒生，就不能躲避這種責任。爭執到一定地步，君主利用廠衛打壓儒生，有被當廷杖斃者，有被千里追殺到原籍處死者。

明太祖以下堅持的儒家倫理，是根據宋代理學家倫理結構而主張的人際關係的等級差別，這種固定的結構不容許有偏差。對於君主而言，一個固定的原則最有利於統治者，被統治者稍有差池，就產生了被誅殺的理由。

可是到了明代中期，南宋出現的向內求索的原則，終於被王陽明發展為一個很重要的儒家學派——心學。王陽明認為：「良知」「良能」出於「良心」，人有「良心」，「良心」是自己的主人；「良心」後面有宇宙運行的大原則，權力最大的君主也管不到天地。這一學派的出現，使得作為儒生的士族忽然找到了道德抗爭的依據，進而引發了強大而持久的儒家反抗，即所謂「東林運動」。

東林書院本來只是無錫地方性的講學書院，無錫也並非江南重要城邑。江南地方不大，但士族不少，在東林的旗幟下集合的士大夫人數相當可觀。「風聲雨聲讀書聲，聲聲入耳；家事國事天下事，事事關心。」東林書院這副簡單的對聯，其實是將人的良心置於其內，其所關心的對象不只是唸書，更是從人間到國家社會的福祉：「家事」不只是家裏的油鹽醬醋，而是家人間的和睦相處，是宗族的救苦濟貧、養老撫幼；「國事」更側重於關懷百姓的福祉與社會的安定，公職人員有沒有盡到替老百姓求安心，替社會找安定的責任；「天下事」則是力圖將《禮運·大同篇》及《論語》中「修己以安百姓」的原則付諸實踐，例如要顧及每個人的生存，所有的資源都是公眾的，所有的能力和資源都是必須珍惜的。這一境界，當然就遠超上下尊卑的倫理觀念。

秉持如此理想，儒生們的使命感就使得他們不再是「臨危一死報君王」，而是盡此身力量，為天下、為眾生、為良心、為天理。有了這種道德勇氣，面對廠衛的鐵釘及內監的廷杖，他們也就無所畏懼。中國歷史上知識人的群體運動不止一次，但明朝這一次，確實可以說驚天地、動鬼神。

高攀龍家的「止水」，不過是一片較大的荷花池，卻承載了如此大的文化、道德力量，一直延續至今。他當時將朝服、朝冠穿戴整齊，端坐於止水，水深還不及肩膀，要彎著脖子置口鼻於水中才能死亡──要多大的決心，才可如此為了良心從容赴死？

高家是我家親戚，高攀龍的直系後人娶了我的姑媽。高家在無錫不是很富有的人家，人數也並不多。他家的傳統與我家一樣，同族與親戚之中如果誰有困難，都會盡量彼此患難同當。哪一家親老、家貧、子幼，族人和親友都會盡力給予援手，不為名、不為利，也不是社會制度的要求，只是憑著良心認為該做，就如此實踐。

這種作風，正如第十一章所說，可以追溯到南宋縣級士族：他們以其有限的資源，紛紛擔起了社會救助的責任。這正是因為他們體會到《禮運·大同篇》人間理想的價值：古代的聖王都沒有真正實現大同之世，讀書人必須竭盡所能，做一步算一步，乃至真正期望有一天達成這一理想。如《論語·泰伯》所說：「仁以為己任，不亦重乎；死而後已，不亦遠乎。」士大夫應以仁為己任，富貴不能淫，貧賤不能移，威武不能屈，這樣才能盡到自己的責任。

儒家的解脫，不外乎「求其安心」而已。儒家不求登天，也不求來生，更不求眼前的福報，只求心之所安。如此說來，我們就能理解君主的淫威和儒者的用心兩者之間的差距；當然也就能理解，為何這一差距招致君主以國家的王法，盡其所能阻止儒者發抒他們的理想懷抱。東林受到打擊，但東林精神也因此更為人所欽佩。在廠衛派人來逮捕蘇州的東林人士時，蘇州的街市上，平民百姓、販夫走卒群起攻之，將廠衛派來的人員活活打死。這引起了明代政府更大的反彈，同時有更多儒生組織復社一類組織。他們的活動波瀾壯闊，比以往的群體運動規模更大。由於儒生和群眾結合在一起，明代政府的鎮壓也更為殘

忍。假如沒有清軍入關和明朝的覆亡，這場運動還可能更為激烈、更為強大。

明代知識人的抗議和運動，波瀾壯闊、壯懷激烈，也是史無前例地悲壯。這是中國歷史上光輝的一頁，也是令人悲傷的一頁。運動沒有終了，活不下去的貧苦百姓揭竿而起，清軍入關，終於導致明室覆亡，遂將這一場壯大的知識群體抗議活動攔腰切斷了。

五

黃仁宇的《萬曆十五年》，開頭就是「全年並無大事可敘」。其實那年頗為多事，很多歷史轉折就在那時出現。在中國歷史上，明代的君權只有秦始皇可以與其相比。朱元璋的設計之中，皇帝自己佔據所有權力，所謂宰相不過掛名而已。明代內閣班子的成員本來只是四五品的中級官員，替皇帝看公文、擬詔書。這個文人班子品階不高，也沒有兼任其他行政單位（比如各部院）的領導職務。普通書生，沒有真正當家的經驗，如何能挑起宰相的擔子？除內閣外，皇帝又設立了司禮監，以太監作為內廷的秘書。司禮監秉筆太監的職務，從管理皇上的筆墨紙硯，搖身一變，成為替皇上批示公文的助手。

明代的皇帝頗多不能稱為合格的君主，有的經常不臨朝，有的整日修道，有的喜愛木工，也有整日耽於女色者。像正德皇帝自封為大將軍，在宮外設「豹房」玩樂，政務也在其中處理。最荒唐的是英宗，帶著掌印太監王振出長城，號稱要抵抗瓦剌的入侵，結果中途被俘。如此君王既無治國之才，也無處理公務的經驗，絕對君權就落入宦寺之手。

一個絕對君權的體制中，權力的掌握者居然是內廷司禮監。假如治國的「權力」作為政府施政的「動力」，負責國家的安危和政令的落實，則這一「動力」雖強大，卻無人可約束。堂堂大明王朝，竟發展為「動力」強大而不上軌道的體制，其衰亡的關鍵，也在於帝權強大卻大權旁落。

明朝在內亡於農民起義，在外敗於滿人。面對這內外兩重嚴重的挑戰，明

朝皇帝的處理都是舉措失當，朝令夕改。有時候一個官員剛剛開始了解政務，一紙詔書就將當事人免職。負責平定農民軍的孫傳庭、楊嗣昌，都是在剛剛編練出有用的隊伍時，忽然發現行軍所在的州縣都不能提供給養，皇帝又急催要見功效，終於不得不勉強應戰，以致所率領的軍隊全軍覆沒。遼東前線亦復如此。最冤枉的是袁崇煥，崇禎帝中了滿人的離間計，將這位最得力的將領凌遲處死。崇禎皇帝到死還說不該殺了魏忠賢——在魏忠賢與東林黨之間，他居然到最後還覺得魏忠賢是有用之臣，東林黨反而是與皇權作對、擾亂朝政的群體。

一朝統治者不能理解社會上的精英，乃是歷史上的悲劇——中央與地方的聯繫，就靠這些讀書人中特別有氣節者維繫。回到前面所說的「權力」與「動力」的問題：如此政治結構，其「動力」的源頭乃是帝權，有用之才非但不能用到緊要處，反而被隨心所欲地摧殘，如此朝代怎能不亡？崇禎未接大位前，被視為賢王。但如此賢王闖的禍，其實比他那位喜歡玩木工的哥哥熹宗更為危險。從崇禎一朝的情形可見：偌大帝國，內部問題重重。明亡最重要的原因是農民起義：張獻忠、李自成等勢力的活動，在河南、河北最難以控制；過了襄陽樊城，張獻忠退至穀城——他們往往躲到那一帶的大山老林之中休息；李自成勢力復出後還是在河南、河北、山東一帶最為活躍。可是明朝政府處理民亂時，對於疆場上的實情，中央決策者竟一無所知。

明代亡國後，泛稱「南明」的大小政權有若干復國或延續明祚的活動：江南一帶在抵抗滿人的時候，就有很多地方義軍，例如太湖的水上武裝等；堅持時間最長的反清勢力，則是鄭成功在臺灣建立的政權。此外，從南京的福王、魯王、唐王以至桂王，這一連串延續明朝的努力，都是轉瞬即逝。

明代在各地留下的影響，何以如此單薄，以致種種延續明帝國血脈的努力都不能得到民間的支持？北方農民起義可以說是因其窮困，例如福王在河南的封地佔有的田畝超過限度，如此情況加重了北方的貧窮。江漢、江南都是富庶之地，抵抗滿人侵略的力量為何不能得到民間的支持，反而是農民軍的餘部，在四川、湖北的所謂「夔東十三家」能撐住相當一段時間？桂王的政權又為何

始終沒有自己的力量，要依靠李定國、孫可望等人的支持，才勉強維持了短期的存在？明代士紳和官員為何無法組織農民軍餘部那般的力量？這些都值得我們思考。

　　如此專制的皇權集團，在整個民間為何無法扎根？為何在明朝還未衰亡時，堂堂皇權居然和無權、無勇、無兵的東林人士糾纏、對抗，而致兩敗俱傷？若以明末的情形，與晚清湖湘士紳集團組織的湘軍對比：湘軍從無到有，最開始完全依靠士紳的力量，後來得到政府支持，見了功效才轉為正式軍隊，那次的努力，幾乎都是自民間起來的。明代也是帝權，清代也是帝權，為何兩者間有如此差距？

　　我的理解是：清代對於知識人的尊敬，雖有籠絡之意，但確實有許多地方在借重他們的長處。所以，清代的軍機處中總有幾個漢族的幹才，他們和皇帝之間常常有師生的交情，有些大臣曾是皇帝在皇子時代的老師。相對而言，明代的知識人並沒有如此地位。內閣的所謂「閣老」，多數時候只是寵臣而已，嚴嵩父子既無人望，也無學問，卻擅權數十年。

　　以農民軍與太平天國及明清兩代知識人、地方士紳作對比：他們是否能動員地方力量？彼此間的差別在哪裏？這些都是值得史學工作者深思的地方。史者，前鑒也。我提出這一問題，備後人參考。

六

　　明代生產力強大，也開展了多方面的生產活動，中國確實有可能從農業經濟逐漸進入資本主義經濟。這一「現代性」，也可以解釋統治階層專政和知識群體理想之間出現的巨大裂痕，並引發諸如東林儒者的群眾活動等現象。經濟史學家和社會史學家，都已經注意到明代的都市化現象，尤其在江南及華南一帶有顯著的開拓。經濟史學家李伯重對於江南的發展，就特別注意這一帶都市化的過程。

我以為，明代幾乎可以和歐洲的商業化社會，各別而平行地發展。只是，為何明代沒有走向歐洲同樣的歷史途徑？這個問題我想有幾個原因：第一，歐洲各國都沒有廣大的國內市場，他們必須向外開拓。中國國內市場對產品的吸納遠比外貿的數量大，既然不向外開拓，就不會引發根本性的改變。第二，歐洲從商業革命很快走向工業革命，契機在於發展了新的「動力」，歐洲工業革命最重要的特色就是開始用蒸汽機，開採煤礦的時候也用蒸汽機拉動產品。而在對外開拓的時期，歐洲人依仗船堅炮利，獲得「權力」或「暴力」，以剝削和奴役海外擴張路線上的族群。正如前述麥克尼爾所言，「動力」「權力」「暴力」這三個義項源於同一個單詞「power」，在歐洲歷史上竟同時得以體現。在中國則不然，其市場主要在國內，消費者和生產者都是本國人，中國的貿易開拓當然就不會引發強制性的權力。

歐洲經歷過大規模瘟疫，勞動力不足，蒸汽機的發明是為節省勞力，一旦走上這條路，接下來各種機械、能源陸續出現。商業革命推動了工業革命，世界情勢從此改觀。反觀中國，明代是人口快速增長的時代，估計總數有 1.6 億，生產所需勞動力並不缺少。中國的問題是，產業本身大半掌握在皇權手上。當時中國的產業並不需要特殊技能，勞動力的來源就是農村的農民。

若從經濟層面考察，17 世紀以後，中國的總體經濟正處於江河日下的窘迫狀態。15 世紀開始，東西方航道開通，中國商品大量外銷歐洲。尤其在歐洲人殖民美洲，取得中美洲的白銀作為償付之後，購買中國外銷商品的貨幣大量湧入，使得中國的貿易順差相當巨大。中國的外銷貨品以絲帛產品及瓷器為主，產地大部分在長江以南，尤其在今日的長江三角洲及江西（明代南直隸或清代兩江總督轄區）。自殘唐五代以來，這就是中國最富裕的地區。同時，新發現的美洲白銀，經過歐洲商人的貿易，大量流入中國。這一前所未有的變化，嚴重影響銀錢比價，物價上漲導致低收入人群生活艱困。除了從外銷獲益的江南以外，中國大部分地區（尤其內地農村）長期窮困。國家傳統稅制是以農村地稅為主，農村凋敝，國家也就陷入窮困。後來，西方商人發現在中國推銷鴉片可以將貿易差額打平，於是，鴉片毒害蔓延，傷民傷國。有識之士如林

則徐，可以同意開埠通商，卻嚴厲取締鴉片進口。然而，中國在鴉片戰爭失敗後被迫開埠，而且喪失關稅自主權。

一步之差，就是千里之遠。中國和歐洲，從此走向了不同的命運！

「盛世」的陰影

長江、黃河並流數千年，當中國歷史文化的江河流到清朝乾隆年間，可以說已近入海口，遠遠望見潮水翻湧，波浪滔天。到了 1840 年，江河入海時，卻突然遭遇沒頂的海嘯。其氣勢之強烈，將中國攪得天翻地覆，隨後又裹挾著中國，衝進了世界歷史的無邊大海。

一

明清兩代的皇權，其政體之專制在伯仲之間。不過在清朝，並不存在明朝司禮監阻礙皇權統治運作的情況，大概因為入主中原的滿人必須取得與漢族知識精英的合作，才能順利治國。雖然「夷狄」二字成為禁忌，他們卻宣揚任何人都可以做中國皇帝，只要其合乎聖人的規範，即可上承天命。

同時，漢族讀書人知道：「聖王模式」是理想的存在，他們身處的則是天下一統大帝國的君主專制。明清皇權的集中，自秦始皇以降達至歷朝歷代的巔

峰，清朝嚴酷的文字獄即是例證。與明代的情形相比，清政權之所以能夠與漢人士大夫合作，主要原因在於內廷軍機處擁有發言權。軍機處是皇帝的私人秘書單位，與明代的司禮監相比，這種安排可能更利於上下溝通。因為軍機處終究還是由文官任職，而非內監盤踞，皇帝執行其權力，也就不至於像明代那樣內外梗隔，以致整個統治機構的訊息竟無法回饋中樞。可是，清制的內閣常常有親王領班，或者由輔政王參加閣議。於是，無論是內廷、軍機處還是政府的單位，都有皇帝私人的代表，隨時介入，從擬稿以至決定，都有皇室直接的參與。此外，親貴的包衣往往奉派出外做地方長官，他們在地方上就是皇帝直接干預以及監視的力量。

再者，清朝是來自關外的政權。為保留東北的基地，關外的資源和財富並不用於支持關內的統治和建設。清代皇室在漢地並未大規模「封建」，維持旗營的經費也另有財源，不與正常政府的開支混淆。綠營則是各省自己維持，作為建制的武力，與明代各地遍設的衛所相比，耗費不大，不至於影響國家財政。

輔助皇帝的勢力，宮中、府中有極大的區別。清朝的宗室諸王以及大小旗丁、旗官，都按階級有俸祿。即使最高級的「鐵帽子王」，也並非如明代一般有大面積土地。這一階層的生活起居固然依賴一定特權所取得的固定收入，但與明代相比，總體的開支就節省了很多。

清承明制，文官系統通過科舉八股取士。八股文有固定的寫作格式，要將儒家四書五經中的一句話，在八個段落中闡發清楚，部分段落還要求嚴格對仗，類似駢文。可以說八股文就是智力測驗，而且往往求其形式，不注重根本的文意。八股的課題固然取材於儒家經典，但是也未必觸及當時當地要處理的政策問題。誠然，清代的皇權利用控制圖書及限定八股題目等措施，對讀書人的思想加以桎梏，只是這些讀書人俯首帖耳，也不得不按照八股的規範做文章遊戲，以博取功名利祿。這些屈服的讀書人未必有反抗的骨氣，只是「主、奴」之間留下了少許空間，使得他們可以在禁忌以外，提供文官制度體系中必具的知識性服務。相對明代而言，清代君臣之間的直接對抗較少，同時讀書人

的直接貢獻也相當有限。唯一可說者是清代的民間社會，總算還維持了一個以讀書人為主幹的治理結構。

明清時期的中國士大夫，一方面出身於科舉制度，另一方面還必須應付著帝權的空前集中。在這一套思想桎梏下，他們即使意存改革，也無著手之處，稍有差池還會揹上弄權的罪名。被洗腦的他們，平時滿嘴仁義道德，國家危難之時則抱著「一死報君王」的想法，但他們的一死，何嘗能起作用？讀書人真正對自己的身家性命在所不顧，為了國家、為了百姓抗議諫諍，這種例子，也就只見於東漢的太學生運動和明代的東林運動。

二

19 世紀第一次工業革命後，歐洲已發展為現代資本主義世界。在此前的 18 世紀，歐洲完成了思想革命，新發展的哲學思想取代了神權信仰；以牛頓力學為代表的近代科學，用可觀察、可實測、可量度、可覆核的實驗精神，揭過了以神學推測宇宙的舊篇章。

商業革命業已完成，商業不再限於本地城鎮之間的交換，而是在遠距離、多區域之間進行。在跨地區的交換中，貨幣擔任了重要角色，因此商業革命也可謂是貨幣革命。貨幣可以脫離具體貨品獨立存在，成為一般等價物。它不僅是代表價值的符號，其本身就是商品，具有跨地區通行的價值。

在新的資本主義下的國際社會，歐洲許多國家對中國虎視眈眈。首先是葡萄牙。教皇為其所謂「公平」，居然狂妄地將世界分成兩半：西半邊由西班牙開發，東半邊由葡萄牙開發。所謂「開發」者，侵略也，佔有也，掠奪也。如此的決定以及執行，就可理解這種基督教精神下所謂「得救者」與「異教徒」之間的差別。上帝真有權為白人以外的世界做決定嗎？他們真有權力掠奪人家的勞力，佔有人家的土地，奪取人家的資源嗎？如此荒謬之事，居然在歐美世界視為當然！

葡萄牙國小力薄，自明朝以來，曾多次嘗試在中國沿海佔領土地，後來才以租借的名義據有澳門。葡萄牙人也曾經在浙江雙嶼嘗試建立殖民地，居然完全沒有對中國政府做出任何說明，就擅自開港，雙嶼很快就有了教堂、洋行、商店及街市，儼然成為一個足以自我運作的商埠。因此，當時的浙江巡撫朱紈募鄉兵、民船，動員幾百艘漁船同時進攻，拿下雙嶼，驅逐了葡萄牙人。這一事件顯示，中國其實有防守自己土地的能力，如果中國地方首長都如朱紈一般，外人侵略強佔土地的情形可能不會發生。

明清時期的中國，與當時葡萄牙的社會、經濟發展情形則有天壤之別。明清中國是傳統的中央集權帝國，葡萄牙是從封建體制演變而成的殖民帝國。中國以農立國，有全國性的大貿易網；葡萄牙則因國土面積太小，並無國內市場網絡可言，僅是從屬歐洲交易網中的一部分。

荷蘭也有佔領中國土地的企圖。他們要求在澎湖貿易，明代在澎湖駐防的都司居然告訴荷蘭人：「這個地方你不能佔領，那邊的島嶼名為『大員』，我們沒有派人駐守，你們自己上去吧。」如此態度，說明了中國自以為是天下共主，沒有領土主權觀念。荷蘭人曾侵佔臺灣南部，修築熱蘭遮城，後來被鄭成功趕走。西班牙人的基地則在菲律賓，他們都是同樣志在儲存待運的商品，也吸引華工去他們的橡膠園、樟腦田等類產業工作。

乾隆末年，英國曾派馬戛爾尼使團訪華，希望謁見乾隆，請求中國開放口岸，雙方往來貿易。當時英國已完成資產階級革命，查理一世被送上斷頭臺，君主立憲制度確立；英國的民權正在慢慢崛起，議會制度也逐漸完善，基本上確立了民主制度。經濟上，英國在全球開拓商道、設立「洋行」，進行對外貿易，依靠壟斷商業航道，從中牟取暴利。商業侵略的行為背後，是英國政府的許可和支持：政府用炮艦為強盜式的海商護航，在各處侵佔殖民地，掠奪資源，控制市場。最極端的例子，是英皇「特許」的單位居然藉此逐步侵佔了印度。

及至鴉片戰爭爆發，八國聯軍入侵，中國人才發現：歐洲侵略者的胃口，已經不限於取得貿易口岸，而是志在征服整個國家，奴役當地居民——名義

上稱為「門戶開放」，實則要讓中國淪為歐洲多國共同統治的殖民地。只有一個國家佔領的殖民地，殖民者還有可能在當地進行一定的建設，而中國面臨的是被許多國家剝削和瓜分。這就是孫中山所說的，我們應該要叫作「次殖民地」。

三

回到另外一個重要的課題：中國對外來刺激的回應。明代末期，來自西方的知識及工藝技術已獲得中國知識人的注意。可是，明代的統治階層幾乎完全忽略外來刺激，至多是為了遼東軍事，從澳門購買火炮作為防禦工具。一些親近葡萄牙教士的大臣李之藻、徐光啟等人，建議朝廷設廠生產，請澳門的葡萄牙人在技術上幫助中國訓練工作人員。這一建議送呈上級考慮，卻是石沉大海。

相較明代，清代對西洋的機械和武器其實認識相當清楚。在遼東攻守之際，努爾哈赤是因遭遇明軍火炮轟炸重傷而死。那時，明軍的火炮大致分佈於兩個單位：一批是袁崇煥在遼寧邊牆防衛設立的西洋火炮；另一批則是盤踞皮島的民間武力毛文龍部下炮隊，他們本來是海盜，被招安後據地自雄。袁崇煥在皮島巡視時，拔除了毛文龍，可是毛氏麾下三員大將率領炮隊隨後降清，使得清軍據有東亞第一批機動的火炮隊伍。明代將亡之際，清軍就以遼寧收納的皮島隊伍與原來守關降將吳三桂的火炮隊伍，作為征服中原的前驅，明朝的部隊根本無法抵抗。

論及此處，我要回溯一下過去。當年明太祖驅逐蒙古人，主要的利器就是火銃和炮彈。而明代的建制部隊，至少長城上的「九邊」，都配備相當數目的火器，作為守關的應有裝備。我曾閱讀過明代的《九邊志》，其所記載的情形是：沿邊九鎮除了一兩處外，配備的火器到明末並未更新；靠西北的幾處邊

1：明朝銅火銃（1592 年），2：清朝木鑲銅鐵心炮（康熙年間），

3：清朝燧發小手槍（1790 年），4：馬戛爾尼進獻自來火槍（1793 年）。

　　　　　　　　　　　　　　　　　第十四章　「盛世」的陰影

關，實際上能使用的火銃只是三五杆而已。因此，明代官軍與農民軍交戰，雙方都以冷兵器為主。洪承疇率領遼東降軍攻伐各處，吳三桂和皮島各部再加上滿人自己購買的火器，編制出八旗中的火器部隊，由漢軍旗的佟家率領，這才使得滿人的征服所向無敵。

清朝康雍乾三代，平服蒙古各部及回部、準部，將中國北方草原上的游牧民族一統於滿洲大汗之下，構成滿漢二元體制。在這些大征伐的過程中，清軍無不以火器作為利器。草原民族通常以駱駝與車輛作圍，稱為駝城。清軍攻城時，先以火器轟擊，那些蒙古健兒、準部騎兵，都在火炮之下紛紛倒下。自此以後，蒙古各部的駱駝總數銳減，更不用說駿馬與戰士了。滿洲八旗有其特殊編制，例如神機營、火器營等等，甚至於宮殿之內，防守衛士的武器也是以火器為主。

在當時而論，清代擁有的火器數量和先進程度，可能不遜於同時代的歐洲。但是康乾雍三代多次征戰，例如平定三藩以及準部、回部時，都消耗不少。及至攻取大小金川時，大型的火器幾乎已不可見，僅剩火銃和火槍。滿人雖然有火器營、神機營的建置，也並未更新發展火器。至鴉片戰爭時，廣東虎門炮臺上的大炮還是平定三藩留下的舊物。

吊詭之處，是清廷並沒有感覺時間在前進，火器技術在更新。在他們的心目之中，「我朝火器無人可抗」。最顯著的例子是，乾隆皇帝大壽時，馬戛爾尼訪問團將帶來的許多禮物呈送清帝，其中就有從手槍到大炮等不同的武器。而如和珅者，卻對英國進貢的禮物嗤之以鼻：這些事物本朝都有。於是，這些帶來的樣品，如火器、炮艦模型等，都原裝存庫，未經檢驗。只有西洋自鳴鐘看起來很有趣，才在宮廷之中隨處可見。

康熙時代就有「大禮」糾紛，大清皇帝怎能向西洋的上帝低頭？這個問題其實是皇權至上的老問題——東晉時就有「沙門不敬王者論」。康熙以後，出於同樣的心態，清代的方針就是除了天文、醫藥以外，西洋事物一概不得進宮。這種一概拒絕的心態，維持到鴉片戰爭以後。一連串的敗績，中國才霍然警覺：自己落後了。如前所述，馬戛爾尼希望中國開放口岸。但在和珅的阻

撓下，乾隆沒有正視他們的要求。雖然清廷接受了英國的禮物，但並未給予關注。直到 1840 年，清廷被鴉片戰爭的炮聲驚醒，以林則徐、曾國藩等人為首的經世派才得以發揮其影響力。乾隆晚年清廷的誤判，耽誤了中國至少四五十年的時間。相對而言，西洋人的看法更清楚：中國不僅是落後了，中國乃是沒有武裝的國家。

隨馬戛爾尼訪問中國的英國代表中，有一位副代表帶來的孩子曾蒙「皇恩」，乾隆見他會說漢語，龍顏大悅，並賜其隨身荷包。到鴉片戰爭時，當初的兒童已經成為英國國會中的重要議員。他將幼時所見向國會報告：中國軍隊沒有盔甲，未經操練，衣衫襤褸，步伐不整；他們所持的武器，只是戲劇中的道具，槍刀閃亮，全是擺設而已——因此，中國沒有國防，大英海軍一艘兵船即可長驅直入。對於中國人，他做出如此評價：中國人不懂秩序，也不在乎髒亂，這個國家並不比非洲更好。

此後中英、中法的兩次戰爭，都是一兩條軍艦沿海直往北航，無可阻擋。我們今天也有機會看到 19 世紀外國人在中國的攝影，那時候的攝影設備功能有限，可是依然能反映實況：城市骯髒，道路擁擠，住宅破舊，一般百姓衣衫襤褸，甚至運河、橋樑、水閘均缺乏修護保管。

回頭看看和珅一類的人物。和珅被抄家，收藏的財物盡是金銀珠寶，還有幾個庫房的香料、胡椒。這種大臣怎會有世界眼光？面對來自西方的衝擊，其時的知識人許多一言不發，在朝議之中只知磕頭謝罪；也有像倭仁一類的人物高談闊論，說仁義道德就是保衛國家的干櫓，只要有浩然之氣，就可以使蠻夷屈服。如此朝廷，如此大臣，使得中國確實不知道世界已經變了。西潮洶湧，橫空而來，將要沖決山河。奈何！奈何！

第十五章

從委曲求全到全面抗爭

　　中國五千多年的歷史中，曾不斷遭受外族侵擾，如「五胡亂華」的時代，突厥猖獗的時代，金人、遼人、蒙古人接連南下的時代，最後是滿人入主中原的時代。在此期間，中國數次面臨危急的局面，也不過只是朝代的更替。但是，1840 年以後中國所遭遇的危機，不僅是國家要滅亡，連文化也要被抹滅。

　　兩次鴉片戰爭、太平天國起義、甲午戰爭、義和團運動導致的八國聯軍侵華，面臨這一連串滅頂之災，在傳統文化背景下成長起來的中國人，發現他們所有的經驗、智慧、可供參考的資料，全無用武之地。過去以為的治國良策，制定經濟建設的方向、手段與策略，也統統無用，舉國上下，張皇失措。

一

　　嘉慶以後形成的兩個集團，對中國的社會發展產生了巨大影響，而且基本上是正面影響，一直持續到現在。一個是以湖湘經世集團為代表的經世派，其家族、姻親成員及後人，包含了從清、民國到今天海峽兩岸、香港、澳門的眾多重要人物。另一個是由江南太湖流域的地方士紳和知識人構成的強大集團。他們以地緣關係為紐帶，互相影響、彼此協助。處在這一地域邊緣的上海在近代能快速發展，也是得益於和周邊的互動以及太湖流域累積的人才庫。

　　經世派前期的主要人物是陶澍和林則徐：陶澍交遊廣泛，有識人之才；林則徐在鴉片戰爭後被流放伊犁，這一遭遇給他極大的震撼。時局的轉變，個人的遭際，使他們下定決心要尋訪、培植一批有用之才。他們在長江中下游一帶推行現代化建設，培養人才，學習西方的語言、數學、科學、工藝、軍工、造船等等。嗣後，太平天國起事，清廷拙於對付，正是他們培植的這批人，崛起民間，組成湖湘經世集團，幫助清廷扭轉了連番敗局，終於平定太平天國，也恢復了江南一帶的秩序。

　　湖湘經世集團的一大批人物，幫助中國度過了開始學習西方的適應階段。這批湖南鄉紳由文轉武，帶領農民為主的湘軍，擔任平定太平天國的主力。他們一面作戰，一面學習西方的知識，了解到西方經濟力量的強大：僅以上海言之，在西潮的影響下，居然在開埠後的短短十幾年間，就由黃浦江邊的灘塗地，一躍而為世界性的大港口。

　　這些經驗，使這群有能力、才智、抱負的中國上層讀書人，擔負時代使命，學習了西潮中最重要的軍事、機械等重工業的相關技術。曾國藩在上海規劃建立了近代中國最大的軍工廠江南機器製造總局，製造槍炮、彈藥、輪船、機器。張之洞學習西方的礦冶技術，在長江中游的湖北、江西設立煤鐵聯合企業——漢冶萍公司，開採煤礦、鐵礦煉出鋼鐵，以供應軍工等工業的生產。在福建的馬尾，左宗棠又建立了一個造船廠和海軍基地；但這部分的工作，在中國近代史上，並未如同湖廣、江南的工作，發揮其應有的功能。民國成立

後，更有人注意到現代戰爭的武器已經發生改變，開始學習西方的導彈學。

第一步是學習技能，第二步則是傳授知識。江南機器製造總局開設了工藝學堂，教授學徒機器製造的工藝技術；另外還設有翻譯館，翻譯歐洲各國軍事、科技、歷史、政治等方面的書籍，傳播了眾多的西方現代知識。

近代的大學教育，也於此時傳入中國。在上海，1879 年美國傳教士建立聖約翰大學；1903 年，法國天主教會資助創立震旦大學，傳授西學知識，校址在徐家匯天文臺舊址，也即明末科學家徐光啟墓附近。在南京，1888 年，美國基督教會創辦金陵大學，傳授現代文理知識及農業科學；1890 年，清政府設立了江南水師學堂，編訓現代海軍人才；1906 年，張之洞設立兩江師範學堂，後演變為國立中央大學，1952 年以後經院校重組、科系調整，與金陵大學分而又合、合而又分，成為今天的南京大學、東南大學等院校。

除了學習西方的科技和大學教育，西方資本主義運作過程中的金融知識，也不可避免地傳入中國，如銀行、股票業務的經營，進出口的管理等。經世派人物也學習西方的操作，將民間的錢莊、票號轉型為近代的商業銀行。

前文已述，湖湘經世集團在福建創立南洋海軍基地，作為另一支現代武裝。在 19 世紀晚期，擔任船政大臣的張佩綸是個文人，而並沒有近代的知識。於是，馬尾的海軍基地，包括船廠和海軍船隻，全被法國艦隊摧毀。湘軍在福建建立的「副本」，竟在淮軍手中被毀掉了。李鴻章也曾在威海組建北洋水師，但居然沒有同時設立軍械廠、軍校，可見其做的都是表面文章。最終，北洋水師也在中日甲午海戰中全軍覆滅。由上所述，也可對比出湘軍和淮軍的區別。

上述種種，都是晚清湖湘經世集團的重要人物及其子孫三代人，面對西潮所做的諸多努力和達成的事業成就。時間跨度也就是三四十年，在這段時間內，中國的一部分區域像日本明治維新一樣學習西方，完成了相應的基礎建設，建構了基礎的近代教育體系，改制後的中小學和大學在民間慢慢出現。以無錫為例，私塾逐漸轉化為中學，畢業者可以就近去上海、南京，或北上北京接受現代的大學教育，得到現代的訓練，掌握新的技能。中國近代的軍工業，

乃至 1949 年以後的「兩彈一星」，甚至於今天太空探索事業的奠基，都可追溯至湖湘經世集團當年的工作。

湖湘經世集團創造出了不起的成就，但也造成了一個偏差：在權力階層之中，產生了一個新的、幾乎世代相承的知識集團。從 1840 年到今天一百八十多年中，他們在海峽兩岸、香港、澳門以及海外華人的政治、商業、學術界中，一直持續發揮著重要的影響力。中國歷史上，頗有知識精英與權力結構配合的現象，但清廷的皇親國戚及重臣大員來自知識精英者並不常見。漢朝的賢良方正，是一種由高級官吏向朝廷舉薦人才的制度，替國家選拔官吏的候選人。湖湘經世集團及其後輩子孫，則是從官吏集團中培養出的一個知識與權力合一的精英群體。這些人在各個時期都廣泛參與政府，中國近現代化的進程處處可見這些人的參與乃至主導。

除了湖湘經世集團及其子孫和後輩——不一定是親屬關係的後輩，也有接受知識傳授的後輩——南方培養出的人才，還包括南京國民政府成立後，蔣介石招募進「資源委員會」「兵工署」的一批推動科技工作的實務人才。他們和湖湘經世集團結合為一，成為近代中國歷史上人才集中的團體。

另一方面，前面提到過，環太湖地區本來就是南直隸最富庶的地方。自明代以來，當地普及教育，培養了不少人才。而且，其中賢才並不限於科第中人。這一江南地區，在民國時代，其地方士紳居然轉化為接受西化、用於建設中國的重要力量。江南的士紳階層共同參與了上海及其周邊的建設，也從中擴大了自身的工作領域。他們參與銀行、商號、投資等有關經濟活動，助力中國民間傳統的錢莊、票號轉型為近代的金融機構，也擔任了民間社會福利工作的組織者和供應者。同時，作為在民間普及近代教育的主要骨幹，他們也轉變了自身所做的教育工作內容：將中國傳統教育中持續兩百年的東林精神，轉化為近現代教育。在引入西方教育方面，他們自身既是先驅的承受者，也是向後的推廣者和普及者。

這些人的背景，既是歷史性的，又是地方性的，從而形成江南一帶特殊的地方精英。所謂歷史性，即在明清兩代，江南是個特殊地區，環太湖地區繳納

的賦稅佔了政府總收入很大的比例，科舉人才在全國也是超乎常態地多。所謂地方性，則是他們的影響局限於地方性的活動。城裏的士紳與鄉下的草根親族之間關係並未斷裂：江南的農村階層進入小城市，再進入南京、上海等大城市。因此在南京、上海的市民階層中，有相當一部分還和農村有著緊密聯繫，和農村的階層禍福相依——也就是説，這些人承繼了宋代以來市民階層與農村階層之間的聯繫紐帶。

二

北方的情形則有所不同。明清以來，北方農村在經濟上始終落後於南方農村，且每況愈下。等到清代嘉慶以後，整個中國農村經濟都下滑虧損。北方農村，先天性地因為地理條件不足，其農業生產期遠比溫潤的南方短促；再加上明清兩代北方變亂不斷，百姓難以休養生息，其處境更是慘不忍睹。即便盡量予以建設，也只是維持了北方農村與市鎮間的地方網絡。市鎮與更高一級縣城之間的聯繫，則是斷裂的。因此，縣城無法承擔一個地區性的文化中心、商業中心等功能，鄉村與城市完全脱節。原居鄉下的地主、富戶也都搬遷至縣城居住，以避匪亂。北方的士紳，其祖輩或父輩多是從外地到中央政府任職，之後留在北京城的官員。有些祖上官職不高，就留在京城附近的二級城市；與外界接觸較多的則前往天津，天津有租界。相較於上海、南京這一帶士紳與農村的緊密聯繫，北方士紳和當地農村之間是割裂的，他們基本上依附於上層政治人物，缺少聯繫中央和地方的功能。如此一來，北方也不能像江南那樣，可以依靠士紳階層建立並維繫城鄉之間的聯繫。

民國初年，北京政府由北洋軍閥控制，直系、皖系、奉系是其中的三大派系。此時的北方農村異常凋敝。歷來中國外貿收入，大多來自絲綢、瓷器、手工藝品，其出產地都不在北方，北方自然也享受不到外貿帶來的利潤。北方的產業非常傳統且結構單一，農村大多只依靠糧食種植，但北方氣候乾旱少雨，

灌溉系統也不發達，農業生產也是靠天吃飯。交通上，華北的鐵路和公路也不成系統，這些都使北方處於落後地位。北伐之後，中國面臨日本的侵略，那時北方的社會結構，從縱向的社會階層來講，就是上層與下層斷裂。

1931 年日本發動「九一八」事變，迅速佔領中國東北。及至 1937 年，日本看到中國在十年建設中取得的成就，覺得不能再任由中國繼續建設，否則再過十年，征服這片土地的計劃終將破滅。於是，日本又發動「七七」事變，走上全面侵華的道路。南京國民政府的建設美夢剛開始做，誰知美夢卻突然轉為噩夢。

今日行文至此，恰是 2022 年 7 月 7 日。謹此，將這本書呈獻給無數在抗戰中死亡的百姓和將士。長願中華不再有戰禍，不再有鬥爭。

「九一八」事變至「七七」事變這段時期，北方的軍事力量政出多頭，並不互相統屬。除了閻錫山在山西閉關自守以外，河北、山東、河南沒有確定的主流。南京國民政府對袁世凱勢力分化出來的各個軍閥，也未有具體的掌控。除袁世凱集團各分支以外，東北還有奉軍，在北方游離行動的還有馮玉祥的部隊。這些部隊沒有確定的駐地，因此也沒有確定計劃建設的地區。

這就留下了許多空間，使日本人可以隨時在其中操縱，威逼利誘。有的軍閥終於成為日本幫凶，而有的則加入抗日陣容。其中最特別的一支是馮玉祥的部隊，這支武裝部隊戰鬥力強，可是始終游離於各個力量之間。在發動「七七」事變以前，日本人已經在北方無事生非，屢次威脅中國，以種種「事件」作為口實，要挾中國讓步。這時候，在前哨和他們周旋的正是馮玉祥的部隊。「七七」事變爆發後，和日本人產生正面衝突的，也是馮玉祥的部下。到最後，馮玉祥舊部已佔領北京，必須幾次面對與日本人的直接衝突。這支部隊，其中頗有值得佩服的將領：宋哲元、張自忠都是了不起的人物。就在抗戰中期棗宜會戰時，張自忠的總司令部與部下失去聯絡，後被日軍追趕困在山上，張自忠不願意屈服，最終為國捐軀，成為軍階最高的殉國將領。

南京國民政府號令所及，也只是若干南方省市，難以達到北方。全面抗戰開始後，華北迅速淪陷。整個華北，大的戰役基本上只有晉北的忻口戰役，以

及魯南的臺兒莊大戰。等到後來戰線重心向南、向西移動，北方出現地處戰線後方卻無人統屬的混亂局面。幾次戰役之後，國民黨的散兵游勇無所歸屬，北方逐漸成為共產黨後方部隊的根據地。

八年全面抗戰期間，北方農村乃是處於無政府管轄的狀態。日本人的勢力不能深入農村，老百姓組織的紅槍會、大刀會等成為民間抗敵武力；國民黨零散的殘部脫離指揮系統，也在農村建立小型基地自謀生存。由於農村沒有真正的領導力量，只有在特定時候出現的鄉團、自衛隊一類的地方組織。是誰填補了這一農村社會的空白呢？八路軍。全面抗戰後，共產黨大概花了六七年的時間經營北方農村，最終出現了戰後國共之間此消彼長的局面。

除了農村力量，共產黨也從城市中吸收了一批知識人，一大半是來自東北、北京、天津、上海的知識青年。我的大姐許留芬在清華讀書時，就參加了 1935 年共產黨領導的「一二‧九」運動，還被北平警備司令部逮捕監禁。蔣南翔就是他們當時的領導，也是清華的學生，後來出任教育部副部長、清華大學校長。抗戰勝利後我回到無錫，發現輔仁中學的很多同學都已因應潮流左轉。

總而言之，抗戰時期共產黨經營且填補了一個巨大的空白，這一空白就是嘉慶以後日益貧困、不斷衰退、凋敝不堪的北方農村——也正因如此，這一地區曾孕育出白蓮教、義和團等反抗現實的力量。北方農村的如此變化，相當一部分是清代中期以後中國農村衰敗的後果。出現於南方如湖廣、江南的現代左翼知識人，最終在這裏獲得了活動空間。

三

幾千年來，北面的外族強鄰一次次南下，擊敗中原的漢人政權，建立新的游牧民族政權。政權的更替，給當時的人們帶來巨大的痛苦：死者屍橫遍野，生者恥辱不堪。但歷史上的政權危機，都不像二戰中日本侵華如此嚴重。原因

是入主中原的游牧民族，其經濟和文化發展水平都遠遠落後，最終融入漢文化。而遭日本侵略的中國，面臨的卻是與過去完全不同的情況：日本不再是一個邊外武裝部族，而是走向現代化的軍事強國。日本從明治維新以後，將一個古老的東方國家改造為唯一「東洋的西方」，最後不僅企圖吞滅朝鮮，還要入主中國，成為東亞的主人。

1931 年，「九一八」事變爆發。嗣後不到半年，整個東北被日本佔領。不能說沒有張學良疏忽的罪過，卻也是奉軍本身內部結構鬆弛，才造成這一惡果。「九一八」事變是中國抗日戰爭的起點，一直到 1945 年 8 月 15 號日本宣佈投降，中國才結束長達十四年的抗戰。過去將「七七」事變界定為抗日戰爭的開始，現在以「九一八」事變為長期抗戰的開始，確實比較符合歷史。

在正面戰場，主要是國民黨軍隊對日作戰，日本一度將戰線向西壓到長江中游一帶。以長沙為例，始終處在戰線的膠著點。從 1938 年開始，日本多次發動攻勢，出動三五萬人，到了目的地往往只剩下五六千人，其中大部分在行軍途中就陸續被中國軍隊消滅了：就像一大盆水倒在地上，往前緩緩漫流開；如果路線過長，所經之地又坑坑窪窪，時不時將其滯留，最後所剩也就不多了。這種戰術，薛岳稱之為「天爐戰術」。日本屢次出兵，屢次攻城不下，只能無功而返；返途中又被中國軍隊一路攔襲，死傷更多。然而，日軍的武器比中國軍隊優良。因此，從雙方傷亡的比例看，中國損失更為慘重。

日本的戰敗，很大程度是因實力被消耗所致。全面抗戰時期，日本年年持續被空耗，大概每年損失一二十萬兵員，中國每年損失三五十萬兵員，即使損兵折將，仍舊堅持不降。八年下來，日本兵員傷亡兩百二十多萬，中國則傷亡了三百多萬兵員、兩百多名將領。無關黨派，是皆國殤，人人痛悼。

十四年抗戰中，北方戰場上少有大的戰役。其中最大的一場戰役是臺兒莊大戰，中國投入的三十萬戰士損失五萬餘人，殲滅了日本一萬多人，暫時頓挫了日本在中國的侵略步伐。1937 年 8 月 13 日開始的淞滬會戰，戰線在上海，背後是租界，正面卻是日本海軍的戰艦。中國軍隊在壕溝裏守衛疆土，日本天上的飛機、地上的大炮、軍艦上的炮火，都向壕溝裏的中國士兵不斷擲下毀滅

和死亡。中國政府的軍隊，有二十五萬餘人犧牲在淞滬會戰。國民政府的戰略，是以淞滬之戰吸引世界的注意力，這一策略卻犧牲了國軍最精銳的部隊。據觀戰的美國軍官估計，每一小時死於炮火的中國軍人，都是以千計算。

淞滬之戰後，實際上江南已無守戰餘地。中國海軍軍艦自沉江陰，堵塞長江航道，以牽制日本軍隊攻擊南京。可日本人不僅結束了淞滬之戰，而且從金山衛上岸後直撲南京。南京保衛戰的一大錯誤是，奉命守城的唐生智還不知道增援部隊在何處，南京城就陷落了。後果是南京大屠殺，不僅失控的國軍成為敵人屠殺的對象，三十萬平民也喪生於屠城的大悲劇。

南京淪陷以後，國民政府遷都，暫時落腳武漢。中日雙方在武漢周圍纏鬥四個多月，國軍最精銳的胡宗南部及其他友軍，在此期間傷亡約四十萬人。從那時起，計算戰損比就多以這次戰役的概數作為基準：日本兵折損三人，中國兵折損七人。此後雙方交鋒，大概都是如此比例。日本人認識到中國人不再忍受欺負，在中國觀戰的英、美、德國軍人也深深感慨：中國軍人是不要命的打法，一向被他們認為懦弱的中國人，居然一變成為如此捨身忘己的戰士。

我兒時還曾親眼看見，一個軍的四川部隊沿長江而下，在沙市上岸，步行趕到臺兒莊戰場去支援。他們是王銘章軍長的部隊，每人扛著一把老式鳥槍——對上日本兵，這等於是赤手空拳了。當時白崇禧負責指揮臺兒莊戰役，作戰部署是以人數眾多的部隊，將日本人圍困於包圍網中。王銘章的部隊到達滕縣，剛好堵上這張大網最後的缺口。日本人對著他們的方向衝殺，王銘章率全軍戰死。等到中國軍隊反攻，擊退日寇時，有人看到戰地上的王銘章倚牆持槍，仁立不倒。幾名士兵也是遍體槍傷，倒在長官身旁。

這幾次大戰，都在抗戰初期發生。淞滬會戰、臺兒莊戰役和武漢保衛戰中犧牲的總人數，大約是抗戰時期犧牲人數的五分之一。中國損失極為慘重，卻也從此改變了百年來步步退讓的形象。

此外，還有晉北的作戰。1937 年 9 月，林彪指揮共產黨軍隊伏擊日軍輸送大隊，取得平型關大捷。雙方參戰兵力不多，八路軍 12000 餘人，日軍4000 餘人。同年 10 月國共合作，在山西忻口合力作戰抵抗日軍，歷時 21 天

殲敵逾萬。至於 1940 年的百團大戰，由彭德懷指揮，參戰人數不少，乃是中共在抗戰中的大舉。

從 1938 年開始，抗戰主戰場已在淮漢以南。臺兒莊之役後，先是武漢保衛戰，此後則是年年在洞庭湖周邊——長沙、衡陽、常德一帶的攻防戰。日軍打算經過湖南，從夔西由沅水等河道，抄四川的後路。在廣東也有過一些戰鬥，然後就是日軍所謂「一號作戰」，企圖打通中國大陸的南北通道。抗戰最後階段則是中國打通滇緬路線，以突破日本的封鎖。至於華北的戰役，日軍幾度佔領河南、直襲關中，卻都被河南遍地民團所阻擋，日軍旋得旋失，勞而無功。

帶著滿懷悲痛，我根據中華民國政府的檔案，將抗戰期間中國損失的戰士數目，列舉如下：

除 1932 年「一‧二八淞滬抗戰」和 1933 年「長城抗戰」，即榆關、熱河、長城三大戰役外，自 1937 年 7 月至 1945 年 8 月之八年間，中華民國政府軍發動大型會戰 22 次，重要戰鬥 1117 次，小型戰鬥 28931 次。陸軍陣亡、負傷、失蹤 3211419 人。空軍陣亡 4321 人，毀機 2468 駕。海軍艦艇損失殆盡。其中壯烈犧牲在戰場上的國民黨將軍即達 200 餘位；為大陸在 1985 年首次和公開承認者，就有 85 位；為大陸史學界所表彰者，在 1986 年已經達到 115 位。

以上每一個數字後面，都是活生生的中華民族的孩子：面對炮火、刺刀、炸彈、坦克，一個個年輕的生命血肉模糊，他們倒下了。如果在戰鬥中受傷，這些傷員會被送到附近的村落，放在打穀場上，其實沒有醫護——所謂受傷，就是生命的結束。我在老河口的吳家營曾經看見，從前線抬下來的傷員躺在廣場上，呻吟哭喊聲不斷。第一夜過去，聲音小了許多；第二夜就不再有傷員的叫喚聲；第三天，成百的傷員入葬漢水邊的大墓，村民們男女老少持香送行，點燃大火，送他們升天，然後一鏟一鏟地覆蓋泥土。這麼一座大墓前，立了一塊木牌：「忠勇將士安息之處」。

除前線陣亡的將士以外，後方死於空襲、火線旁死於流彈、逃亡中死於疲

勞和饑餓的中國老百姓不下兩千萬。抗戰第三年，我們撤退到萬縣，空襲來了。日本飛機在大霧之中找不著重慶的目標，將所有的炸彈扔在萬縣，那個小城就此被蕩平一半。我們從防空洞出來，眼前已經沒有房屋，只有廢墟，處處是屍首。眼看著路邊，年輕的母親帶著孩子躲警報，娘已經死了，幼兒還在懷中，尋找母親餵奶。那幾個晚上，我們都無處可宿，人人都在街邊廢墟旁，勉強半睡半醒。半夜時，所有人忽然「驚營」，滿地亂跑，哭喊聲此起彼伏。

是的，中國面臨挑戰，中國不再讓步。「國家」兩個字，從此有了真實的意義。此後八年的苦熬，鍛煉了整整一代的中國人。我的父母，我的兄姊，以及那時還是幼兒的我們，心中想的是：沒有國家，還有我們個人嗎？從那時候開始，無數青年隨同他們的學校，徒步走向後方。在炸彈聲中，大學生弦歌不斷，教授夾著半部完成的稿件，在曠野、在山間繼續完成他們的一篇篇著作。

當時，內地人口眾多，產糧地區有很多陷於戰亂。因此，西南各省普遍糧食不足，從南部和東部沿海地區逃難到內地的軍民，基本上都得捱餓。軍隊必須讓他們吃飽，這是第一優先；一般老百姓，需要靠糧食配給維生；學校裏面的師生，則靠國家公費供糧——僧多粥少，人人都是半飽狀態。學校和公家機關以外的老百姓，就各憑本領覓食果腹。

抗戰期間的物價變化，舉例而言：一背簍雞蛋戰前售價是一塊錢；到抗戰後期，三年間大概漲了一百五十倍。如此通貨膨脹，不僅僅是經濟問題，也是因為食糧供給不足，一般人都靠配給糧度日。那種米糧需要仔細挑揀，我每天早晨要替母親挑揀當天食用的米。我的經驗是，一碗米剔除稗子、砂石等，只剩半碗，這半碗米還是碎裂的米粒居多。

在此情況下，國家培育了近二十萬大學生。他們都吃不飽，有時候還得參加學校的生產工作。不比今天大學生的生活有許多浪漫情調，那時他們餓著肚子，浪漫不起來。這批學生，是靠國家公費培養：不用交學費，住宿、飯食和衣服都由國家供給。這就是我的兄姊一代，他們營養不足、身體不好，但是強烈的求知欲望驅使這些人努力學習。後來，他們成為兩岸建設的骨幹，把自己的身心投入國家的建設和改善百姓的生活條件中。如果沒有這批人，中國沒有

今天。

中國人深知，去此一步便無生路。這種精神延續到戰後，雖然國家並未實現完全統一，但海峽兩岸的中國人沒有忘記：要盡一己之力，尋找建設中國的最好方式，投下自己畢生的心力，參與重建中國的大業。

抗戰勝利後，西南聯大從流浪暫住的雲南校舍，各自回到原址。馮友蘭先生在離開雲南校舍前，留下了一個碑記。其中除了敘述如何徒步走到雲南，如何在風雨飄搖中讀書，在最後一段中他說：「視金甌，已無缺。」這是他們那代人的願望，也是我這一代人的願望。

抗戰勝利後，總的來說，中國已經不復當年那樣的貧弱苦難。願老天垂憐，中國的犧牲已經夠慘烈了。願中國不再有為了英雄而犧牲老百姓的悲劇出現。請原諒，我必須就此打住。九十二歲的老人，在夢中時時回到當年的悲苦和恐懼。我只能到此為止。

四

中華兒郎愛國，能吃苦耐勞，有作戰決心。但是，北洋軍閥沒有抵抗日本人的實力，也沒有打現代戰爭的裝備。為何會如此？因為從李鴻章到袁世凱，再到北洋軍閥各派系這條傳承線上，這兩代的中國精英中，缺乏真正了解西方世界的人才。受經世之學影響的封疆大吏，很少在中央任職。首都所在地的北方，幾乎沒有現代知識的承受者，也沒有像湖湘經世集團那樣結合中西方文化精髓而形成的新階層。北方的李鴻章建立北洋海軍時，居然沒有真正諳熟現代知識的人士參與其事。

北方士紳和農村之間的聯繫斷裂，士紳只顧盯著清廷中樞、內務府以及租界裏的高層政治人物，其實還不懂如何因應國家、政府、文化等各方面時勢的巨變。在蔣介石建立南京國民政府前後，南方很快出現了浙江大學、武漢大學、中山大學、中央大學⋯⋯ 這些大學幾乎各有南方的學術背景，因緣其原

有的教育制度，轉化衍生而來。換而言之，南方的讀書人是接受西化的主力軍，是中國近代化的主力和核心力量；和南方相比，北方創辦的高等教育學府如北京大學、燕京大學、南開大學，至多再加上輔仁大學，則缺少民間講學的社會背景，師生由於都來自全國各都市的上層社會，一時之間還不能深入北方民間。

再往前回顧，孫中山發動民主革命時，從「驅除韃虜，恢復中華，創立民國，平均地權」開始，一次次改變他的革命口號，也一次次提升他的思想境界。但在某種意義上，孫中山僅是中國社會的邊緣人物：地理上，他出生於中國的邊緣沿海省份廣東；身份上，他是華僑子弟，雖有革命之志，周圍及其所組織的團體卻在羅致現代人才方面有不足之憾。

廣東是沿海對外貿易的窗口，當地人有很多機會接觸外來文化。從事海外貿易的人很多，因此定居海外的華僑也多，但這些華僑與中國本土的核心文化圈層卻是相當疏離的。孫中山就屬游離於核心圈層之外的部分，因此他並未充分理解中國的核心問題所在，也無法參與（更不論動員）核心知識群體的活動。

孫中山的革命工作一次次失敗，但也一次次捲土重來。逐漸地，他可以將廣東沿海的一部分外僑力量納入其隊伍中；藉助這些力量，他也結識了宋氏家族及廣東旅外留學的知識人。因為長期開放，海外華僑眾多，當時中國外派的留學生中以廣東人最多。這些留學生及其家族，將廣東本地的財富、知識精英與廣東傳統社會的地方領袖聯繫起來，這才為孫中山的革命活動打下了基礎。

然而這些力量還是薄弱，孫中山隨後又吸收了廣東與上海、寧波等地從外貿活動中學習世界知識的人物，由此逐漸聚攏東南一帶的力量。

1924 年，孫中山接受蘇聯援助，在廣東成立黃埔軍校。在軍校起步困難時期，蘇聯援助了八千杆槍，孫中山得以成立自己的部隊。他吸收上海一帶的人才來訓練軍隊，也任用湖湘、廣東一帶的毛澤東等人，去幫他動員地方和農村的力量，由此才真正在中國社會扎下根，培植了革命實力。蔣介石繼承孫氏的地位後，也憑藉這一武裝力量，終於一躍而為中國的領導人。

1925 年孫中山逝世後，國民黨內部卻發生了「寧漢分裂」：汪精衛和蔣介

石分別在武漢和南京成立國民政府，分庭抗禮。汪精衛始終沒有自己的社會根基，蔣介石在南京則有江浙財團和上海市民階層的支持。最後的結果表明，誰能掌握民間的核心力量，誰就能贏。

抗戰時期也是如此：北方民間是權力真空地帶，原本的軍閥勢力已被掃清，是誰掌握了民間力量？1934年，共產黨提出「北上抗日」的口號。「七七」事變後，八路軍從陝西出發，經過山西深入到華北五省的廣大農村中，組織起各地方的部隊，也收編了流散在各處的中國敗軍殘部。這使得共產黨的力量流入民間組織的游擊隊，就此建立了掌握北方廣大農村的機制。到1945年，國共內戰開始時，蔣介石才驚覺，北方農村已經完全被共產黨的部隊控制了。而他掌握的江南，在日本侵略戰爭中，近一半地區殘破不堪。

抗戰時期，江南的人才已經大量移入內地各處。這些人想盡一切辦法，將上海淪陷區的資源轉運到內陸。江南一帶的工廠內遷川陝，在「九一八」事變爆發後就開始陸續進行了，目的是保存一部分民族工業，供應內陸的需要。這項工作，實際上也將原本長江中下游之間的緊密聯繫延伸進入上游。工廠內遷，雖然沒有辦法保證足夠的供應，但在八年全面抗戰中，也勉強維持了內陸基本民生物資所需，尤其是在戰線收縮、大量軍隊撤退到內陸時，僅僅能夠提供最起碼的軍需補給。

「九一八」事變以後，東北淪陷，東北軍殘部流亡關內。整個北方，已經面臨危機。中國打算長期抗戰，以西南作為基地，維持抵抗能力。於是，先父伯翔公（諱鳳藻）受命由廈門關監督調任湖北荊沙關監督。1937年全面抗日開始，先父擔任第五戰區經濟委員會主任委員，到任半年後，就受命與林繼庸老伯籌劃東南工廠內遷的運輸任務。（林繼庸老伯來臺後，定居在距舍間不遠的巷子。兩家的老太爺都過世以後，我母親與林伯母二位老太太彼此陪伴，常有過從。）大部分的內遷工廠，是經由鐵路從漢口運往陝西和四川，至少將寶雞一帶建設為戰時的工業區；也有一部分，則是從長江下游經過沙市或宜昌，以小火輪拖帶大型白木船，運載工廠的機具，直接進入四川。四年之間，先父主持木商和船商打造了兩千條白木船，準備把工廠機器設備和難民，從漢口、

關沙荊於攝辰壽旬七人夫太過月臘丑丁

抗戰初期，親友從江南各處逃難至先父任所荊沙關，恰逢先祖母過七十大壽，攝於荊沙關公署花園。不久之後，戰局惡化，竟然四散。待戰後重聚，已經人事零落。中坐者為先祖母，立於左側者為先父伯翔公，後排左五為先母章太夫人，前排左五為翼雲，左六為凌雲，左七為倬雲。

沙市經川江運送到四川及內陸其他地區。完成使命後，這兩千條白木船也一變而為建造房屋的原材料，用於容納難民、政府機構、工廠。

上海遷川的工廠設備，先是到漢口停留，接著在沙市轉大木船沿川江繼續西行；或者走另外一條路線，由洞庭湖進入沅江，前往湘西、貴州，然後落腳在樂山、宜賓和瀘州等處。選定此處，其目的在於化工廠可利用當地豐沛的水源以順利運作。考慮到長途搬運的方便，遷川工廠只能將機器設備拆散，運過去再組裝。工廠重建之後，為了擴大生產，一些工程師竟想出無中生有的辦法，令人嘆服。他們採用土法煉鋼，翻砂（傳統的鑄模）鑄造出一模一樣的零配件，由此複製出多套設備，又分建工廠。如此複製生產的設備品質不高，但足以敷用。這也是轉移江南一帶的經濟力量，在內地重建的「苦辦法」。

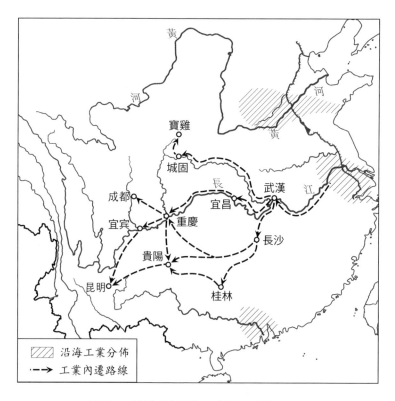

地圖 8　抗戰時期沿海工業內遷路線示意圖

抗戰中，僅憑這樣的物資生產供應實際上是不夠的。還有地下運輸路線，千方百計躲過日本人的監控，將上海等淪陷區工廠生產的物資，經過鐵路運到無人地帶，再轉運到內陸，其中有一年轉運了兩千包的棉紗和布匹。如此種種，汪精衛知道，偽政府假裝看不見。

此間居中聯絡的人，在上海是楊管北，在無錫則是楊翰西。楊翰西後來被認為是漢奸，但他實際上是接受國民政府的使命，替重慶做事。楊管北先與第三戰區（江蘇、浙江）聯絡好，將物資運到第五戰區（皖西、鄂北、豫南），第五戰區的聯絡由我父親負責。在上海租界，錢鍾書的叔父錢孫卿還負責一個小電臺，用於和重慶聯絡。八年全面抗戰，我從七歲到十五歲都在父親身邊，耳聞目睹他與家鄉士紳之間的聯絡。這幾位前輩，彼此都是世交，我稱他們為某伯伯、某叔叔。父親經常守夜，半夜等電話傳遞消息，這些情形我都清楚。

太湖地區還有位地下縣長毛罡生，接受重慶命令，聯絡太湖一帶的游擊隊。他與我父親七八歲時就是同學，十幾歲時兩人成了結義弟兄。游擊隊的根據地就在太湖邊上，由南方泉的石家等幾個大族支持。

國民政府方面，吳稚輝是常州籍的老國民黨員，蔣介石在廣州時與江南一帶暗中聯絡的負責人，最後都歸結於他。吳稚輝在國民政府中從不做官，僅擔任「中央監察委員」；稚老一言九鼎，因為他是國民政府與東南實業連接線的關鍵節點，只要他在，蔣介石就能掌握東南。總而言之，雖然江南一帶淪陷，但是依仗著上海租界地帶的保護，在八年裏至少有五年半時間，重慶還能取得上海的資源。

國民政府選擇以內地的川陝湘鄂，以及西南內陸為抗戰基地，其原因正如過去中國歷史上北方陷落後，南遷政權都以長江流域作為疆域，徐圖復興，即本書所謂的第二區及第三區。這裏也是 1920 年以後，南京國民政府建設的重心。江南工業使城市與鄉村兩種不同的經濟聯繫為一，建構了興盛的民族工業。國民政府原本想以南方為基地，對抗佔領北方的日軍勢力。只是，北方經過戰亂，已經渙散一片，尤其山東和河南，內部既無城鄉合作的聯繫，軍閥來夫，也並沒有以「如此中原」作長居久安之計。華北只剩山西一省稍堪自保，

原來在北方活動的東北軍殘部和馮玉祥的西北軍都沒有建立穩固的基地。於是，國民政府除了內遷以外，別無他途。空虛的北方，渙散一片，卻是留給共產黨發揮的餘地。他們在敵後的努力，幾乎讓全部農村都在掌握之中，抗戰勝利後為自己鋪設了一個廣大天地。於是，國共爭奪，青天換了紅地。那一段的歷史，將在下面展開論述。

對於江南這一部分的力量，北方的共產黨還無法掌握。毛澤東建立的北方基地與江南這條線完全斷絕。等到抗戰勝利，蔣介石接收南方時相當順暢，但要接收北方農村的時候，卻發現國民政府已無插手餘地。

上述狀況，牽涉到國共鬥爭的戰略與戰術，兩方面的出入與消長，也解釋了歷史上的一個疑問——為何抗戰時期，中國窮困，資源短缺，居然撐下來了？我以為：歷史上的多次南渡，都是從前述第一區遷入第二區和第三區。由於南方兩區並不僅是生產糧食，還有繅絲、制陶等其他生產行業；南方人口密度大，為數眾多，自唐末以來，南方整體的經濟力量已超越北方。而且，以地勢而論，南方溝渠縱橫，水田遍地，對北方的騎兵部隊而言是個障礙。甚至於以近代的戰爭而論，機械化部隊進入南方的稻田區，也不能順暢地施展。南方支撐戰備的力量，的確比北方強大。

除了如前所述的戰鬥中「七比三」的戰損比，中日間更具體的較量，則是在對經濟與資源的控制上：糧食生產基地所在的南方已經淪陷，日本人切斷交通路線，以至於一年中有半年以上，農產品無法順利運到需要的地方。同時，日軍在行軍路線上也受糧食不足的困擾，他們無法在當地取得補給，必須自己攜帶足夠的給養，這造成了日軍攻擊力量不足。

上述情況我都具體算過，可見中國對日作戰的條件之差。但在那種狀態下，中國人仍舊硬撐了八年。然而，國軍為何沒能熬過國共對抗，面對共產黨的部隊，反而兵敗如山倒？因為他的力量是在東南一隅，只分佈在地方上的農村和江南的城市士紳階層。全國的農村，國民黨只能佔到十分之二三，而共產黨能佔到至少一半——剩餘的一兩分，則是廣大內地二者都沒有掌控的力量。本章提出的這些解釋和情勢不見於典籍，也不見於任何教科書。這些解

釋、情勢反映了一個情況，就是傳承中國傳統文化的知識人，在面臨近代西方文化刺激之時，所身處的局面和地區都各有不同。他們各盡其能，所作所為與總的成績，終究決定性地影響了中國歷史。

第十六章

重新建設新中國

行文至此，同一事件或內容，我經常需要在不同的章節反覆申述。事實如此複雜，希望大家能諒解我的苦衷。鴉片戰爭以後，廣東因地緣關係成為與西方接觸最多的地區。這裏的學生很早就進入港澳當地的西制學校，成為中國第一批接受西式教育的青年。廣東的向外移民中，遠赴歐美的一批對中國現代化發揮了最大媒介作用。那些華僑一方面保持與僑鄉的密切關係，一方面將自己的子弟接到僑居地發展事業或接受高等教育。因此，廣東尤其珠江三角洲及其附近，集中了第一批熟悉西方文化的人士。

一

等到湖湘經世集團的後代及其弟子輩成長起來，正好是孫中山發動辛亥革命推翻清朝統治，初創民國時。結果，辛亥革命的成果，被袁世凱竊取了。孫中山無兵無將，沒有力量反擊，他在國內甚至募不到錢——在過去，其革命

資金大多從北美工作的華僑中募得。孫中山能做的，只有到處宣傳他的革命思想，直到 1924 年成立黃埔軍校，他才有了自己的武裝力量。

1925 年孫中山逝世後，蔣介石接替其位置，並於第二年自任北伐總司令，摧枯拉朽般擊潰了北洋軍閥。蔣介石是浙江人，他獲得了上海市民階層的支持，也利用了上海最基層的地下幫會力量。同時，他還通過國民黨的上層人物，如蔡元培等人，聯絡江南知識人。在江南這些力量的推擁下，1927 年，蔣介石開府南京，建立國民政府，開始十年建設。

這十年建設中，需要特別強調的一位人物是丁文江。他帶領著一批人，有翁文灝、曾世英等，用科學方法繪製了中國第一幅現代地圖；並創立中央地質調查所，進行地質考察和礦藏勘探工作。丁文江不僅有學術專長，還有政治抱負。1926 年，他曾接受軍閥孫傳芳委任，擔任了八個月的淞滬商埠督辦公署總辦，時間雖短，卻為上海的市政建設做了不少事。

包括這批地質人才在內的廣義經世人物群，1935 年倡導成立了資源委員會，從資源的開發、實體工業的建設等方面著手，羅致全國的資金和人才，大力興建民族工業。這一批學者，後來大多與南京的四個「中央」❶ 有著緊密聯繫——中央研究院、中央博物院、中央圖書館、中央大學。不過，當時中國最好的三所大學都在北京——北京大學和清華大學，以及最好的教會大學燕京大學。

這些學者身跨北京、南京—上海南北兩個學術集團，在他們的共同努力下，南京國民政府在十年間進行若干建設項目：採礦方面，開始石油、鐵礦、稀有金屬等礦藏資源的勘探開採。交通建設上，規劃鐵路系統，鐵道的勘定和修築在這一時期次第發展。當時，中國甚至想要自行設計直升機——西方那時尚未認真研製直升機。建築學上，梁啟超的兒子梁思成加入中國營造學社，將現代的科學方法引入中國傳統古建築的分析研究。水利上，李儀祉主張與推進「黃河治理要上中下游並重」的理論，參與創辦中國第一所水利高等學

---

❶ 這種設計，是蔡元培先生模仿法國的制度，將所有學術文化單位都由一個總的名稱涵蓋，即「中央」。

府——南京河海工程專門學校。

實際上，這批人未必是由蔣介石集團的努力才站出來的，而是他們身具責任感，當時正好有這樣一個著力點，來表達其思想和觀念，運用其才能，施展其智慧。

蔡元培和胡適儼然是當時的學界領袖：蔡先生追求自由的精神，胡先生追求民主和科學，所謂「德先生」「賽先生」。自由、民主、科學，三者正是配套的。我的長輩先賢們，當時都經歷如此的思想洗禮：他們熱心傳播自由、民主、科學的思想，希望提升民眾的觀念。他們並不主張全盤西化，蔡先生、胡先生都並非持有這種觀點。

國民黨之中也有些人，對傳統持有激烈的態度，比如吳稚暉甚至鼓吹把線裝書扔入廁所。矛盾之處則是，吳稚暉的古文功底非常深厚，書法也很好。南京國民政府的高層人士中，譚延闓、于右任、胡漢民、吳稚暉都是書法大家，分別擅長真、草、隸、篆——他們在中國傳統學問領域，都是高明之士。事實上，他們也並沒有真的全盤拋棄中國的傳統。

蔣介石主張「中學為體，西學為用」，要堅持中國傳統的「四維八德」，在此基礎上學習西方。蔣氏少年時所接受的教育，無論在中西方文化哪方面，其實都只是一般私塾水平。蔣氏部屬有兩批人士，一部分制定國民黨的理論，另一部分則是具體落實，推行現代化的各項建設，兩者並不總是協調的。但總體言之，南京國民政府的這十年，還是在不少項目上做出了相當成就。

二

國民政府致力於社會和政治制度的改變，若干省區也各別從事地區性的現代化。當然，這些省區本身有一定特色：山西、雲南、廣西、四川，都是天然地理條件比較自成單元的省份。

山西地處華北與西北之間，表裏山河，像個巨大的箕形，北面、東西兩面都

是高山，中間一條大斜坡，有三四條主要河流從北往南流，跨過運城平原進入黃河大平原。山西物產豐富，農產品充足，又有銅礦、煤礦、石棉等等；山西的山地樹林，形成一個密集的林區。這種地理優勢，使其可以閉關自守，待機而動。

閻錫山以山西本地人的身份，保境安民，獲得山西本地資源的支持。於是，山西省內有足夠的經費建造鐵路、設立兵工廠、購買軍火，編制了一批作戰力強的軍隊。閻錫山修築鐵路時，特意用窄軌鐵路，外面的火車進入山西只能換軌，別處的軍隊無法長驅直入。

從民國初年直到最後蔣介石敗退臺灣，閻錫山始終是軍人中舉足輕重的一顆棋子。他在內部得到相當充分的支持，無論縉紳還是農民，都希望保境安民，不扯入外面的軍閥鬥爭。因此，山西當地的建設工作在安定中還有一些成績，包括公路、鐵路以及若干工廠；但在學校教育方面，他聽任傳教士設立學校，山西大學始終沒有成為國內重要的學府。抗戰勝利後，閻錫山依違於國共之間，結果並未得到任何一邊的信任。

雲南地處叢山，地形複雜，出入不易。然而氣候良好，從山頂到谷底形成各種氣候帶：山頂酷寒，谷底燠熱，中間則有湖泊、平原。假如真有上帝的伊甸園，當在雲南。雲南的植物和動物種類之繁多，居全國第一，世界上許多植物的原生地就在這裏。

民國初年，雲南出了一位了不起的人物——蔡鍔。他在袁世凱部下乃是眾人屬望的人才，學問、才幹、人品都屬一流。袁世凱想予以重用，但蔡鍔拒絕為其所用，藉機脫離袁氏回到西南。他曾在仿照日本士官學校設立的雲南陸軍講武堂任教，訓練中國的軍官。從這所學校出來的人物，分散於廣西、雲南、貴州、四川、西康西南五省。後來，他率領護國軍討伐袁世凱，不幸壯志未成，中道崩殂。其弟子和部下在廣西、雲南和四川分別組織部隊，西南各省竟都成為講武堂出身軍人的地盤。

雲南是蔡鍔集團的基地，陸續執掌軍政者，先是唐繼堯，後來龍雲掌握了滇軍的主要部分。滇軍的特色，是不介入中原的擾攘，自己管理好地方。滇軍的幹部頗多來自少數民族，帶領自己的族人作為核心，這種部隊的特色之一，

則是同鄉之誼打不散。雲南物產也非常豐富，尤其是白銀、鹽、茶，賺了不少南方絲綢之路的利潤。因此，雲南的軍閥們過的日子相當豐足。

民國時期雲南的建設，主要在開道路和建設現代都市方面。雲南大學也相當不錯，抗戰期間西南聯大遷入雲南，就借用雲南大學的校舍，再增添一些竹籬茅舍，在戰火之中弦歌不輟。抗戰期間廣西的桂林和雲南的昆明都是自由天地，反蔣的出版物多在這兩個地方印刷發行。1949 年以後，一些在美國的雲南子弟是由富滇銀行照顧他們的生活。

據有廣西的軍人，也是一些講武堂出身的人物，其中最重要的是白崇禧和李宗仁。他們分別在地方性的競爭之中脫穎而出，合作成為廣西的真正領袖。他們的軍隊來源，主要是窮困地區的礦丁、樹林中的燒炭工等等，也有相當多的少數民族青年。廣西軍隊中，沒有士紳出身的人物，卻有很多吃苦耐勞的貧寒子弟。他們身強力壯，服從命令，而且因為少數民族彼此之間的關係，他們對廣西以外的人物自居為「他者」。廣西部隊的強悍，就是因於這些人的特色——作戰時一聲「quoquoxiang」（廣西方言），奮不顧身奪下敵人的陣地。

白、李二人領導下的廣西，主要設立了地方管理制度，落實為保甲制度，且相當普遍地設立中小學，還成立了廣西大學。抗戰期間，桂軍的部隊駐扎在第五戰區，即先父與其一起工作的皖、鄂、豫之間，把守住四川和陝西的大門。桂軍大將白崇禧是中國罕見的戰略家，與蔣介石的關係也非常微妙：蔣介石既要借重他，又不敢信任他。這個人才可惜了。他是穆斯林，在中國已居於少數，又加上廣西較封閉，使其身份無法脫離地方性的歸屬。他與李宗仁是同時並起的夥伴，李宗仁為人寬厚，所以二人的關係始終相當穩定，只是他們的部下並不容易與外人相處。

四川更是表裏山河，天府之國。都江堰是中國第一個大規模的水利工程，成就了成都平原的富饒。四川省內地形複雜，巴蜀兩區民風各有不同。因為幾條河流穿過，省內被天然地分割成一塊塊小區。這種地形，自古以來就有孕育地方自主政權的條件。四川的地方軍閥有不少是雲南講武堂出身，此外，各地的地方領袖只要有幾杆槍就敢自稱軍長，各有地盤，競爭四川的領導權。於

是，彼此之間內爭不斷。他們彼此關係的地方特性可見於：軍隊在前線對壘，長官們可能在成都同桌打麻將。在成都居住的若干位地方士紳被尊為「五老七賢」，凡有各處地方部隊難以解決的問題，就由這幾位長輩出面調停。四川軍閥在每一個地方的所謂駐地，都相當注重建設，因為這是他們據地自雄之處。

舉例而言，我所熟悉的萬縣，就是楊森的地盤。平心而論，萬縣地方不大，道路修整，居然能夠做到數百級高石階從江邊到市區，工程規整，處處有可以手扶的鐵鏈。市區的飲用水源來自江水，爬幾百級的石階並非易事，當地人就在很多山壁上的自然流水處裝置水管、水龍頭，供居民取用。楊森的民族意識極強，其部隊是川軍中參加抗日的主力。有一次，英國軍艦進入三峽江段，到達萬縣江邊時，楊森命令岸上炮兵放炮轟擊、宣示主權，警告英軍撤退。如前所述，走過沙市我家大門口的那批年輕孩子，就是川軍王銘章的部隊，他們在台兒莊戰役中全軍覆沒。時至今日，我還對當年這些奔向前線的青年心懷敬意。

更重要者，是這裏出了一些本地人物，自主開發當地的資源。一位是盧作孚，他自辦民生公司，購買上海合興船廠的小型內河輪船，使得四川的區間交通大為便利。後來，整個長江流域直到南京和上海，都有民生公司的船隻行駛。盧作孚在北碚盡力建設一個現代城鎮，鎮上有市政服務、衛生系統、工業生產，還有學校、體育場、圖書館、醫院……如此小鎮街市，獲得「模範鎮」的美名。由盧作孚領導，再加上當地軍閥的合作，竟不用官家一文錢，就完成了如此了不起的建設。

另一位四川現代建設領袖是胡光麃。他開發地方礦產資源，創辦水泥廠、電力廠、鋼鐵廠……他在四川當地的成績，往往是開風氣之先，留給別人跟上來。他最值得稱道的貢獻，則是在若干河流旁邊的縣市，藉助機帆船提供區間運送和服務，等於設了許多水上區間交通。到臺灣後他身無分文，所有在四川開發的事業都不屬自己了。這位先生是我忘年交的故人，今天我還想念他的風采和言談！

盧作孚和胡光麃這一類的人物有如此貢獻，乃是在四川軍閥割據、各設防區、賦稅遠期竟可預收到 21 世紀的情形之下完成的，實在難能可貴。這些地方

性的建設，雖然零零碎碎，卻開風氣之先，在總的方向上，為民國時期國家的全面建設分擔了一部分工作。終於，這些成績留在民間，也留在老百姓的心裏。

最後，東北的情形也必須一提。在北洋政府時期，東北已經被日本和俄國勢力盤踞。然而，張作霖以民團組織起身，終於統一東三省。他一方面周旋於俄、日之間，另一方面借用這些外力的幫助，居然在東北地區啟動了一系列建設工作，例如：在俄、日強行管理的中東、南滿兩條鐵路的夾縫中建設了一些鐵路；籌辦東北大學；創辦當時中國規模最大的兵工廠；設東三省陸軍講武堂，訓練軍事人才；除陸軍外，還有頗具規模的空軍，以及強大的東北海軍；山東青島還建設了現代化的都市和港口，作為東北海軍基地。這些設施，儼然是關內各省罕見的規模與周全。

然而，在俄、日雙方都加以牽制的局面下，一部分青年將領和張氏舊部之間產生矛盾。於是當他分兵進入華北，與直系作戰時，東北軍內部也發生了內戰：將領郭松齡率領最精銳的部隊，與奉軍舊部在巨流河大戰，日軍直接干預，空襲郭部而致其大敗，郭松齡兵敗被處死。不久之後，張作霖也死於皇姑屯，少帥張學良入關，接著就是「九一八」事變，東北從此淪喪。隨著《松花江上》在各省傳唱，成千上萬的東北青年和張作霖舊部撤入關內。這一階段，毋寧説是「七七」事變後中國全面抗戰的「前奏曲」。

可惜之處在於，張作霖在東北的建設，沒有對關內的建設起任何作用。偽滿洲國成立的東北，實際上是日本的殖民地。如此土地，如此人才，那些努力的成果，居然對中國的整盤建設及抗戰僅僅發揮較小作用。白山黑水，永遠是中國人無法忘卻的隱痛。

三

對於長江中下游這一大的知識集團來説，孫中山、蔣介石、毛澤東三個人，都是外部的邊緣人物。

蔣、毛二人，其出身非常相像。蔣氏乃是浙江奉化溪口一家鹽舖老闆的兒子，家就在寧波口岸附近。學堂肄業後，他就趕上了去日本留學的風潮。到日本後，蔣介石先在專門為中國學生而設的振武學校接受前期的士官教育，成為日本陸軍的士官候補生。他並沒有接受更高一階指揮參謀人員的培訓教育，同一些中國留日學生情形類似，只有基本的軍事訓練。蔣介石由大連到日本，又從日本回國，在此過程中接觸了革命，之後因緣際會掌握了國民黨的武裝力量，終於一躍而成國家領袖。然而，蔣氏和其他的留日士官生一樣，難免犯戰略、戰術的錯誤。

　　毛澤東出身於湖南湘潭韶山一個農民家庭，並沒有機會接觸到湖湘經世集團。他與共產黨的創始者陳獨秀等人，也似乎說不上話。毛澤東在北大做圖書館管理員時，與那些北大教授不是一路人。關於共產黨與知識群體的聯繫，在抗戰末期，周恩來做了大量努力。當時共產黨與昆明的西南聯大和重慶周圍的大學關係都非常好，大多數教授因此轉向左翼，如費孝通等人。

　　我有時想起，也會感慨萬千：假如蔣介石這條線一直走下去，會怎麼樣？其實最終也會失敗。因為蔣介石不能永遠靠江南一帶統治全國，廣西軍閥、山西軍閥、陝西軍閥、廣東軍閥、四川軍閥……這些人不會聽他號令。在中國歷史上，兩個朝代之間常有一段群雄並起的時期，例如五代就有楊吳、吳越等十個小國，湖南、四川也有好幾個小朝廷。民國初期迄於抗戰期間，那些軍閥們除了沒有國號以外，何嘗不是這種獨立的地方勢力呢？正如五代時，吳越領有的地區其實不過幾個州，只是吳越王勤政愛民，在那個小小天地之內，居然能使得百姓安居樂業，而且還有地方建設。以至宋朝開始後，吳越王歸順，朝廷對其所有的措施幾乎完全接收，繼續執行。

　　前述閉關自守數十年而定於一尊的閻錫山即是如此。當時中國各省都捲入內爭，山西確實一心只想保境自安，相對於其他各省，老百姓並沒有遭受很多戰亂。中國如果處處都保境安民，從老百姓的角度看，未嘗不是好事。只是，以全國而論，中國可能就會停滯在十八九世紀的狀態，更不必說集中力量抵抗外患，例如日本的侵略。山西省內確實沒有遭受很多災禍，但這個地區的力

量，其實沒有對抗日全局承擔其應有的責任。因此，縱觀全局而論，軍閥割據對中國，終究不合於時代潮流。

等到抗戰勝利，國共兩黨對抗時，蔣介石發現華北已完全不在其掌控中，也失去了東北。戰後，東北有為數眾多的偽滿軍，但國民黨接收不力，使這些偽滿軍流散無依。所以，他們也只能靠攏新的勢力：林彪在東北正好接收了這些無主力量。這支部隊配備的是日本人的軍火，俄國人從日本兵手中繳來，又交給他們使用的。東北還有日本人遺留的兵工廠。

抗戰期間，上海租界區相對獨立，還能和重慶政府保持聯絡。但租界卻似孤島，四周全被日本佔領，使得租界和周邊的農村斷了聯繫。長江流域、錢塘江流域的城市和農村之間的聯繫，在全面抗戰期間也都脫了節。國民黨回到南京之後，發現在江南一帶的農村，他們居然已不再有著力之處了。南方城鄉之間的這一變化，是歷史上改朝換代所未見的劇變。

如前所述，江南一帶被日軍佔領後，知識人大多遷入內地，江南的工廠也有一大批遷川，在內地發展了第二工業基地。這一情形導致國共兩黨在現代化的建設上走了兩條截然不同的道路，但到後來卻又殊途同歸。

四

抗戰結束前，北方和敵後農村的許多地方精英離開家鄉，有的到內地，有的到敵後的城市。至少在北方的山東、河北兩省，尤其是山東，還有一部分蘇北，農村的原有秩序已經有了相當大的改變。留在農村的一般農民，群龍無首；而如前所述，共產黨派出的北上抗日幹部們，受過訓練，做事有一定的方針，由他們來組織農民易如反掌。國民黨留在敵後的少數散亂部隊在農村建立游擊基地，本來也未嘗不可能；不過共產黨幹部的介入，讓雙方幾乎沒有任何困難地就以共同抗日的理由合流為一。而共產黨這些經特別挑選、訓練有素的組織人員，面對留在敵後散亂的國軍殘部，自然很快就取得了領導權。

抗戰相持階段時，共產黨曾發動百團大戰。所謂「百團」，從其分佈可見，就是在上述山東為主、蘇北為輔的地區，再加上一部分河南、河北地區，通常在鐵路線和公路線兩側。這些在華北建立的基地，彼此間是可以連成串的。抗戰期間，共產黨在這些地方並不急於改變社會結構，只是主張並肩抗日。而且，各個基地之間如何聯繫，一時也並無確定的原則。抗戰勝利以後，留在當地的年輕人員中經過鬥爭，成長為有經驗的新幹部，他們才是真正掌握整個北方農村的主要力量。內戰時期，主客異位、「你死我活」的情勢下，共產黨必須要動員農民支持，進一步加強與地方的聯繫。這使共產黨最終能以華北為根基，贏得戰爭。

共產黨培養了建設農村的基層幹部，1949 年後又從國外回來了一批留學生，也有一大批知識人、大學生沒有跟蔣介石去臺灣，而是選擇了共產主義。這批人是中國現代化建設的主力，但他們與農村出來的基層幹部未必能夠合拍。

1949 年，中國共產黨取得政權，此後的四五年工夫是新政權得以喘息建設的時候。對一個新建立的政權而言，這一段過渡期也必須樹立自身威信，農村改造因此在整個國家快速而激烈地進行，重新規劃土地，同時進行「三反」「五反」運動。

到了第二階段，開始進一步地落實財產重新分配、階級重新劃分等工作，公社化是這個階段出現的一次重要事件。至於在那以後，更大的運動則是「文化大革命」。「革命」二字使得這種手段雷厲風行，風狂雨暴，甚至於牽動上層領導階層的結構。這一耽擱，就是二十年。這個過程之中損耗最巨大而幾乎無法補救者，是許多有用的專業人才，其中頗多為百年累積培育的精英。「文革」結束時，周恩來已故去，他最後一個安排是將鄧小平召回中央。後面的情形，如眾所知。從那時起，中國終於告別混亂，開展建設。

天佑中華，剩下一些各方面的專門人才，終於開始在國家建設工作中盡了他們最大的努力。他們幫助以鄧小平為核心的領導班子，先打定了國家建設的基本步伐。那時候，臺灣建設也初步走過了第一個階段。新加坡這個新建立的

都市國家，其領導人員以華人為主。這兩個大陸以外的華人地區的作為，帶動了大陸上投身於建設工作的人才。有意無意，這三方面有時候間接、有時候直接，在建設過程中彼此扶持、互相學習。三方面的成就，前前後後都有互助的痕蹟。至於具體正式的合作，居然沒有浮到面上，卻是可惜之事。

中國大陸的建設，以我旁觀者的觀察，是先開始設立幾個試點區域，例如深圳特區，然後進一步開放，建立高新園區。在這個過程之中，另一配合的設施是道路系統：先是公路，然後是水運和空運，再是高鐵。

在此，要特別提出我所注意到的特點：中國修建道路、橋樑和高架路，都大量使用懸臂設計。我在美工作的地點是匹茲堡，每次看見這種懸臂路段，就想起茅以升先生這位中國造橋的前輩。他畢業於匹茲堡的卡耐基理工學院（現為卡耐基梅隆大學），是該校第一位博士。抗戰前他就設計了一些橋樑，最著名的是浙贛鐵路跨過錢塘江的大橋。橋剛修好，抗戰爆發，我們自己炸斷了新建的橋樑和鐵路，以免被敵寇使用。

中國橋樑公司的同仁，包括大批設計幹部撤退至重慶，住在南山黃桷埡，正在我們抗戰後期從前線撤回重慶時，所借住的申新紗廠宿舍下面。從我們的走廊上，就能看見橋樑公司的房舍。那群工程師，在抗戰期間的警報聲中，已經開始設計長江水壩了。其中有我家一位表叔，他在週末空閒時，常常爬二十來階山坡到我們家，將他們所掌握的三峽水文資料與先父討論。因此，我看見國內這種懸臂橋，常常感覺非常親切。

抗戰末期，是中國國家最弱的時候。如果不是日本偷襲珍珠港，美國參戰，戰爭何時結束還很難預知。然而，在那種時機下，這些工程師沒有忘記：一旦勝利以後，要擔起建設國家的任務。我後來了解到，這批工程師中大概三分之二還是留了下來，參加中國設計道路和水壩的建設工作。

回頭再看，中國開始研製原子彈、勘探開採石油、培養科技人才⋯⋯諸如此類的事情，都是誰成就的？很多人才是當初的資源委員會、兵工署，以及交通大學、清華大學、中山大學等高等院校培養出來的。鄧小平主政後，又找回這些人，同時以「保釣運動」激發國內外的愛國熱潮，動員海外學者回國。

之後二三十年，中國的建設呈現突飛猛進之勢。

我在 1990 年以後常常回國訪問考古遺址。那時大陸開始迅速發展，年年回去都不一樣。不僅新開發的地區和產業為數眾多，品質的提升同樣令人欽佩。追根究底，改革開放的功勞不小；中國各方面人才眾多，也是一個重要的因素；此外，在各處我也看見臺灣的投資，以及從臺灣到大陸工作的工程師和其他技術人員——臺灣的工廠常常在大陸的高新園區設立新廠，而大陸工廠的產量，很快就超越臺灣母廠。

一直到 2010 年，我每年回國訪問時，目睹各種建設發展之快速，規模之宏大。我自幸活得長，在有生之年，能夠看見海峽兩岸的改變。我深深慶幸能目睹，中國人可以在世界上與別處的精英平起平坐，擺脫兩百年來的屈辱。老年能夠看見這一情況，吾願足矣。

五

1949 年，臺灣剛剛結束日本的殖民統治不久。從 1895 年《馬關條約》開始，到 1945 年日本戰敗臺灣光復，正好五十年。當時，大概有 75 萬軍隊、100 多萬平民由大陸到臺灣。後來山東與浙江又有大量平民離開大陸，打魚的、種地的都有。當時美國海軍在山東及沿海地區散發傳單，如果願意離開，就可以隨隊登船。加上各處的難民，抗戰後從大陸到臺灣的人有 200 萬左右。

早在 1886 年，臺灣巡撫劉銘傳就已著手在閩臺之間鋪設海底電纜，開辦電信業務。但日本人剛開始殖民時，臺灣的建設並不出色，基本上沒有工業，也沒有現代道路。日本殖民臺灣的政策是「糖米臺灣，工業日本」：臺灣出產蔗糖、稻米，糖用以外銷，米供應日本國內；日本本土發展工業，重點是軍事工業，工人是本國人以及一部分朝鮮的年輕人，還有一些人擔任「軍夫」（隨軍服務的勞力）。由此，甲午戰爭以後，依靠中國的賠款以及中國臺灣島內、朝鮮半島的勞力和地方的資源，日本國力突飛猛進，迅速發展為軍國主義現代

國家。日據時期的臺北帝國大學，設有一個很小的醫學院，訓練臺籍醫生；另外一部分，則是為了日本向東南亞發展，對部分臺灣人進行「南進」戰略的訓練，作為幹部儲備。還有一所更小的學校，培養具有會計、管理等技能的基層幹部。至於臺灣的中高層官員，是清一色的日本人。「皇民」家庭的孩子不上臺北帝國大學，而是進入日本本土各處的「帝大」。例如李登輝就是「皇民」家庭出身，其父親是在臺日本警察的「警佐」。他得以前往日本接受正規的大學教育，就是因為其「皇民」身份，不同於一般臺灣人民。「本地」（亦指臺灣）跟日本之間涇渭分明、上下隔絕，是殖民時代的特殊現象。

臺灣光復後，日本的工程師、技師、教員都走了，臺灣上層人才單薄。大陸人才填補了社會結構的中上層，也填補了管理階層。即使國民黨政府努力建設，也特別注重任用本地賢俊參與事務，最終使被戰火半毀的臺灣百姓能夠生活富足，但如上施為，依然讓臺灣當地的民眾很不滿：「為什麼要你們來管我們？不讓我們自治？」原因在於，當時臺灣的精英大多已經深度日化了。

對於「二二八」事件，國民黨官方和臺灣地方意識強烈的群體，雙方至今各執一詞。起事的原因，是一個沒有販賣香煙執照的小販，在市場上被「煙酒公賣局」的調查人員沒收財物。這一糾紛引起眾多群眾圍觀。當時不知誰發了一槍，引起群眾騷動。這次事件究竟犧牲了多少人，不同來源所得的數字相距甚遠。1995 年臺灣當局通過補償條例，由受難者本人或遺屬提出賠償要求。這一程序實際上是由民進黨的副領導人呂秀蓮負責監督的。從那時至今也數十年了，受領賠償的約有萬人。民進黨提出的犧牲人數，前後並不一致，卻可達數萬之多。這一公案，恐怕永遠不會有準確而清楚的解釋和陳述了。

國民黨初到臺灣時，面臨的社會狀況是：地主、僱工及小戶貧農，其土地佔有及收入分配非常不均。從 1950 年開始，國民黨進行土地改革，推行「三七五減租」：原本佃農向地主承租土地要付的地租很高，至少是收成的 50%；「三七五減租」則規定，地租最高不能超過全年收成的 37.5%。這就使得佃農的收入增加，農村局勢得以穩定，為臺灣的城鄉結構建設了一個新的底層基礎。

接著是普設中小學，同時，國民黨將日本人遺留的職業學校、專科學校改制為大學與學院，並進一步擴大招生。由大陸來的知識人出任教員，其中不少還被陸續派到國外留學。國民黨由大陸帶去了一批人才，包括「資源委員會」「兵工署」，還有軍工學校、海軍學校、空軍學校以及幾個高等院校的教授和學生。臺灣大學曾兩設「特別班」，收容從大陸來臺的大學肄業生，分別只有十來個人和兩百多人。我讀的是正式的第一屆，有一千兩百多人，分十來個系，例如歷史系招收新生十五人，考古人類學系招收了五人。人員雖不多，但也慢慢在臺灣建立起高教體系。

南京國民政府經濟部、財政部、中央銀行等部門的很多專業人才都到了臺灣，他們將一些已成規範的制度用於臺灣的現代化建設。基層也開始執行初步的民選，比如鎮長、村長、里長都由民眾投票選出，這一舉措穩定了社會底層。社會的中層，則由比我年紀小一些的，畢業於職業學校、專科學校的人員來填充。這些措施共同為臺灣的建設打下了基礎。

1950 年以後，臺灣的建設是在無可奈何的情勢下進行。當時國民黨當局既窮又弱，只有此處可以立足，居然就認真地進行必要的建設。這也正是背水一戰的心態：大家覺得離此一步更無生存機會，於是必須製造機制，使百姓也可以過上比較舒暢的日子。

從我讀碩士班開始，出國唸書五年，又回到臺灣服務八年。這段時期，我們確實是全心全力想做好必要做的事，一方面是為了我們自己的生存，另一方面也是為了實現一個理想：先求溫飽，然後求活得有意義。

臺灣的幸運在於，從大陸來的人才中，有一大批有經驗、有能力的人員。到臺灣以後，這些前輩努力將臺灣的教育制度從日本殖民模式轉變為現代教育，我們這些學生深受其惠：老師盡了他們的力量，把著手教導我們，讓我們能夠成為有用的人。

說實話，那時臺灣生活資源不夠，我們都處於半饑餓狀態。作為學生，四年本科三年碩士班，我都是吃公費，每個月的配額是三十斤米、一杯油、一把鹽。每個人都打點雜工，設法賺點零用錢，維持半餓半飽的日子。

當時的建設工作任務中，不論哪一件，都有許多專業人員擔任指揮，設計、執行和考核各個項目的建設。當時從大陸遷臺的專業人才，是決心在臺灣共渡艱難，也希望在這個小島上能夠創造一個前所未見的現代社會。大家一鼓作氣，使得臺灣從 1960 年到 1990 年的三十年間經濟高速增長，不僅老百姓實現溫飽，而且政治體制得到改善。蔣經國在去世以前，宣佈開放「黨禁」，結束國民黨專權的歷史。

國民黨到臺灣第十年時，進一步推動土地改革。臺灣當局用土地債券以及公營事業股票，從地主手中大量換取土地；再根據家庭人口數量出售給佃農耕種，解決了「耕者有其田」的問題，臺灣的地主階級也因而消失了。如此一來，就使得原先地主階級掌握的農業資本，轉為工商資本；一部分農業剩餘勞動力，也從土地中解脫流向城市。國民黨的這一步走得非常理智。一些地主階層，因為不懂將官方賠償的土地費用轉化為工商業的投資，最終淪為窮困階層。其中有些人，世世代代仇恨光復後的官方，認為是國民黨強力奪取了本地人的地盤。

1948 年在大陸成立並隨後遷臺的「中國農村復興聯合委員會」（簡稱「農復會」），主導了臺灣的土地改革以及農業復興工作。日本先前已經在臺灣進行過農業新技術的推廣：1911 年日本就開始在臺灣推行農藥，並選育了能抗風的矮稻品種，使得稻子不易被颱風吹倒。在此基礎上，「農復會」又從美國學習了先進的農業技術，從選種、育種到土壤改造，再到施肥、害蟲防治等，全方位地推進了農業新技術的運用。農民在地裏勞作時，可以通過廣播，從「農復會」專設的電臺「農友時間」，立刻知道幾小時後的天氣預報，以及什麼時候會有飛機來噴灑農藥——大家得知後，就提前關門閉戶躲起來。農田歸農戶、技術改善、官方貸款三方面舉措同時進行，臺灣的農村很快就實現了飛躍發展。農民有了錢，就可以嫁娶、造新房，送孩子讀書。

農業發展後，臺灣的下一步是發展工業。首先建立農產品加工業，生產鳳梨罐頭、香蕉乾、蔗糖、樟腦、紙等產品；接著是小型日用電器製造工業，包括電扇、電爐、電鍋等。

第三階段，是要趕上西方的現代化。1962 年我從美國芝加哥大學畢業，回到臺灣恰逢其時。我在史語所工作，同時也在臺大任教，一直待到 1970年。這期間我與國民黨的關係從對立到對話，再到合作：一開始學者們批評他們，後來大家坐下來溝通，再之後他們主動詢問學者們的意見。當時，像我們這樣回來的留學生有一批人，只不過我是留美博士裏第一個回到臺灣的，不免惹人注意，也多招了一些是非。

　　慢慢地，我們這批留學生與國民黨的來往越來越多，經常組織起來給他們提意見、做建議。在這個過程中，我認識到蔣經國為人確實真誠，所提的意見他都虛心聽取，還與我們仔細探討。他的行政班子大多是技術官僚，國民黨的系統則有另外一批幹部，如此用技術官僚來建設臺灣，黨務人員改造國民黨。他逝世前就宣稱：蔣家不再進入政治。後來，雖然國民黨勢微了，但技術官僚一直在發揮他們的作用。

　　從 1974 年開始，我們有上百人參與臺灣建設，不是一下子組織起來的，而是有項目、有任務的時候陸續號召而來。大家從調研、規劃到籌備，各自參與介入，也請了一批功成身退的前輩，繼續發揮他們的能量。後來在此基礎上，臺灣工業技術研究院組織成立，負責設計整個計劃各部分的前後程序，以及每一種特殊企業必須擁有的服務專家。

　　1980 年，臺灣設立新竹科學園區，建好廠房，鋪好水電、道路等基礎設施，鼓勵民營科技企業來此設廠，並有免稅等一系列優惠舉措。目前臺灣最著名的高科技企業臺積電，就創立於 1987 年。後來大陸建設高新園區，臺灣的前例應起到了開路作用。

　　這三十年間，臺灣工業化躍升三次並到達頂峰，經濟一度位居「亞洲四小龍」之首。鄧小平實施改革開放進行現代化建設時，臺灣的投資商、工程師、技術工人一批一批前往大陸。如此，臺灣與大陸的現代化，在鄧小平時期就同步並進了。這兩個現代化的過程，若是能夠長期兄弟並肩，彼此扶掖，對中國而言那是多美好的景象。

我對未來中國的希望

一

　　幾千年來，中國一路的發展顛顛簸簸，但萬變不離其宗，總有一個穩定的核心；也正是這個核心，使得中國屢次經歷分裂或被外敵侵佔，仍然能夠重振。萬古江河滾滾東流，一路波折卻也順暢，然而在匯入大海之時，卻突然間烏雲壓頂，駭浪滔天。

　　18 世紀，中國遭逢來自西方文明的挑戰，在交鋒中一敗塗地。如此不利的狀態下，中國不得不學習西方：先是學西方的軍械，後來學西方的商業和工業技能，最後才不得不輸入西方的思想與文化價值。由於學習西方的動力是失敗之後不得已而為之，心理狀態難以平衡，也就難以遵循正常的心態學習：嚴拒、不甘、饑不擇食、囫圇吞棗，以至於五體投地，崇拜而不省察。近二百年來，中國人學習西方事物，幾乎從來不先從根本入手，從事起碼的研究。過去如此，近來又何嘗不然？將來，希望有人能從根本上釐清西方思想的淵源、脈絡，找到中西如何互相調適的途徑。幾乎二百年來，中國人承認西方船堅炮利

的優勢，遂以為如此建設，即足以與西方對抗。可是，中國依舊輸了。中國又覺得，西方民主政治乃是最進步的體制，然而如此主張的人士並沒有注意：柏拉圖曾經提醒世人，民主體制會被至少四種內在因素影響，轉向僭主政治而毀損民主。而且，泛科學主義學派總認為，人類的社會正如生物一樣，有一定的進化過程。那一過程，他們認為是歷史的必然。但是，很少人知道，赫胥黎對達爾文生物演化論的誤解已被人類學家指出；也很少人知道，如此理論所根據的歷史，只是西歐中古以下的數百年而已，並未充分考察人類全盤發展中各種不同的途徑及其後果。

綜合言之，二百年來中國承受西潮衝擊，中國的知識人之中，有些人惶惶不知所向，也有些人覺得只有全面學習西方一途。我斗膽提出：國人似乎眼光只在學會西方長處，只是捨己從人，而忘了審察中西心態其實相當不同，未曾想到從中西不同之處自省其差異。若能再從他人之長處接合設計，當能另闢蹊徑，開拓新天地。

直到最近一兩個世代，中國才剛剛重新站起來而已。但在站起來的過程中，中國付出了多少的代價，損失了多少的時間，以及多少聰明才智之士的能力、智力？為什麼近代中國屢次失敗？是自身的原因，還是外來的原因？這些都是我們該反省的問題。

如今，很多人服膺自由與平等乃是普世價值。可是，這一人權觀念如果受到誤解，可能導致個人與群體之間的關係失衡：個人只取不予，毀損群體，導致群體萎縮；最後社會離散，個人則回到弱肉強食的叢林法則時代。我提出這些煞風景的話頭，並非故意澆冷水，而是提醒大家：二百年已經蹉跎而去，我們在揀選何所趨避時，千萬不可以一廂情願，務必冷靜評估。理想境界之外，還有各種可能夾帶出現的後果。

美國社會，近年來漸漸出現社群解體的現象。過去都市中，商會、工會及各種社會服務性社團都不再活動，各個教會也門前冷落。如今，很多人不再有公餘的活動。進入養老小區，住客之間其實很少互動：鄰居們在電梯裏，互道一聲「Hi」而已；老年人退休後，老同事間互通電話外，幾乎不再有人來往。

凡此現象，這次瘟疫後顯得尤其嚴峻。加之美國強調族群平權，有些人為了避免言詞失檢犯了忌諱，乾脆不與人往來。整體言之，美國的社會正在疏離。美國出現的現象，其他國家的都市也都存在。

人間疏離的現象如此嚴重，以至於最近有些社會心理學家開始提出警告：人間已經沒有夢想，也就沒有理想。一種文化，沒有美好的願景，最終會僵化而停滯。一個人不必高尚到一切以天下為己任，然而至少可以自己有個願景：願意看見自己和子孫過如何的生活。自己努力一輩子，就是走向那個願景。假如行有餘力，也可以集合同志，討論社會群體共有的願景，大家彼此合作，以祈能夠實現如此的美好境界。這一構想，並不需要人一開始就做大思想家，也不需要「打天下」，建立一個偉大的秩序。但是，沒有如此構想，如何可以開始走第一步？至少先安自己的身，從安身再逐步走向立命，也就是自己終身的願望。這種想法，應當不是一種浮誇的空想。

人類這一群居的動物，竟淪落到孤狼般離群索居的境地，以後的人類將如何自處？我拋出這一警號，也是盼望喜好群聚的中國人，能夠思考、努力，尋找自己的理想境界，才能知道奮鬥的方向。我提出如下主張：每個人都有生存與發展的權利，社會群體在公權力的保護下，充分而又努力發展。社會給予個人發展的空間，個人將其發展成果回饋於社會的各個群體。個人發展中，參與競賽者都有公平的機會，不應有個人能力以外的因素介入。競爭中，成功者應當將其所得成果適當地回饋社會群體。

我衷心祝禱，以上的觀察，可以是解救今日人類疏離的對症良方。至少我盼望，各位在自己思索尋找的途徑，你不是要做一個領袖，也不是要建立一個「理想國」，該做到的只是明確自己的下一步該如何走、該如何選擇。這一步，不僅是會影響自己，也會影響到子女。就因為各位的理想，使他們走向理想的途徑，延續父祖輩的構想而繼續努力。

二

在最後，我願意向讀者報告，我對於近代中國一個巨大誤區的認識。面對西潮捲來的幾個浪潮——科學、民主與現代化——中國其實對這些觀念的本義，及其在各時代的差異，缺乏仔細的考校。19世紀末到20世紀初的這些浪潮，決定了中國面對西方時自己覺得該走的方向。不必我一一指名，那些介紹西方思想的中國人士，都是出於好心，盡其全力，引進他們以為無須質疑的觀念；而那些觀念，正是使得西方從中世紀轉入近代的主要理念。他們介紹這些觀念到中國，無不希望中國在選擇自己方向時，也遵循著西方同樣的道路，挑選這些作為主要的支柱；也希望中國可以如同西方一樣，既富又強，既自由又平等。然而事實上，近代世界歷史呈現的真正面貌，卻與那些前賢們的盼望和期許，有相當的落差。

先說「賽先生」（science）。中文「科學」兩個字代表的乃是19世紀末到20世紀初的科學觀念，但其實在20世紀中期科學已經有很大的轉變。19世紀對知識的肯定性，是樂觀而有信念的：牛頓的世界是如此清晰地平衡，又如此可知地精準。但是，在科學領域之中，許多新的現象發生了。牛頓所建構的機械式的宇宙，如同時鐘一樣精準，卻被相對論與量子力學幾乎完全顛覆。緊接著，「測量者的角度問題」也被提出。還有，宇宙本身的質和能之間究竟如何轉變？對於質點與質點之間的互動，一波又一波物理學家提出新的意見。從相對論開始，又經過楊振寧、李政道對於這一課題的質疑；一直到今天，量子力學成為物理學的顯學，也成為我們理解宇宙秩序的一個重要線索——我們才知道，那些牛頓假設的質點之間的關係，相當「一廂情願」。量子與量子之間，其互動的關係非常奇特而複雜。宇宙不只有一個，宇宙的維度也不僅只是四個。量子力學的觀點又影響了生物學的研究，於是發現細胞之內還有無數的粒子，在不同形式與不同關係之內彼此互動。其互動的情況似乎有規律，又似乎不是物理學中的空間和時間可以解釋。

整體而言，21世紀的宇宙觀，和牛頓時代太不同了。那一可知與不可知

之間的間隔，似乎在又似乎不在。對於生命本身的定義，也從動植物擴展到各種微小的生命體，比如病毒，而無論大小，這些生命體之間都在互相影響。面對這個世界，必須說我們越看越迷糊，不是說我們沒有能力看見，而是不斷發現其複雜的程度，使我們覺得深不見底。

「科學」兩個字，在過去是代表精準，代表幾乎毋庸置疑的可測性。所以，在前輩們講到「賽先生」時，會有如此的樂觀和覺得可依賴，但今天實際上已經換了天地。我們不再覺得「賽先生」一定能解決所有的問題，甚至於誤用「賽先生」可能導致更多的災害。例如：我們使用的熱能太多，就會導致地球過熱；我們使用肥料過於頻繁，就可能一次次傷害土壤。20 世紀中葉，曾有農學家樂觀地認為可以無限制地促進生產力，今天我們不敢再有如此樂觀的預測。

再說「德先生」（democracy）。前輩們剛到美國，看見其民主政治，和中國的皇帝制度和權威結構太不一樣了。他們看見的民主，實際上和書本上描寫的當年美國開國時代的民主理想，也已經有很大的落差。再說，在美國、英國讀書的前輩們，大多數時間在課堂與圖書館，不太知道一般政治運作的真相。

「民主」口號第一次被提出，是在法國大革命，自由、平等、博愛是革命的三色旗幟。我們也都知道，法國大革命幾乎就像一場鬧劇：丹東處死了反對派，也被後來的反對者送上斷頭臺，最終又以拿破崙皇帝登基結束。這種結果，也正是證實了古希臘柏拉圖的警告：一個民主的錯誤，會導致僭主的出現，使得本來可能維持的民主終於夭折。

美國的民主制度，也是從自由、平等觀念步步演進而來。那些開國者，吸收了清教徒在美國建立殖民地，並由成員自己管理的經驗。他們希望從公民的立場出發，使得國家政策的確立取決於多數選民的同意，建立一個老百姓自己的政權。而我們看見的實際運作是：美國開國時整個的結構，只是幾十個高階層的工商業者、銀行家、保險商、大地主、運輸業老闆等等，以他們自己的理念寫成了憲法。經過兩三代的修整，將一些顧慮不周的漏洞逐漸修改，想以法律作為矯正憲法偏差或疏漏的機會。

從開國到內戰，美國的「平等」與「自由」一直存在問題：黑奴是不是公民，能不能獲得同樣的平等和自由？婦女有沒有平等自由的權利，為什麼她們長期沒有投票權？如此種種問題困擾著美國。在執行過程中，在不同的時空和情況下，面對著法律和實際情況之間的落差，美國該如何調適？正在發生的新情況，該如何寫成條例，成為法律？這一過程，使得美國的政治運作表面上是取得大家的協議，實質上不免有許多意見在溝通之間，主要考慮彼此的私人利益。於是，看上去嚴肅的過程，背後卻躲不開利益的交換。

因此，「德先生」也經常在改變性格，並不像我們前輩所理解，是可以隨手借來的一件衣服，穿在身上，搖身一變，就成了新的人。「德先生」這件美好的大氅，並不是萬靈藥。果然，中華民國成立以後，只有很短暫的太平時期，外患和內部的分裂，讓中國沒有機會真正嘗試：中國披上這件大氅時，大氅與穿著者都需要多少修改？

到今天，美國和英國的學者們也時時在自問：我們的制度弊病何在？為何我們始終修不好，老是出錯？於是，「德先生」作為救星的夢想居然破滅，使得「普世真理」四個字很難落實。

到今天，海峽兩岸對民主、自由、科學、革命四個方面的內容，還有待更明白的理解。大陸在科學上，過於注重實用性。一直到最近二十年來，才有一些年輕學者回頭反思，開始深入探討。從希臘、羅馬時期開始，到文藝復興時代，再到科學革命時代、民主革命時代、社會思想革命時代，在釐清其來龍去脈的過程中，才能看清哪些是屬演化過程的，哪些是虛有其表的，哪些是有時代和地區性的制約。

我自己的學習，一輩子帶領我思考和追溯中國歷史的發展過程，也思考世界近現代發展時，哪些問題終究是躲不開。總而言之，任何書面上討論的理想，不能僅僅從表面上的陳述尋找它的真相。我們必須不斷地思考、檢驗，才能看出當前的問題究竟在哪裏，書本上的理論和現實之間的落差有多少。單單就眼前發生的現象，從書本上找標準答案，最後終於會發生方枘圓鑿的窘局。

至於社會主義，我們也得追溯到馬克思和恩格斯的時代。這一理想，其基

礎是認為人類社會正如生物學上的演化，有一定而可測的方向：一個階段到下一個階段是歷史命定的，而且一定是進步的。我十幾歲時，看見前輩們鼓吹他們心目中的理想制度，甚至於孫中山先生提出三民主義，都是抱持如此理想給我們承諾。如今看來，19 世紀提出的演化論或者進化論，禁不起現代學術工作的考驗。今天的民族學和社會學調查結果顯示，任何社會和群體都是不斷在變化的，但這些變化並沒有一定的規律，可以作為我們預測的導向。「進化」一詞由日文轉譯，這個「進」字，其實產生了更多的誤解。

當然，我們盼望任何社會都能夠越來越走向合理，更公平地分配，對人的拘束更少，而且排除帝王、貴族的專權。在 20 世紀中期，西歐和北歐的許多國家不再從現代化的教條立場改組社會，所採取的方法是福利社會，點點滴滴逐步對正在執行的制度時時修改，以符合公民共享福祉的可能性。一些社會福利國家，以英、德為例，是以國家作為實踐理想的場合。而在北歐，每一個社區是社會福利的共同體，在社區之內，大家共享資源、分擔責任。由於社區人數不多，他們也可以根據實際需要，隨時修正權利與責任之間的調配。這種社會福利國家，不是根據教條，也不是根據歷史發展的使命，乃是根據實際的情況，努力組織一個人人參與、權利和義務相對應的公平社會。

從上面所說三個觀念的變化，和今天看見的實際情況，我們知道：社會福利確實是一條應走的道路，但並非任何「主義」都可以以此當作自己專有的權力和權利。

三

對於正在劇變的世界，我不能無動於衷：今天我們身處的世界，乃是近五百年來演變的結果：因為那個過去的時段，正是西方基督教文明發揚蹈厲、籠罩世界的時候。到今天，這個西方基督教文明獨擅勝場的時代，其動力卻在變質，居然從想像中要建設一個以上帝恩賜個人福祉為主題的世界，轉變為「強

凌弱、富欺貧」的境地；而且，這種獨擅勝場的局面，福山他們居然認為是「歷史的終結」。為此，他們盡了一切努力，鼓吹要預防其他文化體系的崛起，以免自己的霸權被終止。我深深的體會是：福山等人所主張的，並不是個「大同世界」的情境。中國文化中的「大同世界」，是個人為全體，全體也為個人。在個人到群體的每個階段，都有相對應的責任，也有相對應的義務。而群體的存在，則是提供個人無法獨立完成的工作，有群策群力的動力，可以共同走向成功。

如果以《禮運‧大同篇》的陳述作為上述鄙見的依據，每個個人的抱負，應當是「修己以安人」。「安人」的過程，從近到遠，逐步擴大，最後達到「安百姓」，也就是安頓所有的人類。在這「大同世界」沒有實現以前的「小康世界」，至少要做到人人有工作，使得人盡其才、物盡其用、貨暢其流。如此的世界，確實並不容易實現，因為五百年來，基督教思想中神與個人的單線關係，已經將各級的群體置於次要。這一形勢，加上對達爾文演化論觀念的誤解，以為「強凌弱、富欺貧」是演化的常態，於是，強者、富者就有理由藐視與抹殺世界上窮而無告的地方和人民。

我對於中國未來的方向，有一個夢想：中國走向太平，其中的國民大多數生活在一個個的小社區，比如說五千到一萬人的社區，社區中的住戶彼此幾乎都認識。如此社區，真正投票選舉管理社區的人員，只要不超越社區的資源和能力，也不超越國家共同的制度，社區居民如何分擔責任等等大小事項，都可以自己決定。這樣的中國，將是符合中國理想中的「大同世界」。這個世界中有許多鄰里鄉黨，而總的合起來，則是大家共同和平居住在國家共同體之內。

我也希望，中國在世界上不稱霸、不稱王。今天的世界上，從法國大革命以來，法國、英國、美國一家轉一家地成為霸主；向他們挑戰的德國、俄國、日本，又一家轉一家地敗下陣去。在這爭霸的程序之中，至少有兩次世界大戰令大半個地球的人民捲入戰禍，流離失所，傷亡遍野。勝利的國家繼續維持霸權，以種種手段壓制新的挑戰者。挑戰者與原來的霸主都以種種美好的口號，自認為是處於正義的一方。可是那些倒在戰地的孩子，死於殘破的城市與鄉村

的一般老百姓，卻是爭霸之中真正的犧牲者。誰無父母？誰無子女？誰願意看見一個個可貴的生命為了霸主中若干「大人物」，都化為戰火中的灰燼？

我願意看見，中國以世界上大國之一自居，對內使同胞們安居樂業，對外是一個力量，自己不稱霸；也大聲地呼籲：誰也不許稱霸，面對任何霸主，全世界共討之。

我已年邁，在老年時仰望青天，許下心願：天地之間應該有如此的中國，中國應該有如此的社區。希望《禮運‧大同篇》那個「大同世界」的夢想，早日在中國落實：

大道之行也，天下為公。選賢與能，講信修睦。故人不獨親其親，不獨子其子，使老有所終，壯有所用，幼有所長，矜、寡、孤、獨、廢、疾者皆有所養，男有分，女有歸。貨惡其棄於地也，不必藏於己；力惡其不出於身也，不必為己。是故謀閉而不興，盜竊亂賊而不作，故外戶而不閉。是謂大同。

從氣候學補充中國歷史上「大洪水」及「龍山文化擴散」的解釋

　　首先，必須要解釋：海岱一帶的古代文明，為什麼面臨如此的衰落和終於離散？我個人認為：如此大規模的歷史變遷，不能僅從人事部分解釋，而應該從大環境，尤其氣候方面著眼。

　　海岱地區四千多年前的乾旱期，影響了當地已經發展得相當成熟的農耕文化。我們知道：山東是個半島，這一半島山坡地，蓄水不易；若不是經常有夏季季候風帶來需要的雨量，農耕將不易進行。因此，我想從這個角度解決：距今四千多年前，山東是否有足夠的季候風，帶來雨量？我檢查了大陸科學界有關這一時期地質和氣候的資料，才知道：這一課題也是他們經常關懷的項目。有一篇論文[1]指出：太平洋上的季候風，與印度洋上當時的氣流，有「負相關」的互動。同時，我也檢查了香港氣象臺所經常提到的項目：印度洋和太平洋之

---

[1] 《大氣科學》，第 33 卷第 3 期，2009 年，《南海夏季風變化及其與全球大氣和海溫的關係》，馮娟、李建平，蘭州大學大氣科學學院

間的氣候，也是「負相關」的關係。例如：印度洋濕熱，就會影響太平洋低緯度地區的氣流強度，以至於太平洋向東亞高緯度地區的季候風減弱，甚至不能帶來足夠的水氣。關於這一現象的討論，我找到了另一極有關係的資料：就是喜馬拉雅山區的大氣候。現在我手上能夠掌握的，一個是印度阿薩姆地區石鐘乳所呈現的氣候變化——距今 4200 年前，這裏經歷了長期的潮濕、溫暖的氣候，這一現象被稱為梅加拉亞期 (Meghalayan Age)。阿薩姆地區乃是喜馬拉雅山面向東南的斜坡，這一高度的氣候，如果繼續向山坡下降落，則會帶來長期的熱風，而使得下面的印度洋面的溫度持續上升。

另一側面的證據，則是喜馬拉雅西面的山坡下、跨過印度河，曾經出現過非常繁榮的哈拉帕文化。這一文化乃是埃及文化與兩河文化的混合物，可惜在距今 4200 年前忽然消失。其原因有很多猜測：包括外敵侵犯，甚至小行星撞擊等等；最後，學者們將毀滅哈拉帕文化的悲劇，歸因於大型水災。讓我們設想：如果同樣在山坡上，有如阿薩姆一樣長期的溫濕氣候，將會引發喜馬拉雅山坡大量的融雪傾瀉而下，終於毀滅了這一了不起的古代文明——目前，英國和印度的學者，都認為這一解釋最為可能，以至於在印度的教科書上，也有如此的說明。

另有一個新近發現的中國本土的氣象證據：也就是譚亮成在甘肅隴南市西和縣，所發現的烏鴉洞距今 4000 年前的鐘乳石氣象資料。根據譚亮成等在甘肅省烏鴉洞中採集的石筍資料 [1]，經同位素測定顯示：他們發現距今 4500-3500 年前，黃土高原曾發生三次強降雨，導致黃河中、下游三次嚴重的洪水；同時，在強降雨之後，會有一段間歇期，反而是比較乾旱的氣候。[2]

一般而論，黃河中、下游的洪水，的確可以造成災害。只是，我也想起：如此多的冰雪長期融化，往江源、河源輸送——近水樓臺先得月，在關中高

---

[1] Liangcheng Tan, Yanzhen Li, Xiqian Wang, Yanjun Cai, Fangyuan Lin, Hai Cheng, Le Ma, Ashish Sinha, R. Lawrence Edwards. Holocene monsoon change and abrupt events on the western Chinese Loess Plateau as revealed by accurately-dated stalagmites. *Geophysical Research Letters*, 2020, doi:10.1029/2020GL090273.

[2] 我在《經緯華夏》之中，曾經討論過南京師範大學吳慶龍的主張——積石峽冰川堰塞湖決壩的論述；譚亮成以長期氣候變化的討論，不僅可以補足吳氏論述之缺陷，而更具可資檢驗的資料。

原甚至於附近的甘肅一帶，最先承受大量浸灌；那就未必是災難，對於當地而言，竟可能是相當的幸運。西周以後直到秦漢，關中高原土厚水深，曾經有「八水繞長安」的盛況。那一段的洪水，豈非可能造成了周、秦、漢三代據地為雄，仰仗關中地區的沃土，足以撐起主要朝代的「總司令部」？這一局面維持到隋唐時期，因人口眾多，消耗巨大，關中才逐漸枯竭，最終造成開元、天寶的大轉折：唐朝末年，中國的文治武功，都不再是關中所能支撐；於是，唐以後中國的重心，才移到洛陽附近。

以下我們可以將上述現象，分別處理兩項中國歷史上的重要課題：一個是龍山文化大離散的問題，另一個則是夏禹治水的問題。

如前所述，喜馬拉雅山下印度洋，在距今 4000 年前的時期，高山坡以下，冷空氣因落山風而升溫，形成了長期的濕熱氣候，以至於影響到南太平洋的洋面溫度；相對而言，兩洋氣候是「負相關」，於是南太平洋的低氣壓中心，吹向亞洲東岸高緯度的季候風不再強烈，也就無法帶來足量的雨水，進而影響到山東地區長期發達的、以農耕為主的龍山文化，使其喪失了原本優越的農耕條件，其原本高度發展的文化也就無法繼長增高；而其原有的居民，也就不得不遷移，進入淮漢以南的長江中下游。這一離散，使得中國的中原，也得到了意外的收穫：那一海岱地區發展的龍山文化，對中原的鑄銅技術，引發了技術革命：中國開始知道應用坩鍋熔鑄金屬熔液，然後澆注入範，以鑄造金屬器用和刀刃。中國在甘肅一帶出現的銅器，原本是敲製的小件，也因此中國的鑄銅史，是在這一時期才有了革命性的轉變。中國科技史大家華覺明，將澆鑄處理金屬的方法，列為中國對世界科技的重要貢獻。

至於大禹治水的問題，如果以譚先生的氣候資料作為基礎，則距今 4000 年前的大洪水，不僅出現於黃河流域，也同樣會影響到長江流域。因此，我以為：早在古代，四川也有大禹及其妻子塗山氏治水的傳說，如果沒有上述背景，我們很難解釋這一故事的來歷。

中國傳說時代，將夏禹作為「家天下」制度的起始。其實，這是將後世「家天下」的「朝代」觀念轉嫁於古代。夏禹的天下，並不如此穩定。傳說中

的夏代，就有許多起伏：那一前朝英雄后羿，挑戰過夏的權威；夏朝的君位繼承，也數度被中斷。戰國時代，屈原《楚辭》中的《天問》，提及許多夏、商、周的典故：其中諸多細節，我們已經無法重建，因為屈原的陳述，大半是由前述龍山文化的擴散——也就是歷史上「祝融八姓」出走，所帶來當年海岱故居的歷史記憶。《天問》中提到的那些是非，許多是從龍山的立場，對於夏政權的批評；如果真有細節可說，那一段夏代轉變的過程，以及其王權合法性，在屈原的心目中並不平順，也未嘗將其視為一個穩固的中央政權。有如此背景，我們才能理解：夏商轉移的特殊性，以及西周以夏代為自己祖先的背景——「西伯」這一名稱，以及西周對夏人的種種回憶，也才能有所著落。

更往長遠處看，如果二里頭是夏人權力中心之所在，二里頭文化與陝北神木、石峁甚至於河套的朱開溝，各處古文化都屬於一個系統。這一連線，正是代表夏人以及後世的西周，與稍微更西一些的羌人，這一系列代表黃土地帶，也就是今日所謂晉陝甘高原，乃是一個以高原為主體的西部大文化區。在上述大洪水時期，正如前說：這一地區的黃土累積層厚而完整，幾乎如同海綿一般，充分吸收了大洪水滲透的水量，遂使西北這一塊土地，成為中國黃河地區西端最完整的文化區。這是大洪水對西北所創造的利益：原厚水深，這一地區可耕可牧，進可攻、退可守，因此充分說明了傅斯年先生「東夷西夏」對立與並行的理論。二十年前，我曾重返家鄉，也訪問了陝西、河南、湖北等處的遺址：所見所聞，今日與過去的差別，竟如隔世。凡此比較，悲欣交集：往日都已過去，歷史就是如此！學歷史的人，必須學會能夠理性地瞭解過去。

商人的崛起，正是大洪水所引發的另一效應。夏代的接手人，乃是從東北移徙至黃河三角洲地區的商人：他們自命為鳥生的後人，以「子」為姓，乃是一隻燕子的形象。以鳥為祖先的民族，其實幾乎都源於渤海以北的東北山區。中國歷史上的所謂東胡之屬，例如滿洲、高句麗都有鳥類作為始祖的傳說，商人就是其中最早見於中國文獻記載的一族。

大洪水氾濫過以後，終於流向渤海和黃海。那一帶氾濫洪水留下的土壤，確實非常肥沃。因此，河流入海口的三角洲附近，災後受益最多。據《左傳‧

昭公十七年》記載：「昭子問焉，曰：少皞氏鳥名官，何故也？郯子曰：吾祖也，我知之。」這一古老民族的後代，一個小小的郯國，其位置當在沂水附近，離山東微山湖那一串湖泊地不遠，也就是正當舊日氾濫平原的最低處。到了宋代，「梁山水滸」還是一片沼澤、湖泊。商人的文化屬類，正是與古代郯國同源，都是從東北一直延伸到黃河口的東方族群。

傳說的商人祖先，其中一脈，自東北遷到淮水附近的商城，終於建立了新的王朝。其最初立足，就在淮河下游和黃河之間，也正是黃淮之間最肥沃的地區。追本究源，夏代的大洪水，在黃河下游最得益之處，也就是山東這一角落。換句話說：在河源上游是晉、陝、甘得益，黃河下游則是黃淮地區得益。商人由東北進入中原，在這裏起家，應當不是偶然。

而且，商人移動到黃河流域水濱，仍舊以漁獵為生。這一族群的故事，同樣出現於《天問》。歷史所記載的商人祖先王亥，其年代應當距今 3800 年左右，也正是前述大洪水過去，新環境促成一批新人物上臺的關鍵時刻。安陽等處商文化的遺址，出現了大批車輛的遺存，以馬車作為戰具，乃是同時期稍早出現於兩河流域的大事。商人能夠大量擁有戰車，其所擁有的力量，也的確可以代替前朝，成為東方中國的主人。

以上，拉拉雜雜扯出許多課題，實際上目的在於：探索從自然歷史——也就是大氣候的資料——作為背景，是否能夠幫助我們對於古史的記憶，可能取得一些前人未見也未到的說法？許靖華先生主張氣候影響歷史，他有專著討論氣候本身的轉變，對於歐洲歷史的解釋，可以指出許多前人不太注意的歷史背景和過程。我在本文的方法學，頗受許靖華先生的影響，也在此向這位本家，謹致敬意。同時，對於吳慶龍和譚亮成兩位學者在此課題上的努力，謹表欽佩，也感激他們提出如此的證據，使我的一些假設可以因此而落實。

附：《天問》中有關夏禹及其後代的相關論述

　　禹之力獻功，降省下土四方，焉得彼嵞山女，而通之於臺桑？閔妃匹合，厥身是繼，胡維嗜不同味，而快鼂飽？啟代益作后，卒然離蠥，何啟惟憂，而能拘是達？皆歸射鞠，而無害厥躬。何后益作革，而禹播降？啟棘賓商，《九辨》《九歌》。何勤子屠母，而死分竟地？帝降夷羿，革孽夏民。胡射夫河伯，而妻彼雒嬪？馮珧利決，封豨是射。何獻蒸肉之膏，而后帝不若？浞娶純狐，眩妻爰謀。何羿之射革，而交吞揆之？阻窮西征，巖何越焉？化為黃熊，巫何活焉？咸播秬黍，莆雚是營。何由並投，而鯀疾修盈？白蜺嬰茀，胡為此堂？安得夫良藥，不能固臧？天式從橫，陽離爰死。大鳥何鳴，夫焉喪厥體？蓱號起雨，何以興之？撰體協脅，鹿以膺之？鼇戴山抃，何以安之？釋舟陵行，何之遷之？惟澆在戶，何求於嫂？何少康逐犬，而顛隕厥首？女歧縫裳，而館同爰止。何顛易厥首，而親以逢殆？湯謀易旅，何以厚之？覆舟斟尋，何道取之？桀伐蒙山，何所得焉？妹嬉何肆，湯何殛焉？舜閔在家，父何以鱞？堯不姚告，二女何親？厥萌在初，何所億焉？璜臺十成，誰所極焉？登立為帝，孰道尚之？女媧有體，孰制匠之？舜服厥弟，終然為害。何肆犬體，而厥身不危敗？吳獲迄古，南嶽是止。孰期去斯，得兩男子？緣鵠飾玉，后帝是饗。何承謀夏桀，終以滅喪？帝乃降觀，下逢伊摯。何條放致罰，而黎服大說？

2024 年 5 月 5 日

許倬雲改訂於匹茲堡

歷史上北方與中原地區的互動

中國歷史上所謂「四方外族」，與核心區不斷有所來往。我們過去不太注意，這些外來者在交往的過程中，究竟是同一種方式，還是有不同的形式，導致了不同的後果？

一

首先，我們必須瞭解：在中國這一核心地區，早在新時期時代的文化發展中，已經完成了農業化過程——也就是說，核心區的生產事業，乃是在固定的農地上居住，以及生產其農作物。這種農業社會，生產很快就會超過一定水準：不僅足以自給自用，還有餘力可以吸收外來人口，或者運往別處售賣。

本書中所涵蓋的核心區，其本身範圍相當廣大；而且與四裔各種民族互動的過程，也相當漫長。概括而言，先說東北方面：這些外族居住在大興安嶺

外，包括呼倫貝爾以及廣大的「三江流域」；這些草原牧民，其語言和血統，都是東方系的「烏拉爾－阿勒泰」方言群——甚至日本和朝鮮半島的居民，也屬於這一類人群。

這一群生活在東北或正東方廣大草原上的牧民，騎駿馬、射大鵰，加上樹林裏面的狩獵和大河中的漁獲；他們活動的幅度寬大，大汗們鳴鏑響處，分散四處的小部落隨聲響應，衝破草原與農耕地帶的高原，進入東方的黃河平原，甚至遠及淮、漢。有時他們所建立的政權，能夠割據半個中國；甚至於席捲北方之餘，還侵入南方長江流域，將整個的中國踐踏於鐵蹄之下。這些邊患，在中國歷史上不斷反覆出現。而且，這些東北方向進入中原的馬上騎士，其影響力不外乎戰鬥與征服。

有關黃河流域灌溉平原的東區與北區，已故好友、考古學家童恩正教授指出：有一個大弧形的「高原帶」，從東到西，然後折向西南，環抱了長江、黃河的灌溉區。這一大弧形，就是農耕的中國，與牧養為生的草原之間，拉鋸來往的地帶。

從北方黃河流域、南方長江流域以至東南沿海，是早期中國的疆域，後日還逐漸擴張進入西南山地。這一地區，四面都有鄰居。其謀生的方式，不如農業地區的中原時，他們會「浸透」中原，慢慢變成居民的一部分。不過，在北方草原上居住的牧民，進入中原以前，其生活形態完全與農耕不同。他們的生活是移動的，其牲口育養，也有相當大的部分是「靠天吃飯」，並不能夠經常維持安居樂業。這些「北方鄰人」，是我此處想要處理的主要對象。

二

中國北方牧地，假如以今日內蒙古為主要的「中間區」，這條線可以從東北大興安嶺，以及外面的林地、河流、湖泊作為腹地的廣大東北方，更往中間走，今日內蒙古錫林郭勒、鄂爾多斯以至於陰山下，這一帶「直北」地區，乃

是牧人進入中原的通道。這一帶更往北直至唐努烏梁海，則是連續的草原和樹林——這片地區，我們今日稱為外蒙古，乃是歷史上中國北方牧民最主要的根據地。從今天的河套以北鄂爾多斯一帶往西南轉折，進入關隴以西的狹窄通道：這一條通道上，北面是有時稱為金山的阿爾泰山東區，南面是喜馬拉雅山大山區的北麓陡坡地帶，坡下有濕地、草地，及湖泊、水澤：則是另外一片牧地。

這一條中原以北的廣大草原地區，由東向西，靠近寒帶樹林，一路山林迤邐而西。山林擋住了寒風，因此，這一串山林的南麓，就出現大大小小的牧場：從最東邊的呼倫貝爾，直到高加索，其實都是較冷地帶的草原，各地都散居著游牧部落；他們因應氣候的寒暖以及自身勢力的消長，不斷移動、合併或分化。如果天然條件和人事的努力，出現了一個比較有野心的族群，則這一廣大北方大草原地帶，則可能屈服於同一個族群的領導。雄踞北方，他們不大可能更往南打進中原，因為中原與北方地帶的草原之間，還有一些山林隔斷。自古以來，這一北方大草原帶的分合情形，很少有書面記載。以中國歷史而言，至少匈奴和蒙古兩次大擴張，都在這北方草原上起家或結束。匈奴在秦漢是嚴重的邊患，但在漢代五單于爭立之時，這些臨邊部落只能各自求方便，在不同的地點侵入中原。而在中原與匈奴之間的各處戰役，很少有中原的北伐部隊，會穿過中間地帶，進入北方大草原。因此，大草原上孕育的匈奴人，有相當大的部分沒有參與匈奴侵華的各種戰事，而是在北面自己分分合合，終於形成一個強大的力量。這一北方大匈奴的人數和戰鬥力，非常強大。在靠近高加索西端，他們也就和雅利安種的牧人，產生血統上的混合。因此，在西方歐洲和中東的記載上，提到匈奴，談虎色變；而他們稱這些匈奴為「白匈奴」。中國的典籍，在這方面很難有清楚的交代。因為在兩漢之間，中原的勢力已經進入河西道；離開西域的大月氏，終於在阿富汗走廊得到立足之處，在當地融化於鄰近的民族。也因此，歐洲歷史上阿提拉兵臨古羅馬城下的那一事件，終於留下了今日匈牙利的存在。匈牙利人自己承認和匈奴有關，然而自己也說明並非由中國而來，而是由亞洲北方草原進入歐洲。

突厥人的分佈非常寬廣：整個阿爾泰山系，都是他們的「老家」；平時散居在各處山谷，合則為整個的大突厥族群。我認為：在中國境內包括河西走廊的突厥，是突厥大族群東南角上的一部分。在那一北方大草原之上的突厥，其西邊所分佈的區域，實際上已經超過了今日新疆天山北麓，直接插入「四海」地帶。這些北系的突厥人，成為歐洲民族互動中重要的成分。

　　第三群從東方崛起的游牧族群，則是蒙古人，他們也是從東亞北面的草原上起家。成吉思汗一生東征西討，分分合合，有時候與另一族群結盟，而旋即結拜弟兄也罷、號稱義父的王罕也罷，都成為他的部下。成吉思汗一生的征伐，其實大部分都不在中國境內。而他西征的過程，主力部隊也並非從中國出發，而是在北線一路向西。因此，成吉思汗分封諸子建立的幾大汗國，都在歐洲「四海」與亞洲、中東之間。西方人將成吉思汗帶來的大災禍，號稱中國來的「黃禍」並不確切——這一族群的西征，甚至於沒有依賴已經被蒙古佔領的中國，為其輸送後勤補給以及派遣兵員。

　　以上三群人的往來進退，牽扯到真正亞洲與歐洲之間的恩怨。究其實際，乃是北亞大草原上的力量。如此大帝國，不是中華帝國的延續，乃是蒙古大汗的擴張。中國人用不著以大元的榮耀，當作中國的功業；當然，也就不用向西方人道歉。以上說明，頗佔篇幅，目的就是在糾正一個大家經常犯錯的認知。

三

　　出了今日長城嘉峪關，就進入新疆的天山南北路——中間一片山，北面是陸地與沙漠，南面則是一連串綠洲，點綴於沙地之間。天山南北路及至中原邊界，即是我們傳統稱為「崑崙」的地區。這一串狹窄牧地之北方，天山、阿爾泰山區域，又有許多面向南方的山谷，是零碎的牧地和谷地，彼此之間有道路相通，但是割裂為一塊塊較小的山谷牧地，相對分散。以上這一大輪廓，我們可以視為中國東方、北方與西方邊患發生的地區，也是中國北方由東往西生

活的族群所活動的「舞臺」。

從張家口到鄂爾多斯之間，河套東側大轉彎，也就是上述「東區」與「北區」之間，乃是陰山山脈所在——峰巒環立，山谷的小塊牧地非常分散。所以，「雲中」以北這塊土地，毋寧是中國北方牧人東西移動的過路地帶，同時也是東西之間的障礙——既不足長期養活眾多牧民，也非能夠順暢通行的大道。那塊土地，中國北方胡人往往視其為東西之間的界劃。

胡煥庸先生，這位中國地理學界的大師，擅長規劃地理分界線。他在從東到西的牧人地帶，也畫了一條「胡煥庸線」：東自大興安嶺下面的碣石，由漠北向西，經過燕山等處，到達陰山地帶；由此更往西方，其西段路線乃是黃河「河套」以至晉陝之間的「龍門」。我以為，黃河「河套」兩側，由於河水浸灌而成大片良田，這一平原區在古代稱為「太原」，其實和今日山西太原並無關係，只是「大平原」的意思——「太」者，大也。

從雁門關進入這一大平原的狹窄地帶，是北方牧人進入中國西北部的主要路線。因此，南匈奴等等東北方向牧人延伸的前線，大概都在這一帶。而古代獫狁等牧人群，往往在這一帶與華夏居民進行戰略性的決鬥；東方牧人能夠延伸的佔領區，大概也就在這條線上。這一條「胡煥庸線」的北線部分，他似乎無法繼續往下劃——有時將其西端，放在賀蘭山區；有時又將其放置在陝甘之間的山谷、濕地。

我個人的意見：胡先生的遲疑不決，乃是因為這一區域地處青、甘、寧的西路咽喉，其實並非北方草地的一部分。這一特殊地區，因其「走廊」的功能，我認為乃是中國腹地西向開口的咽喉所在。因此，假如我們以地理的角度討論，無論文化的交流，或者雙方實力的推移，其動因常常就在這一塊「胡煥庸線」並未具體申論的那一狹窄的河西走廊。其實，胡先生沒有注意到的還有上文提及「雲中」以西的北線：那條線沒有確定的交通要道，毋寧是牧民們可以自求生活的廣闊天地。晚到明清，這一批牧人的西方觸角，才深入今日的俄國本部，那就是後世所謂「北口買賣」所經之處，此處不予贅言。

四

　　如前所述，歷史上進入中原的族群，有相當大比例來自東北——山陵、河流交織，甚至於存在呼倫貝爾如此豐茂的大草原的廣袤區域。經過東北進來的人群，從我們比較熟悉的名稱而言，有古代的狄人；以後世歷史比較明晰的記載而論，則有肅慎、東胡、匈奴、丁零、烏桓、鮮卑、契丹、女真以及早期的蒙古，最後則是滿洲。這些族名，如此眾多，而且在中國歷史上挨次出現、進入「舞臺」。其侵入中原的道路，有的經由燕山，有的直接經由遼東越過長城，進入海河流域與黃河中下游；有些族群就留在北方，建都於今日北京——其中最強大者如契丹、女真、蒙古、滿洲，有些甚至完全入主中國，成為中國朝代之一。這些進入中國腹地的東方外族，在遷徙到中原以後，幾乎無一例外，逐漸被中原農業文化吸收，成為中華民族無法分割的一部分。

　　這些北方的胡人，從北方草原一腳踏入中原的過程中，最正常的情況是：牧民將牲口或草原、林地獲取的資源如人參、貂皮以及毛、角等製成品，換取中原的鹽、茶、紡織品、日常用品等商品或資源——其中也包括由中國轉運的海外產物，例如香料、珠寶等來自各地的特產。長此以往，會在沿邊發展為「邊市」：其中有些商人，會放棄牧場上的工作，經營互市營商獲利，也得到更安定的生活。《漢書》所稱「戎王」的牛羊以山谷計，正是為了中原貿易的需求，直接將放牧的地區，置於非常靠近邊界的山谷之中。如此密切的來往，就躲不開胡漢混合的文化交流。最後則是：中原農業地區豐厚的生產力與安定的生活，將北方胡人一批一批吸納入中國的疆域之內。另一形態的交流，則是大批牧人在草原上遭受災荒或瘟疫，為求生計，南侵中原。在如此衝突之中，牧人中如果出現能幹的領袖，就會嘯聚大批胡眾，揮軍南下，鳴鏑所響之處，漢家邊關一處一處被打破。於是，大批胡人擾亂了中原、佔領了中原，甚至於征服了中原。

　　至於北方胡人更往西北發展的狀況，這一過程已見前述。總之：中原與北方牧民之間的互動，凡此種種，都是亞洲地區人類，以中原為核心，在不同

的情況下，與遙遠中東與歐洲不斷互動：有侵犯，有撤退，有戰爭，也有交易——如此，才構成了世界舊大陸最主要部分區間的種種複雜關係。總而言之，這是人類歷史上很重要的一部分；當然，也就逐漸引進近代以後，世界上南北對抗，東西交流的大開大合。

五

我們現在處理的這一地區，是「胡煥庸線」西端。其間的問題，與東方大草地上的牧人，有相當的差異；也因此，如果以陝西高原為界，包括陝西高原在內的西區，其間當地文化發展的過程，及接受外來刺激與適應的過程，都會有相當的不同。不過，我們必須強調：這一地區的歷史發展過程，在中國歷史上也有其非常重要的地位。傅斯年先生的「夷夏東西說」，其「夏」的部分絕對不是一個邊緣。

如前所述，這塊區域以中原本位而言，是國土西北角與西域交通的管道。這一角落，和中原直接的關係，是地處陝西高原的西面，甘青一帶高山深谷間的低濕草地，從甘隴西向經過一條很長的夾隴：其南邊是喜馬拉雅山和西藏高原，其北面整體而言是阿爾泰山南麓。這條通道的較寬處，由於地處前述兩大群山之間，因此能收集降水，形成許多水澤：最大者為青海湖，一般者例如居延泊；此外，還有許多水淹腳面的草地，即所謂「淖爾」。

這一「長胡同」，中間又分割為許多低矮丘陵圍繞的小山谷；甚至於由此向西南進展，川北羌地的汶山草原，也是中國邊區著名的山區牧地。如此地形，最適宜小型牧群，就在附近山谷之中牧養；而牧人就住在山坡上，隨時照顧。如此描述，乃是希望大家能夠理解：如此地形，就解釋了為何今天中國所見考古遺址中，有山區的特殊風貌。

中國考古學上，三星堆文化經常被人視作難解之題。其實，有關三星堆的過去，《華陽國志》是一份相當值得參考的資料。遺憾之處在於：作者常璩在

年代方面的交代，難見清楚的界劃。然而，《華陽國志》的記載，其實頗能反映古代蜀地的事蹟，而的確與三星堆所陳述的現象，有彼此相關之處。

《華陽國志》記載的望帝，乃是出現於三星堆地區較早的時代：他們自稱以汶山牧地作為根本，然後下坡進入四川盆地的農耕區；望帝被溯江北上的鱉靈篡奪政權，失敗的君臣們，仍舊逃亡回到北方康藏山地，號為「成仙」。雖然這些後世的文獻資料，只是從《華陽國志》本身敘述巴蜀各處的情況，其詳細與精確的程度足以借來補足考古資料之不足。回憶抗戰最後三年，我們從前線撤回四川，居住重慶南山樹林之中。春日林中不斷有杜鵑啼鳴，聲聲「歸去」。那時就常常想到「望帝春心託杜鵑」的典故。這一晃，竟已八十年了。

在這一兩山夾峙、中國與中東聯繫的河西通道，這裏居住的族群，他們遭逢的是機緣，還是壓力？其具體的族群的分野如何？常常有混淆之處。歷史上，這一地區的居住者，其實並非同一批人。其中較早佔領過這一地區，而且發揮過一定功能的族群，應當是所謂南匈奴。此外，在此通道南麓的居民之中，喜馬拉雅高山群的居民，包括羌人、吐蕃等等，由於有一半的成分是在山地活動，已經超出了通道地區，我們不能將其都算成這一帶的居民。

在河西走廊，人眾最多且居留最久者，乃是突厥族群。他們是在阿爾泰山南麓長期居住的牧人，過去常常將其與斯基泰人或維吾爾人混淆。其實，這三種人並非同一族屬。突厥人不是雅利安人，可是他們的膚色相較典型的中國人膚色較白，鬚眉較濃，五官並不比黃種人更為立體。至於斯基泰人，則是亞洲種混雜了雅利安人血統——他們與西端的亞洲人混居，又構成了一種「非亞非歐」的中間形態。前一節我們已經說到亞洲北方大草原，數度出現的大混合，對於建構這種白種亞洲人，有其歷史上的淵源。這一人群所呈現的文化風格，由於近距離游牧的生活形態，突厥人與斯基泰人確實在許多地方有類似之處，也就難怪經常被人混而為一。

可能因為這一區域，山岩顏色相當深黝，而溪流的顏色也相對地映照為深色。所以，沿著這一通道，在北面阿爾泰山山腳沿邊，一路經過許多南向山谷的牧地，聯繫為一條「黑山道」或「黑水道」。例如《木蘭辭》中的「旦辭黃

河去，暮至黑山頭」，反映的即是北朝晚期的情形——「黑山」這一名稱，正是經常在這一帶出現的地名。

在中國考古學全面展開前，前輩考古學家乃是以四壩文化當作河西走廊上仰韶文化的標杆。這一認知，雖然已經經過中國考古學各方面長足的進展，仍舊可以繼續認作仰韶文化在河西走廊的重要指標。中國考古學界，很早就將仰韶文化與龍山文化作為東西兩端的對稱。其中，西方仰韶這一環，實際上就發生於河西走廊這一地區的東段。至於哪一族群，是真正製造這些陶器的主人？由於他們混合居住，其實不易分別——我們且稱之為中國黃河大平原西端，高原之上的一群牧人，他們就是仰韶文化的鑄造者。整個中國地區的史前時代，在青銅時代以前，以陶瓷為分野，就成為東西兩種形態的互動。本書這一段的討論，實際上就是為了澄清一些可能的混淆。

河西走廊所涵蓋的區域，假如以今日中國省區劃分，主要的部分在陝、甘、青三省，其西端則主要在新疆——那裏又是另一番局面，此處不必贅述。這一通道的西端所居住的人群，又不僅是通道地帶的南北兩路，而是有許多在天山和烏拉—阿爾泰山系居住的牧民，或者沙漠綠洲上的城郭居民。他們的種族來源複雜，而且近鄰之間也不免混同。既然是在通道的東邊，已經超越了通道的範圍。因此，這條走廊與中原的關係及其功能，都與前面討論的亞洲大陸北方廣大游牧區，存在極大的差異。

至於生活在這一地區族群的來源，基本上就是走廊南北兩條山地中的牧民。然後，這條通道進入新疆以後，當地的居民則是居住在綠洲城市——雖然有少量農作，他們基本的生涯是經營商業，而其領袖則是部落首長轉任為城邦的主人。

從古代說起：這一通道上，大概曾存在過西周與姜人兩個關隴族群的鄰居。西周和姜太公領導的羌人，兩族攜手、聯軍東下；他們的部隊之中，有許多成分，在封建以後稱為「國」，也有在封建以後只稱為某「姓」——他們移徙他處，從周室封唐叔於晉，這一個新單位的成立，就包含了許多過去獨立的沿邊族群。例如鬼方的後代，就以「槐姓」為標誌，而有「槐姓九宗」，隨著

分封到山西的晉侯。又如古代的玁狁，曾經是中國的邊患；然後，又終於在姬姜合作的局面下，這些人也稱為「允姓之戎」，隨著諸侯的分封散佈於各方。而同樣在晉侯攜帶而去的群體中，還有來自密國的人群，帶著密國的神鼓到達封地。

這些國家的名稱，在考古學上很容易就能找到。例如「密」的遺址，已經被發掘；而且，這一遺址的形態，與當地其他遺址非常相似——一個小山谷、一汪泉水可供牧養，宮室居所則建於山坡。同樣，我們也能夠瞭解：為何在秦人起家於陝西高原時，鄰居「義渠」數十國都是其後盾——此處的「國」，也就是一個牧群的社區與活動天地而已。這一地區的整合過程，就是如此不斷地將小單位聚合為較大的群體，而成為一方勢力，甚至於成為一個朝代——例如西周。

在上述通道地區，直到今日新疆西向的西口，有些當地的胡人，在歷史上經常以突厥與羌藏為主體——前者我們往往稱之為「阿勒泰系」，有時候在西方的典籍上，稱之為「斯基泰」，在中國典籍則稱之為「戎」「羌」兩者。可是，有一部分從東方進入草原的牧民，他們會超越中間那一帶戈壁，進入河套這一黃河「大轉彎」，再由此轉入關隴、青海、甘肅那一帶的濕地與山谷。這些人也會在這一狹窄的西向通道上立定腳跟。也有一些屬於喜馬拉雅山區牧地的人群，則逐漸分散於川北牧地，以及肥沃的四川盆地，建立了維持較久的部落群體乃至於國家。下面，我們就以長居久留甚至於立國建統作為條件，以南匈奴和西夏作為例證，加以論述。

六

先說南匈奴。匈奴的族群，其源頭是亞洲北部偏東（約在今日呼倫貝爾草原）的牧羊人。他們在古代出現較晚，要晚至戰國時期，匈奴逐漸西移，才成為中國農耕人群的重要挑戰者。秦始皇建國，兼併黃河、長江地區諸國，是一

大事業。然後，秦人大力修築長城。秦國大將蒙恬，其主要任務即是希望以萬里長城，界劃農牧之間，使胡人牧馬不能隨時南侵，干擾中國農地居民的生產和安全。

漢承秦後，從漢高祖被困於白下，北方匈奴的挑戰，就成為漢帝國不得不面對的威脅。整個兩漢，中原最大的對外戰事，都在於抵抗匈奴。衛、霍邊功，終於將匈奴擋在北面。只是，在河套以東，基本上利用屯田和移民實邊，擋住時刻存在的匈奴威脅。東漢時期，匈奴的威脅並未減少。東漢整個國家的力量，也有相當部分放在防禦匈奴；竇憲利用北方的大寒潮，趁機北伐，才基本上解除了漠北的威脅。

可是，匈奴有一支力量，在其內部各單于爭位時，選擇了向西開發——穿過河套進入關隴地帶，然後佔領了今日的賀蘭山、祁連山一帶的谷地：這就是南匈奴。南匈奴與東漢幾乎並存，以至三國時代，其勢力還是不容輕視。東漢對於南匈奴的政策，乃是和親。在曹操時代，南匈奴侵犯中國，擄掠人眾。蔡文姬就是被曹操花了些心思，贖回來的俘虜。這一事實就可理解：東漢通西域，加強都護府的權力，似乎東漢的力量已經超過通道，直達今日新疆。實際上，這一南匈奴的存在，霸佔了賀蘭—祁連山谷，漢通西域的大路，只在隴右四郡而已。而漢代的軍中子弟，六郡良家子，大多是關隴之間的邊民子弟。因此，南匈奴在中原與西域之間，長期是一個繞不過彎的「攔路人」。而西域承受中原和匈奴兩重壓力，其中的居民紛紛移徙，造成了一個「推背行」的現象。而西域與中原的貿易，由於中間有一大片的匈奴力量，也並不十分順暢。

兩漢的匈奴，經過中原全力打擊，到了東漢末期，中原分裂；邊疆上的匈奴也逐漸不成氣候，甚至於淪為當時軍閥們利用的武力。連番征戰，使得匈奴本身耗損很大，有些居然同化為中原人民，也有很多與其他散居中原的游牧族群，結合為自己的作戰單位，在晉末五胡亂華時，各自佔地為王。此外，有一部分匈奴人則向西北逃亡，與前述亞洲北部地方廣大牧地上的游牧民族匯合，成為闖入歐洲，乃是前述歷史上著名的「白匈奴」。

兩漢滅亡，三國轉為晉代。晉代管不住天下，終於中原北面陷入五胡亂

華的局面。匈奴、鮮卑、羯、氐、羌，其中真正新投入戰場的是氐人。羯、氐、羌都是生活在前述通道中的當地居民。他們捲入中原的戰場，扮演的其實是個配角。其中最輝煌的一段，是苻堅領導百萬大軍，幾乎統一了中國北部。但是，其族群來源眾多，根本無法成事。五胡之中，最重要的一批，則是從興安嶺大樹林中走出來的鮮卑人。這些人進入東亞北方的牧地，一批一批侵入中國，維持最久、陸續不斷。在五胡亂華後，統一北方的北魏，就是鮮卑人。這一段南北朝的混亂局面，延續至以北周的繼承者出現的隋、唐，終於再度統一了中國。

七

回到西北通道那一濕地、山谷交錯的區域，乃是中原混亂之時，餘波蕩漾，難免波及的後方。隋唐時代，回鶻、吐蕃都在此地進出。他們基本上都是本地族群，進入中原或從軍、或經商，留居中原本部的人群，就在如此情況下久居不歸，終於融入北方漢人群體。

隋唐到宋代之間，中原以北的外來牧民，逐漸被漢人同化。然而，有兩支力量卻成為西北地方的特殊成分：一支是西夏，他們原本只是五胡中原逐鹿時，黨項羌人部隊的一支，與從東北進入的部分鮮卑人融合，在中原擾攘之際，成為被唐朝招撫的胡兵胡將，賜姓為李。終於，他們借助李唐皇室的名號，擺脫了開元天寶以後的大亂，成群移居今日甘肅、陝北與寧夏一帶，在賀蘭山與黃河九曲之處建立了西夏國。而且，他們仿照漢字自創西夏文，也在濕地開拓水利、發展農業。西夏這一國家，其漢化的程度，其實相當深刻。五代結束以後，宋代與其又對峙於陝甘之間——這一小小國家，居然還能與宋朝打成平手，而且壟斷了西域到中原的交通及商業往來。西夏政權一直維持到蒙古西征、橫掃歐亞時，才被滅國；而成吉思汗自己，就是死在西夏皇后臥榻之上。

契丹人建立的遼，雄踞中原北邊，儼然與南方的宋成為「南北朝」。遼被金人攻滅後，其王子耶律大石率領餘眾西奔，經過黑水道進入今日新疆天山北麓，建立了新的國家，號為西遼。他們也帶來遼國自創的文字，以及遼國漢化過程中，發展的胡漢混合的文化。這一逃亡的國家，居然能夠雄居天山北麓，自稱「黑山汗」；他們有文字、圖書、貨幣，文物沛然。西遼與西夏，都是仿照華制相當成功的新國家。在西域一帶人民的心目中，這兩個國家儼然是中原的「翻版」，與中原同樣稱為「桃花石」（西方人對中國的別稱）。

以上兩個「桃花石」，在丘處機的《長春真人西遊記》中都有記載；而且其重點，都是記錄當地百姓對遙遠東方「桃花石」的嚮往。這兩個國家，都被認為是富庶、安定、文化程度較高的東方農業文化的典範。我們必須認知：這一時期，回教勢力已經彌漫整個中東及東歐，如果沒有回教勢力深深扎根於「四海」地區，中國文化對於西方，可能產生更為深遠的影響。

此後，蒙古西征，擾亂數百年，對於東西之間的交流，其負面影響多於正面。中國與歐洲之間的交流，從中古以後，就轉向海道。那是另一個境界，也是另一個課題，此處暫時不贅。

2024 年 5 月 1 日

許倬雲於匹茲堡

我為什麼要寫《經緯華夏》

身為作者，我有責任講明：為什麼在《萬古江河》以後，又寫了這部書。為什麼那本書敘述了如此多的史實，我還要再重新敘述一遍？這就等於，帶朋友去巡山、看海：第一次去看，我告訴他，海是如此，山是如此；第二次去，我就告訴他，山在變，海在變。不是山、海在變，是「我」在變，是我的想法在變。我現在看到了另外一番山，另外一番水，另外的「廬山」，另外的「浙江潮」。❶

我一輩子經常「變腦筋」。從讀大學開始，我就不覺得歷史是固定的：不但「史實」不會固定，人對歷史的敘述，閱讀歷史所產生的悲嘆、歡欣都不固定。因時因地，你有所感、有所觸，就會有不同的陳述，就會有不同的描寫。學歷史的人，責任是將其所感、所觸呈現給大眾。

就如同這本《經緯華夏》，裏面有我的眼淚、我的歡笑──所有的歡笑和眼淚，都是因為看到了這片土地上的芸芸眾生，幾千年來的掙扎和奮鬥；或者

---

❶ 蘇軾《觀潮》：廬山烟雨浙江潮，未到千般恨不消。到得還來別無事，廬山烟雨浙江潮。

輾轉於艱難困苦，而沒有出路。但是，其實是有出路的，會有出路的；有時候，他們找到了出路，我自己沒看見而已。所以，我每次寫一部書，甚至寫一篇專題論文，都有一個整體的想法在其中。

我所從事的歷史書寫，並非排比歲月，也不是著眼其中的是非對錯，或者某個敘事的唯一性。要知道，同一事件，旁邊有一百個人看見，可以有一百零一種「事實」──身為歷史學者，不能說「我的責任就是矯正」，因為你說的「第一百零二種事實」，同樣可能是錯的或者片面的。所以，我的責任就是告訴大家：歷史的變化，並非事實本身的過程，及其所呈現出的變化，而是「我所理解的變化」。理解了上述「變化」，看待歷史就如「變動的萬花筒」──並非「萬花筒」在變，而是「萬花筒」裏的彩色圖案，在「我的理解」之中轉變。

寫作《萬古江河》的時候，我壯年剛過。那時已經退休，我認為可以將自己所理解的中國歷史做一番整理。當時，我整理的方法是：看中國歷史的方向，看不同的力量、不同的情況造成怎樣的潮流，造成了怎樣流動的方向。以如此觀念，我寫出了《萬古江河》。大家可以看看那本書，我是把「長江」作為一種敘述模式──其實，長江也只是一條江而已。

如今，我已活到了93歲。為什麼還要寫這本《經緯華夏》？因為我現在看到的不是一條江，而是一塊亞洲大陸，以及歐亞古大陸，我的觀念中，這幾處是彼此相依相附的。「大陸」這個詞，我為何要重複兩次？「亞洲大陸」是關於中國為主的東亞，其自身的定位；「歐亞古大陸」，則是著重於歐洲與亞洲之間互動的結果──除了族群在南、北間的移動，還有東、西方向直接或間接的接觸和變化；以至於海岸的另一邊，穿過太平洋、印度洋的萬重浪，那邊生活著的人們，其想法與我們不一樣的地方。幾千年來，中國所經歷的一切，都離不開東方和西方、遠東和遠西、南方和北方、沙漠和海洋之間彼此的「呼喚和回應」。

所以，我把「經」「緯」二字提出來。現在，我的立足點就不是長江大河，而是站在一個不知何處的高度，看這幅世界的「大地圖」，在「大地圖」上隨處游走：所到何處，我就從那個點來看待與其相關的問題──我在不斷轉換

我的立足點和視角，並將此一視角與下一步的觀察角度及敘事方式加以連接。我希望呈現給大家的，是多層面、多角度、「多放映機」組成的許多「鏡頭的稜片」。這些「鏡頭稜片的蒙太奇」拼在一起，剪接之後才會形成電影。電影沒有辦法讓你同時看十八個故事，你會看糊塗掉的——它的敘述在跳躍，從此一局面到彼一局面；我寫作《經緯華夏》，也是一個「跳躍的方式」，希望讓你知道每一個鏡頭、每一個故事，所建構出來的「歷史的電影」。

在這本書中，我眼中的「華夏」也不再是固定的東西：華變夏，夏變華，游牧變農耕，農耕變漁獵……

四千兩百年前，因為一次全球性的長期寒冷、乾旱氣候，山東渤海灣一帶原本繁榮的龍山文化，被迫往西、南兩個方向遷移：往西擴散到山西盆地，後來發展為殷商的一部分；往南進入長江流域，造就了後世的荊楚與吳越。這是中國歷史上一段漫長的衝突、合併、繼承、開拓的過程。在本書中，每一個階段我所講的，都是移動之中發生的變化。

中國歷史記載，不斷有北方的牧人，以其強弓大弩、迅馬鐵蹄衝破關口。我們漢人是受害者，但不得不接納他們。這些游牧部族進入南方溫暖地區，飲食上習慣了小米、麥子以後，觀念、文化、習俗也就隨之轉變，逐漸被漢化。你們知道，如今中國有多少姓，是蒙古人留下來的嗎？你們知道，有多少外來人群，是到了中國之後才取得姓氏的嗎？

當年我寫作《萬古江河》，有相對確定的方向和立足點。如今的《經緯華夏》，其視角是隨著地域空間和時間的變化不斷移動。中國歷史上，不斷面臨來自北方和東北的挑戰；同時，中國也在向四面八方開拓。比如清代的吳季子，被流放寧古塔二十餘年。朋友們都覺得他辛苦，想盡辦法將其救回來。可是，他的身體已經不能適應江南氣候，臨終前對東北居然懷有「別樣的鄉愁」。鴉片戰爭以後，林則徐被發配到西北，看到了不同於漢地的大好江山。抗戰前羅家倫作詞的《玉門出塞》，則是警告大家：莫讓「碧眼兒」開拓這塊地方，「射西域盤鵰」。我們面對歷史的時候，是和非該如何判斷？長和短該怎樣比較？恐怕不能完全以「華夏」為中心。我們不能完全說「萬流歸中」，此

「中」有許多漩渦，許多逆流。我在這個故事裏面陳述的，有經濟動力，有社會動力，也有軍事動力。近百年來，我們時時刻刻要去挽回中國，要報仇、要獨立。但是，那些愛國人士急急忙忙提出來的方案，沒有幾個是真正合理的。他們提出的方案，其基本主張都是「我不要日本亡我，我要學日本」。再後來，大家又認為西方是唯一的真理，西方的政治制度是最好的模式。他們沒有去考察──西方人自己的歷史之中，有多少次仿古，多少次修正，多少次堅持新的立場以後，又推翻原來的立場。我們在人家幾千年來不斷矯正的途徑裏，只抓到了最近三步，就說：「他們做得真對，丟掉我們的一切吧。」如此情形實在太多，我就不一一列舉了。

近百年來，甚至有人主張以拉丁字母取代漢字。但是，漢字不能亡。如果把漢字丟了，能換來什麼呢？不是自己滅亡自己的文化嗎？丟掉自己的一切，就迷失了，這是失去了記憶、失去了自己啊！天下沒有不可追尋的東西，天下沒有不可改造的東西，天下沒有完全無用的東西。中國的東西，我覺得有許多可以幫助未來世界改正的，既不是「東方模式」，也不是「西方模式」，而是「理性的模式」。

孫中山所主張的模式，是按照林肯的辦法，他並沒有懂得林肯。要想懂得林肯，就要先懂得華盛頓；要想懂得華盛頓，就要先懂得清教徒；要想懂得清教徒，要先理解英國的君主立憲制度；要理解英國的君主立憲制，就要明白英國人曾經砍了他們國王的頭顱。克倫威爾靠數十匹馬隊奪得天下，但英倫三島不照搬歐洲。他們認為自己不是歐洲的一部分，有自己選擇的權利。

有良心的歷史學家和考古學家，都會告訴你：歷史在變，歷史每一段的解釋都在變，因為每一次我們都多看見了一點點。我們永遠是在這繁花叢中，密密的樹林裏面，以為自己看透了。其實，遠沒看透。樹林深處叢叢的樹葉，繁花深處一層層的草，裏頭的小蟲子、小螞蟻，大樹後面一條蟒蛇──再遠處還有一隻老虎：凡此種種，我們都沒有看見。在你自己的身後，你都沒有覺察：一隻大猴子，對著你的脖子呼氣呢！所以不要太自信，認為看見了這條路。沒有的。路是慢慢走的，要隨時修正，隨時體諒人家，隨著我們的描述不

斷擴展，也就是我們此時此刻知道的一些東西，慢慢往前發展、形成的。

我這本新書前半段考古部分的討論，在《萬古江河》中看不到。主要是因為，這十幾年來，出土了許多新東西。寫作《萬古江河》時，沒有完全整理清楚的遺址及古代文化的面貌，我在這方面花了相當多的力氣，盡力梳理出一個頭緒，介紹給國人看。

我在這本書中對古史的「打通」，是一直嘗試尋找遺址群所蘊含的意義。一個遺址群的形成，必然有其承前啟後的脈絡。比如西北角我所喜歡的河套地區，那裏多次繼承了草原上的成分——渭水、涇水流域累積出來的農耕經驗，與草原牧人的經驗在此互相推移：你進我退，我進你退，輪流上臺，輪流下臺。

中國歷史上的游牧族群南下，有西面阿爾泰山進來的種族，有東面呼倫貝爾草原進來的種族——東西方向進入中國的游牧民族，其比例大概是 3:2。所以，每一個地方的退讓、進取，都如同跳「狐步舞」——説是跳「二人轉」也可以，不同的步伐，不同的轉動，造成了那個地方非常有趣而非常難懂的事情。

比如歷史上黃帝、炎帝的故事，在不同的時間、地域被反覆敘述，細節則略有不同。黃帝又稱軒轅氏，是架著高車的牧人。同一批角色，換了個佈景演了另外一齣戲，時間差了至少三千年。演員不一樣，情形不一樣，舞臺不一樣，我們不能強認其為同。

學歷史的人，是看了無盡無了的喜劇和悲劇，看得出人類不同時候莫名其妙地歡樂，又莫名其妙地悲戚。我同情他們，有時候被捲著走，但我絕不會有「這個是我的祖先，那個是我的祖宗」的想法。中國的學術界裏有一部分人，總是意圖建立一個「完美的中華文化傳承」：認為天地之間，中國這條路走得最正當；所有的傳説、故事，都是在「中國」這棵樹的某個位置上掛著。這個努力，我佩服他們的苦心，我不想這麼做。

我自己在變，下一代歷史學家也會變，再下一代更會變。為什麼總要將古代留給我們的框框架架，套在別人頭上去呢？我要傳遞的信息是：天地之間的

變動，是人和人之間的互動造成的；有太多不能懂的地方，但你可以弄懂的地方在於——萬變不離其宗，變化引動變化，角色轉變角色。同時，你還要了解：角色是人扮演的，變化是兩個角色間的推動、拒絕、拉攏、舞蹈、戰鬥。你要敘述的是故事，但是要告訴人家，這個敘述滿臺都是可歌可泣，或者好玩的事情——而我只看了這一部分，邀請你一起觀看；我邀請你觀看的，是我所拍攝或編輯出來的一塊，與你共享。為何要與你共享呢？是為了讓你知道：世事如此複雜，從任何角度看去，都有無限的困擾，但也有無限的豁然開通的理解。

尤其要謹慎的是，你對於歷史諸種諸樣變化的認識，它能培養你的性格，引導你的人生走向。面對歷史，不要偏狹，不要固執，不要片面，不要憤怒，也不要自以為是。隨時要記得：另一位歷史學家敘述的故事，與許倬雲敘述的不一樣。假如你懂得看的話，兩臺戲一起，會看出第三臺來。如果你不懂得看，兩本書都擱在書架上算了，過快樂日子去，我不勉強你。養成了這種觀察世事、觀察往事的習慣，時時刻刻在局外，時時刻刻又在局中的視角，對你的人生尋找意義、尋找自己，都是有幫助的。

歷史不僅是外在知識的整合，歷史是大群知識叢之中，最貼近人心的部分。歷史可以是文化的歷史，可以是團體的歷史，可以是一個社區的歷史，可以是一個家庭的歷史，可以是你內心的轉變。你懂得這些，慢慢就可以悟到許多地方：你會知道怎麼樣多欣賞人家一點，怎麼樣少責備人家一點；你的心裏疙瘩就少一點，一些應該寬恕的地方就能鬆一點。

等到你能有一天像蘇東坡那樣，跟一個老和尚講，自己快走了——「廬山煙雨浙江潮」，過去、現在都是一樣的。當然，這並不是說過去與當前的景象都一樣，而是廬山煙雨也罷，浙江潮也罷，都在教育你，帶著你走過難關，領導你度過你人生的無意義——或「太多的意義」，或「錯誤的意義」。這種心態，能讓你保持一分寧靜，不要混亂；保持一分寬容，不要責備；保持一分喜樂——在這世界上，我居然可以站在凌空的位置回頭看，站在身外的位置往裏看。多少次看完以後，是覺得好看，但也可以悲憫；是覺得悲憫，但也有歡

　　　　　　　　　　　　附錄三　我為什麼要寫《經緯華夏》

樂——人生之路，原來如此漫長而豐富。

金庸先生一輩子寫了十來部書，他在小說家裏邊就像狄更斯一樣，可以把中國歷史上的變化，轉變成故事告訴你。讀他的故事，既能被吸引進去，又能超脫出來。他最初的幾本小說，有比較清晰的華夷之辨、正邪之分；寫到後面，幾乎不知道什麼是善什麼是惡了。到了最後的《鹿鼎記》，裏面不再有華夏、胡夷；不再有絕對的錯，絕對的對；不再有愛是真的，愛是純的，愛是好的；不再有許多的冤屈——許多的錯誤，許多的背叛，你可以原諒。像楊康那種人，到最後你會原諒他；像喬峰那種人，你憐憫他，卻不知道如何幫他。郭襄是不是金庸小說中唯一能夠站在清白的天地，讀者無法誤解的角色？

對金庸先生，我感激他，小說寫到這一地步真是不容易。你們不要以為我是特別鼓吹金庸，我覺得我們今天看見的世界，比他所看見的局面還要複雜。他很坦白地告訴我們：「我已經不知道了。」「我不知道了」，這是很了不起的境界。我們不要責備他——他的坦白只會讓他更難過。

就像我現在，從歷史的角度來講上述人生經驗，並不會覺得更舒暢，心裏可能更悲痛。但我會說：我盡了力，去弄清楚自己的所思所想，以及所面對的這個劇烈變化的世界。我盡我的力，讓人家知道歷史是這麼一個項目，對尋找自己有何種用處。

我的學思歷程

　　這篇文章主要為了回顧我的學習過程，如此即可理解，我的思考方式以及寫文章、討論問題的形式為何如此。

　　我少年時期所接受的並非正規教育，但是因為小時候不能上學，反而比別人更早開始接觸中國的經典。我在十歲左右，開始一面讀白話文，一面也試讀淺近的文言。無人教導，自行摸索，如果摸索錯了，父親隨時可以指導。於是自己連蒙帶猜地閱讀，到十三四歲時，基本上古文閱讀沒有困難，也可以用古文撰寫短文。當時我自己沒把握，但是在家人朋友看來，水準也還可以。如今回憶：當時，我身無旁鶩，唯有專心讀書。清朝改革科舉以前的傳統教育，一個十二三歲的孩子足以考秀才，其程度就可以寫議論文、詩詞。我的進程，按照年齡，似乎並未嚴重耽誤。

　　到十三歲，我們從戰地回到重慶。那時候可以得到機會，看梁任公的文章，讀《時事新報》的副刊《學燈》，每個禮拜一次，刊載各個專業的教授以及大報名刊重要作者們寫的討論文章，政治學、經濟學等領域的都有。這個階段的學習中，我是生吞活剝，囫圇吞棗地吞下去，也消化了——所以，人的

消化能力是很強的。那時候起，我就欽佩費孝通、周鯁生、吳宓這一類人物寫的文章。許多今天被認為是經典的文章，我十三歲到十五歲之間，都已經當作日常讀物。

我也並非「獨學無侶」，有問題可以找父親請教。兄弟姐妹們暑假和年底春假從學校回家時，我可以隨時提問，他們的幫助，於我而言十分重要。所以，我的學習過程並非沒有考核，家人如此的幫助，其實非常「實惠」。看得懂費孝通的東西，就可以看得懂吳宓。這個關口，使我從古典文化的學習，走入對近代社會科學的吸收，雖然是隨機進行，但比別人早起步三四年時間──一般的朋友到十六歲左右，上高中才開始看這些東西。

如此「東拼西湊」之下，我的學習進度漸漸與同齡人看齊。這時我開始注意到《國史大綱》出版了。《國史大綱》的寫法和以前幾部國史，例如夏曾佑、章嶔等人的完全不同。錢賓四先生談的是制度，而非傳統地以歷史人物為核心；也並非遵照《資治通鑒》的寫法，其寫法更接近司馬遷的《史記》。《國史大綱》有政治史，如同《史記》的「本紀」「列傳」部分，就是其主幹；當然書中也有經濟史，相當於把《食貨志》《貨殖列傳》鑲嵌其中；還有地理、宗教（包括《封禪書》）等因素，也被納入討論範圍。我第一次覺得，賓四先生的《國史大綱》寫得真好。

有了前面在家自修的基礎，等到直接進入高中接受正規的教育，接軌並不太難。抗戰勝利以後，我回到無錫輔仁中學讀高一，老師覺得我的中文、歷史、地理不用補，甚至不用聽課。幾位老師，如裴維霖先生等，他們鼓勵我自己讀顧炎武的《日知錄》、趙翼的《廿二史札記》這一類的書籍。這一機緣，使得我進入一個新的天地，就是中國傳統學問的範疇，這批知識人花了大力氣，開拓現代史學的範疇。這段經歷讓我明白：東林子孫關懷的不再是皇帝，而是老百姓的生活。我也關懷老百姓的生活，這是東林給我們的訓練。

1949 年渡海來臺，我進入臺灣大學讀書，起初報考的是外文系。這是朋友的母親替我報的專業，她覺得我身體殘疾，讀好了英文，可憑翻譯為生，如果文筆不錯，沒準會成為另一個傅雷。但是我的興趣在歷史，讀到二年級，遵

照老師們的吩咐，我就轉入了歷史系：第一步接觸到的，是李濟之先生的考古學、凌純聲先生的民族學，因為這是歷史系的必修課。這個階段的學習，讓我看到一個全新的面貌，就是在中國的「書本」文類以外，由社會科學以實證的方式，搜集新的材料，從新的角度尋找答案。考古學是要從一塊瓦片、一件石刀，去推測許多書上不見記載、石頭上也無蹟可尋的現象——這些工具是如何生產、製作成型的，又是誰在使用？遺址是誰在何時、以何種方式建造，又是因何毀棄的？考古地層一層層擦上去，其轉變的過程、演化的歷史，又該如何解釋？這些想法，是許多大學的歷史系學生沒有機緣聽聞的。

等到二年級以後開始有斷代史，大半是史語所的老師們授課：勞榦的秦漢史，嚴耕望的隋唐史，全漢昇的經濟史。我沒有選過嚴先生的課，那一年，他並未在臺大開課。幸運的是，畢業後我進入史語所工作，嚴先生、勞先生和我三人共有一間研究室，常有請教的機會。後來再讀經濟史，是以全漢昇的近代經濟史為主幹。如此機緣，使史語所的歷史組重疊在臺灣大學歷史系。我們全班同學十五人，真正願意像我這麼選課的，大概只有兩三個，後來都進了史語所工作。這一過程中，我學習歷史的取向與一般大學的歷史系學生頗為不同，就是拜這三位老師的教導：他們論文的寫作方式，與同時代北大畢業的許多先生不同，教學方式也有非常大的差異。究其原因，在於工作以後所接受的史語所的訓練。

所以，我的學思歷程，就脫離了中國大學傳統的教學方式，亦即以中國為主，以史事為主，以主要歷史人物為主的方式。我的思考是文化的、社會的、常民的；我所認為的演變是漸變的，沒有進步，沒有退步，卻是不斷變化：對於長程的歷史而言，個別人物的變化是最小的影響因素，制度的變化更重要一點，文化的變化再重要一點，地理的影響最為久遠。如此思考問題的方式，其著眼點是長程的「大歷史」，這是得益於史語所研究傳統，才逐漸習得的經驗和眼光。

史語所的整體學術規劃，也呈現出上述「大歷史」的通盤眼光：對於整體的中國歷史，每位學者分擔其中一節，彼此分工、相互合作之下，學者們的專

題研究就需要與其他同行相關聯的研究銜接得上。這句話並不容易做到——做隋唐史研究的學者，要考慮到和秦漢史怎麼銜接，和宋史怎麼銜接；甚至於更遙遠的，例如，古代經濟制度或者中古經濟制度，如何與全漢昇的近代經濟史銜接。

平心而論，1949 年史語所播遷臺灣，窮途末路，幾乎收不到新人。大學畢業生到海外留學，常常讀的是英文系，或者在當地找個小學校教漢學、教中文。當時在美國大學的漢學教授，不乏原來中國一流大學的名教授，為謀生計，只能委屈自己教「你好嗎」「我很好」「郵政局哪個方向走」「車站在哪裏」這種課程。

對史語所我感恩的是，一輩子有幸成為這個傳統之中的一員，而且承受了幾位前輩大師的熏陶和教育。尤其李濟之先生，把著學生的手在教。要知道，加入史語所考古組之前，他的博士論文是《中國民族的形成》，討論的是建造城牆、長城與中國民族的演進。有幾位歷史學者願意以如此視角寫文章？

我寫大學畢業論文時，李玄伯先生教授歐洲古代史與古希臘、羅馬歷史。他的講授方法，是依法國當時正在發展的學風：從民族學、人類學的方向去思考。他思考的是民族如何形成，文化觀念又是如何整合為一個系統。這是他傳授給我的觀念：不能將古代史簡單地認為是「歷史」，而應將其理解為人類走向「未來」的早期步伐參考。例如，「姓名」有沒有蘊含信仰的信息？什麼是「圖騰」？為什麼有「姓」和「氏」？周人的「姬」姓是怎麼來的？商人的「子」姓又從何而來？——「子」姓的含義很清楚，是跟隨燕子飛來的，燕子是使者，帶來日光的恩寵和力量，帶來「天命」。滿人的民族起源傳說中也有如此「奇遇」：努爾哈赤的祖先，吞食神鳥銜來的朱果，方才懷孕。凡此，都是同一條路上的文化傳統。這一類傳說，可以當作界定族群的標誌，也是古代的所謂「記號」，人類學稱其為「圖騰」，源自印第安語詞匯「totem」。

在如此訓練之下，我對古代史的思考角度，就與讀堯舜禹湯禪讓、文王、周公、五霸、七雄等傳統歷史敘述訓練出來的學生，有了完全不同的方向。我的大學論文在玄伯先生指導之下，寫的是「室內葬」，即將死者埋在住房

內部的風俗。我用古代考古學上的一種現象，來討論「靈魂」的問題。整篇文章，討論靈魂是什麼，靈魂是從何而來，靈魂是否有形——它像飛鳥的樣子，但看不見；它在人間有個歇腳的地方，可以將其召喚至此停靠。子女的鮮血，代表父母、先祖的靈魂與下一代的聯繫，所以把子女的血滴在神主牌上叫「點主」，能使父母的靈魂可以有所依附——依附之所不是那塊木板，而是那滴血。

從這些觀念，我將古代的喪儀——從病了之後的「叫魂」到最後的埋葬、祭祀——作了通盤討論。最後討論《禮記》裏面的祭祀：祭祀是在想像——聽見門在響，聽見祖宗在咳嗽、講話、哼唱等一類聲音，要自己想像，「祭神如神在」。這種訓練當然也是一個「特權」，沒有幾個大學畢業生在學術起步階段，就有機會撰寫此種論文。因為史語所與臺大特殊的環境，我有幸成為玄老的弟子，親聆教誨，於我而言這是畢生難忘的遭際。

有一門李玄伯先生的課，只有我和李卉兩個人選修。我走路不便，李先生派他自用的三輪車到臺大，接我們二人到家裏一起上課。這種教育，帶領我的學習方向，走向文化史。

我的碩士畢業論文，則是關於「天」和「帝」的界定：「天」究竟是什麼？「帝」究竟是什麼？生命是什麼？力量是什麼？我討論草原上「長生天」的氣力；討論茫茫蒼天像蓋子、像穹廬籠罩著我們；也討論到盤古開天地，上半部的蛋殼升上去作天。但天本身有一個原始的「力量」，這個力量是「生命」。還有一個問題是：生命從何而來？生命的成長，是從地底下生發出來的。所以商人的「天命」，其力量是燕子從天上帶來的；西周的「天命」，是草原邊緣生長在石頭縫之中的植物，就是今天的枸杞子——「姬」姓是枸杞子從石頭縫中生長出來，而後給予的生命，枸杞子吃下去不僅療饑，而且可以治病。

生命從地下來，生命從天上來，生命從女性象徵的符號來。所以伏羲和女媧的交配，是「陽」和「陰」的交配，這就界定了中國宇宙觀的「兩分法」。兩分合一，一動一靜，一上一下，一陰一陽，變成八卦的基本構成。中國人的祭祀究竟是祭「天」，還是祭住在天上的「帝」（神明）？這很難說。生命的抽

象化是神明，生命的具體化是蒼穹——蒼穹給世界以雨露，「帝」給人間以力量。所以沈剛伯先生在口試時提出：《詩經‧鄘風‧君子偕老》中的「胡然而天也？胡然而帝也？」即作者在詠嘆如此觀念的演變。

這使得我到芝加哥讀博士時，已有了明確的方向。芝加哥大學的東方研究所發掘了兩河流域、埃及文明的文化遺址，是美國考古方面最優秀的學術單位。兩河學、埃及學以及古猶太學三門學問，是東方研究所的特色。中國所在的「東方」，則是一個附屬的研究領域。芝加哥博物館也藏有不少甲骨文。當年一個漢學前輩勞費爾（Berthold Laufer），是美國漢學的「開路人」，討論到世界上植物的起源地，以中國為主體，考察物種從何處進入中國。這並非傳統的課題，而是文化學與生物學的課題，因為他也是生物學家。這條路後來啟發了李約瑟的「中國科學技術史」研究計劃，李約瑟因此在雲南留居數年，正好趕上西南聯大搬到昆明。那時候，勞費爾已經去世了。他的學生顧立雅（Herrlee G. Creel）研究甲骨文，是第一位以英文著作介紹史語所在商代遺址考古發掘成果的學者，其發表論文比史語所還早。他指出，中國文化最重要的一個階段，是正在發掘的商代遺址，這是極為重要的點，具有樞紐意義。他的眼光銳利，站在工地上看了五個月，就得出如此結論。使得全世界知道中國新發掘出如此重要的遺址，是他的功勞。

顧立雅說：「你不用選我的課，關於閱讀、學習、研究，我們每個禮拜談話兩小時即可。」他那時在研究韓非子與申不害，後來以申不害思想為主要研究對象。他覺得申不害被忽略了，但其實做了許多重要的貢獻，比如申不害提出該如何客觀評斷一個官員的責任和表現，這是中國文官制度的開始。老實講，申不害在中國的法家裏面不太受重視，顧立雅的論點有他巨大的眼光。馬克斯‧韋伯討論「現代性」的時候講到，官員要有以職業為終身的「職志」，官員考核應是客觀的。顧立雅則指出：官員考核方面，申不害的方法是可以量化成分數的。所以「形名」不是「形法」和「名字」，「形名」是「表現」和「內容」。

因為一些偶然因素，我在芝加哥主要選修埃及學，授課老師是約翰‧威爾

遜（John A. Wilson），主要集中在埃及的宗教改革。獨神教第一次出現時，那一尊神阿頓（Atun）原是城市或部落的眾多保護神之一；太陽神就是從獨神教中出來的，和法老也有關係。這個論點，與我碩士論文對「天」和「帝」的考察所得出的觀點互為呼應，所以和威爾遜先生的路子正好配套：為什麼在中東是獨一真神信仰，作為權威籠罩人間？而中國的「天」和「帝」，卻是普世而全在的？

同時我還修讀兩河流域的考古學，那時有一個重要觀點，是芮德菲爾德提出來的：urbanization。這個名詞通常被翻譯為「都市化」，其實是在中文學界延續了數十年的誤讀。Urbanization 的本義是指定居聚落內部出現複雜結構和專業分工的現象，一群人住在一起並非 urbanization，一個村落也不是 urbanization，唯有村落裏有了人職、神職、商業、農業這類不同性質的分工，以及軍人、老百姓的分別，才能如此稱呼。它是由聚落走向國家化的過程——社群有機體出現，進而國家出現。如此特殊的定義，因為中文翻譯的誤解，使得很少有中國學者讀到其文章就能明白其所指，而只能望文生義，緊扣「都市化」做文章。時至今日，中國考古學領域還有人犯如此錯誤。

我之所以修讀上述科目，目的是了解三大古代文化——兩河的三個朝代、埃及的兩個朝代和沒有朝代也沒有國家的猶太信仰，以及已經出現國家形態後誕生的波斯信仰（波斯是兩河流域的後代）。波斯古文化是四千年前騎馬民族進入農耕地區以後，所建設而產生的重要現象。有了騎馬民族，才有可能出現遠程的征伐，然後才有了大規模移民逐漸充實歐洲。在芝加哥，我們認為這是很重要的一個論點。但是一般人在讀古代史的時候，沒有注意這種特色，也沒有以比較的眼光考察歐洲的形成，並未將東亞的草原與農耕文明的對抗進行動態平衡的考察。

在芝加哥大學校園，有其他大學很少見的現象：兩三位學者一起，可以組織一個相當專門的項目，自己找經費或學校貼補經費做獨立研究，還有授予博士學位的資格；兩個研究所的名字類似，但研究的內容可能完全相反。這才是「百花齊放」——正因為如此，學生在課外見面也彼此辯論，碰撞出思想火花。

因為行動不便，我借住在芝加哥神學院，神學院處於學校正中，一走出來是五十八街，對門就是東方研究所，向右一轉就走到校總部的辦公樓，再向左一轉就是圖書館。神學院在多教派裏保持中立，這裏不僅有基督教各種宗派的教士，天主教徒、東正教徒、和尚、道士都可以在這裏研究神學，經常能看見同學們的辯論。宿舍裏面的休息室大概有五套沙發，每套沙發都是四五張圍在一起，經常有小型討論會在此舉行。真正的討論會，往往在開放浴室進行，同學們一邊擦乾身體一邊彼此探討，常常討論沒結束身體已經自然晾乾了，辯論到一兩點乃至天亮也是常事。

這種隨機教育在神學院無處可逃，所以我受他們的影響，對神學特別感興趣，就這樣身不由己被拖入了這個圈子。究竟馬克斯·韋伯討論的是什麼？東亞國家有不少學者講韋伯的理論，不知其中有多少人真正全面而深入地閱讀過其著作？例如，有些人武斷地認為「儒商」現象是資本主義的開始，就是如此一個例證。我對韋伯理論的理解，有過兩個機緣。一個是聽彼得·布勞（Peter Blau）講韋伯的「志業」這一課題。他討論國家起源階段中，知識人是如何轉變為社會管理階層；哪類知識人可以完成上述轉變，哪類知識人無法完成轉變。這個課題的討論非常細緻，實際上是韋伯很注重的一點：因為新教革命最為重要的目的就是將羅馬教廷推翻，改組為民族國家。平常我們講改造民族國家，注重的是「民族」，可是彼得·布勞注重的是「國家」。我認為他和顧立雅的研究有頗多共通之處，於是將彼得·布勞的講課內容轉述給顧立雅。顧立雅第一次找我喝咖啡是與彼得·布勞一起，後來他們二位經常互相討論問題，有時把我拖到一起來討論。這個階段的學習，對我的影響很大：等於是彼得·布勞做了一個導讀，讓我理解韋伯究竟在討論什麼，尤其是關於知識人的界類、分別——知識人是業餘的，還是專業的？知識人是有使命的，還是游離的？美國現在的知識人是游離的，沒有自己的立場，沒有自己的園地，也就是沒有自己的傳統。中國的知識人，長期以來秉持儒家「修己以安民」的理想，是整個國家文化體制所寄託的很重要的一環。所以我後來寫文章，常常注意知識人的性質問題，與這個機緣很有關係。

神學院裏面有一位宗教學大宗師米爾恰・伊利亞德（Mircea Eliade），他是生活在法國的羅馬尼亞人。他講「神聖」和「世俗」之間的界限，在神學院裏討論哪些是天、地、人之間的象徵，哪些是善惡之間的象徵，哪些是聖俗之間的象徵。那時，他希望閱讀《道藏》，但是讀不懂，所以讓我幫他讀。那一任務實在艱巨：我的法文水平有限，一般性的閱讀可以，口語則完全不會；他講的英文有羅馬尼亞口音，所討論的又是非常抽象的東西。二人糾纏三個月，居然也溝通下來了。這一番二人彼此糾纏、討論問題的經驗，對我影響很大，使我後來處理文化問題中的宗教部分，有了一些輪廓。很少有學生能有機會，遭逢如此機緣。米爾恰・伊利亞德的學生余國藩，畢業後留校，很快擔任芝加哥大學講座教授，以研究《西遊記》享譽學界，將其翻譯為英文版 *Journey to the West*。

在芝加哥大學，我曾五度經歷外科大手術，矯正肢體的殘廢。每年七個星期的假期，有三個星期住院。在醫院裏面我看見生死存亡，看見無可救藥；看見俊美的少年走進醫院，卻在一塊白布蒙蓋之下被抬出去；看見二十來歲的女孩子，只有五六歲這麼大，心理長大了，人卻長不大；看見黑人孩子因為基因缺陷重病在身，痛得死去活來……春去秋來，日月輪替，我看見對面牆上的藤蔓，從深綠轉為楓黃，最後一片紅色的葉子掉下來，年年如此。

於我而言，這些遭遇都是很深的刺激。那家醫院主要治療小兒麻痹症，有研究經費，我是被研究的對象，所以不用花錢就能住進去開刀。在那裏碰到的病人、醫生，看到的種種景象，四面八方來的人，不同職業、不同病情，我與他們談話、聊天，分擔他們的苦難，使我懂得了美國各階層。很少有人有這個機會，沒有界限、不帶偏見，把這些問題端到面前，彼此平等地談話。這使得我理解他們的困難，理解他們的家庭情形。父母把孩子送到醫院看病，卻不一定能每週過來看他們，來的時候和我打聲招呼，經常就開始聊天。

這給了我一個罕有的機會，去深度地理解美國。如此種種刺激之下，我投入了當時很活躍的民權運動，協助工會幫助南方來的黑人找到工作，幫助他們抵抗「工棍」與流氓的欺負。當時其實冒著生命危險，但我自己卻是毫無感

覺。我和神學院的很多小牧師一起做這件事情，真的是抱著一腔正義。這也給我開啟了一個新的角度，看見真正的美國社會。大多數中國留學生在書齋裏、宿舍裏，沒機會看見這些眾生相。

所以我在芝加哥大學的這段經歷，無法重演，太古怪、太離奇。當然，我是受益者。當時有些曾經在中國傳教的牧師，回到芝加哥還繼續幫助中國學生。尤其一位在山東傳教的美國女牧師，這位長者每個星期必定來訪，問我需要什麼，陪我聊聊天。另外有一位朋友，則是在醫院研究部做研究員的中國女生。她在病房同一樓的實驗室工作，將小白鼠解剖後培育細胞，研究如何將其基因轉移至另一隻小白鼠身上。在醫院的飲食部，也有一位中國女生，她們二人經常輪流帶著食物，陪我在床邊共享中國餐點。

錢存訓先生還給我安排了一份工作，坐在新建的圖書館裏以玻璃隔開的小辦公室，幫學生找書。研究生到中文圖書館來，不知道找什麼書、看哪個科目的材料，我幫他們出主意：找哪本書看，在哪裏，為什麼看這本書……這也給我一份經驗，得以體察不同的學生的需求。

芝加哥大學畢業後，我回臺灣大學教書。那一段時間，我常常召集不同研究項目的朋友討論課題。臺灣自從土地改革以後，三七五減租、耕者有其田，實現農業現代化。有一個農村社會學工作小組，楊懋春曾經在山東做農村社會學研究，他領導這個隊伍，邀我一起參加，我就有機會對臺灣的農村作持續、深入的觀察。這一工作組的任務，就是追蹤土地改革過程當中，農民收入呈現如何變化——研究他們記賬，持續十年，就知道他們怎麼掙錢、如何消費，包括農民的生活、村莊內部的結構，以及職業的轉換、人生規劃方向的改變等等。當時我們還用科學技術幫助改良農產品，好處、壞處都出現了：好處是水果的種植改良了——寒帶水果種在山頂，熱帶水果種在平地，必須在熱帶成長的水果在南部種植。臺灣的水果之多、品質之好，琳琅滿目：從梨、桃子、葡萄以至熱帶的釋迦果、蓮霧、香蕉……這些專業種植，都仰仗細緻的實務研究：其品質好壞，究竟是依仗土地、肥料，還是取決於品種的改良？

農業改革的研究，也注意到農業資本轉變為工業建設資本的情形。這時

候，康奈爾大學的經濟學家費景漢也應邀訪問臺灣，他研究的是農業經濟，主張「非農收入」在農業經濟裏面的地位。後來，我寫作《漢代農業》時，也特別從他的指導注意到非農收入在農村經濟中所佔比例。非農收入，主要指「農舍工業」中農村手工業的收入。中國農村沒有單純生產糧食的作業，農產品都是「一籃子」的作物。以我的計算，從漢代開始呈現農村產業的多樣化，這一傳統到宋代以至於今日：宋代農業與臺灣現代農業中非農收入所佔比例，都是差不多四分之一；而在無錫一帶的農村，非農收入（絲綢生產所得）在農村收入中佔了一半——這個比例很大，在世界上獨一無二。

漢代的農村成為帝國的基礎，道路系統是維持帝國的關鍵網絡，這是我從社會學家楊慶堃先生那裏學到的觀念。這一結論，可以印證董仲舒提出的各個不同層次和空間的「感」和「應」，也能印證帝國從上到下的血脈貫通，以及為何到了近代，居然呈現血脈阻滯的毛病。

1970 年，我到匹茲堡大學教書。匹大歷史系有五個科目，研究五個地區；還有兩個研究項目，即農村社會與工業社會。大家舉行定期的討論會，跨組的、不跨組的會議都有。我進去後參與的第一個討論會就是農村組的，他們假設土壤決定農業生產。我說：不對，土壤是被人創造的。我將中國農村的情形分析給他們看，向他們介紹漢代農書之中記載的高密集、高肥量的土壤的改造，以及小面積、高產量的精耕農業。這就將他們的基本假設推翻了。後來我將非農收入這一因素放進去考察，他們才覺得這是一個重要的因素：為何非洲農業不發達？為何兩河流域的農業無法轉型？為何埃及農業如此豐產，而最終不能轉型？甚至埃及帝國為何不能擴張，而兩河帝國可以擴張，以商業來抵制游牧民族的衝擊？在這一理論框架下，以上種種問題都能得到解釋。乃至後來資本主義發展，非農收入被工業扼殺，中國在道光以後農村凋敝，原因也在於此。

通常的漢學研究者，專注於某一個領域的研究，不容易碰到如此多的機緣，接觸各種思想。只有跨學科、跨地區的研究者們彼此討論，才有可能相互借鑒各自不同領域的經驗和成果。如上思想、觀念上的啟發與突破，都是在與

同事之間的相互討論中得到的好處。而因為如此討論，我才懂得美國的工會、商會等等在不同階段的功能，以及不同的社會、社群、社區的功能。

更重要者，是我曾經代表臺灣前往歐美，恢復學術界與外界的聯繫。我曾訪問過許多學術機構，諸如法國巴黎索邦大學等，一家一家看，也參與他們內部的一些討論會，我就對各家的研究方法、主要的學術趨向有了基本了解。自馬林諾夫斯基之後，近代英國在學術方面較少重要創見。馬林諾夫斯基創立的「Functional School」被翻譯為「功能學派」，這個名稱是不對的。「Function」是數學方程式裏面的「函數」，變量在方程式裏面的位置一變，方程式本身也必須跟著改變——方程式內部是彼此呼應的，所以這個學派的名稱應回歸其原意：「函數學派」。我對法國、德國的學術最為看重。在法國，我相當深入地與幾位研究「大歷史」的學者討論。從他們的定義來看，李約瑟的研究並非法國年鑑學派所謂「大歷史」的範疇。其所主持的有關中國諸多項目的研究工作，各部分存在相當大的個體化差異。我同意他們的話，「大歷史」不是以一個點來見全貌，而是要看歷史長程演變的因素，著重文化體內部不同因素變化的快慢：地理因素不變或者變得慢，個人因素變得快、變得頻繁。

除韋伯理論和年鑑學派的「大歷史」之外，另一使我極為受益的，是雅斯貝爾斯的分類比較。獨特的性質，決定獨特的方向。這一論點，對我影響很大，令我嘗試認識每個文化系統各別具有的特性。像《水滸傳》裏講「人無同面，面面崢嶸」，每個人都有獨特的譜系、獨特的性格、獨特的走向。

於是，我在美國學術界的討論，也往往著重於中國文化與西方文化之間的差異。其一是氣候與生態，美國內政部專門研究生態環境的人員，邀我參加他們對森林維護、水源保護等項目問題的討論。我答應參加，但是也說明：我想先聽你們的討論和做法，將來我再從你們的角度撰文加入論集。那時候，我們介紹中國的風水和生態的觀念，也介紹了中國農民在農村建屋、填土等等都要考慮到風水，約請風水師指導，以求趨吉避凶。其實中國人的風水觀，並不是只為了吉凶，也是為了生態——人不能破壞水道，因為河流會影響沿途的全部。這類觀念的討論，引發我對美國南部田納西水利工程的質疑。後來我說明

自己的觀察：從飛機上看，各國主要河流越到出海口，河道往往越寬；美國的河流，卻是越到出海口，河道越窄——水都被用掉了、堵住了、吸走了。我說你們讓河道的功能倒過來走，將來會受天譴。

我平生最得啟示的經驗，是參加了艾森斯塔德的討論團隊。我參加他的集體討論，至少有五次。他的團隊基本成員有十多位學者，這些討論會輪流在各處進行。因此之故，我至少到了六個國家，與當地學者討論，也就對這六國的人情風俗有所了解。我們不是觀光，只是住在學校附近的小旅館，借用課室進行討論；因為我們不願增加學校的負擔，往往自己申請補助經費。

我自己參加的幾個課題，一個是現代化的問題——後來我們得出結論，沒有一個固定的現代化模式，現代化是多樣性的，有種種不同的「現代」（multi-modernities）；第二個是有關知識人（intellectuals）的討論，知識人的特色其實也是多樣性的。我們也討論文化的定義：文化是神聖的還是世俗的？是統一的還是分開的？有的國家（比如中國）是統一的，有的國家是分開的。與不同國家的學者討論不同課題，每個人討論的風格、證據提出的過程、專業知識背景、怎麼樣討論、怎麼樣融合……這些討論，使我受教無窮。中國學者之間的討論，很少如此形式。中國的討論牽扯到輩分、身份等等社會因素：對長輩講的話不要反駁，不要提問題；也同樣避免因個人因素引發的無謂爭執……

此外，我還擔任「蔣經國國際學術交流基金會」的董事，主持「北美審查小組」，每年要審查大概百件申請案，核准率大概百分之十五，三十年看了三四千件。這種服務，對我也是教育：我的「雜學無章」，很多是從看這些申請案得來的。所以我的經驗非常複雜，沒有辦法將其歸類。人家不大願意去參與這類事務，我願意，而且樂此不倦，得益良多。

我的平生經歷，並不在常軌之內。我盼望在此篇「自白」以後，大家會知道我為何會形成如此「雜學無章」的風格。依我的教學經驗，我總覺得不能完全按照特定的工作模式與特定的進度，每個人有其特色。我主張每個人憑藉其各自的背景、性情和訓練，會發展出特定的風格，進而造就出特定的人物。

餘白

　　這本書稿即將完成，本打算作為《萬古江河》的續編，以補充過去陳述的分析以外，又在別的層面進行一些討論，以說明中國這一華夏共同體，如何可以經歷數千年而不敗。這本書寫作過程中，我的想法逐漸改變，終於走了完全不同的路線，可以說與《萬古江河》居然脫鈎，全然不同了。如此改變，是順著自己的思考路線發展，順其自然；而且因應著考古材料的眾多，有一半以上的論述是有關考古成果的啟示，而並不限於傳統的文獻資料所記載的範疇。為此，我向故人吳美雲和《萬古江河》當年的編輯湯世鑄致意：我平生著作，其計劃與開展的過程，以《萬古江河》最有特色，而在本書初期幾章，我也將初稿送請湯世鑄先生過目，承蒙他指出一些應該糾正的地方。到後來，發展過程完全脫離了原來的構想，那些章節已經完全與初稿的論述不同。無論如何，我對湯先生的情義，十分感激。

　　我已老邁，大概再無餘力，撰寫如此較具規模的專著。在此刻，行年九十三歲，我不能不回顧一下終身的學習成長過程。長達數十年的學習，第一階段是先父自己的指導；等到十五歲，我才進入輔仁中學，接受正式的教育；十五

歲到今日，是七十八年了，在這漫長的學習經歷中，我承受了許多師友的教誨和引導。沒有他們的培植和灌溉，我七十多年的生活，不可能如此的有意義，如此的豐富，如此的快樂。因此，此刻我要感謝所有過去接觸到的老師、朋友和同學們。

對於窗友，他們無私地幫助我，為我解決傷殘經常碰到的問題：扶我上下臺階，陪我走完在學校裏面轉課堂的路程，幫助我携帶書本和其他用具⋯⋯這些看似很小的事情，於我而言都是時常覺得難以克服的困難。他們的幫助，使我可以順利地在中學到大學的求學階段，度過一段幾乎獨立的生活。在此期間，我才逐漸習慣於自己的先天殘疾所帶來的限制。

一生的歲月，我經歷過不同的階段，必須不斷地調整身心。例如，我在芝大讀書時，居然得到學校所提供資源，為我做矯正殘疾的外科手術。那五年之中，每年大概有三到四個月，我是在醫院度過。而其中一半的時間，不是在病床上躺著療傷，就是戴著石膏套，學習如何行走。在這一段歲月之中，在芝大的中外朋友，尤其幾位在醫院服務的華人同胞，知道有如此一個病人後，花了時間、花了精力，在病床旁邊陪我度過了寂寞的療傷時期，也使我感覺到人間的溫暖。這些朋友們無私地付出時間，盡他們的力量給予我幫助，有時還特別為我烹飪中國飯菜，也陪我聊天。更可感者，是錢存訓先生和師母對我的照料無微不至；那時候，舍弟翼雲正在伊利諾伊大學讀書，每逢我開刀之時，他都趕來陪伴、徹夜不休，等我醒來而且恢復生活常態，他才離去；此外，有兩位醫院裏面工作的朋友，每次開刀的時候，都會在手術室外面等候消息。如此的耐性和這種的照顧，使我在最困難的療傷手術過程中，居然就這樣順利度過了。

我的人生階段，頗多時候都是因為情勢所致，被捲進一些始料未及的工作。最主要者是在回到臺灣以後，我不知如何就開始在媒體上寫社論，批評當時的形勢和局面；也不知如何就捲入知識群體的抗議活動，要求當局進行體制改革。而緊接著，就是參與了臺灣在各方面開始推動的體制開放和經濟建設。在這些過程之中，我認識了不少媒體的朋友；而有些原來認識的朋友，忽然變

成運動中的同事。現在回想當時，諸如此類的項目，實在是令人既緊張又興奮。有時候，半小時之內要完成一篇社論，越洋傳至報社。從美國回臺灣，從下飛機到離開幾乎沒有空閒時間，要組織小組討論，或者建議當局如何約請專家參與工作。這種生活，前後差不多有十年之久。我認識了很多終生不渝的好友，例如沈君山這位久已故去的老友。

由於師長的吩咐，我奉命與國際學術界重新取得聯繫。這種工作，使我學到了如何與友邦的學者討論合作項目：既要顧及自己國家和單位的尊嚴，又要考慮如何使對方和我們確實公平地彼此獲益。這些工作並非討價還價，只是如何拿捏分寸，確實必須在工作中學習。為了這一類的工作，我也和幾位朋友有了終身攜手辦事的友誼。後來「蔣經國國際學術交流基金會」成立，我長期擔任創會董事。在這段三十年的任期，我幸運地能夠與這些各行業的精英，共度這段有意義的時光。對所有的朋友們，我在此誠摯地表示感謝，感謝他們讓我有機會在工作中成長，也讓我知道什麼叫作「友諒、友直、友多聞」。

我不能一一列舉所有人的名字，然而我永遠不能忘記一些老師，我向他們誠敬地表達我的感謝。首先，輔仁中學的老師中，對我特別注意者，有李康復先生、裴維霖先生、沈制平先生。在臺灣大學，我必須感謝傅孟真校長、錢思亮校長、沈剛伯先生、李玄伯先生、李濟之先生、凌純聲先生、芮逸夫先生、董彥堂先生、勞貞一先生、夏德儀先生、英千里先生、臺靜農先生。他們對我的教導，終身受益。在「中央研究院」史語所，胡適之院長、王雪艇院長、高去尋先生、嚴歸田先生、全漢昇先生、石璋如先生、陳槃庵先生、高平子先生，他們對我的指點，引導我的方向，矯正我的錯誤，也都是別處無法找到的。在芝加哥大學，我必須感謝顧立雅先生、錢存訓先生、約翰‧威爾遜先生、彼得‧布勞先生、米爾恰‧伊利亞德先生。在芝大的歲月，承蒙他們指導和照護，使我在求學的過程，得到良師的耳提面命，完成了我生命之中最重要的一個階段。對他們，我終身感恩。

我也有一批非常欽佩的前輩，居於師友之間，從他們那兒我得到許多指導和幫助：吳大猷院長、陳榮捷先生、陳天機先生、楊慶堃先生、劉子健先生、

蕭公權先生、李霖燦先生、高錕先生、林南先生、Samuel Hays 先生、Shmuel Eisenstadt 先生、David Deans 先生、Richard Walker 先生、Burkhart Holzner 先生、林嘉琳女士、Richard Smethurst 和 Mae Smethurst 夫婦、Tom Ruski 和 Evelyn Ruski 夫婦、James Watson 和 Rubie Watson 夫婦。我對他們虔致敬禮和思念。

在同學和同仁中，我特別需要感謝賴威廉（William Lyell）、沈宣仁、馬漢寶、李亦園、朱雲漢、王德威、金耀基、劉遵義、胡佛、沈君山、刁錦寰、郝履成、錢煦、余英時、張光直、朱永德、戴鴻超、羅錦堂、羅小梅、郭吉光、華世泌、王正義、潘超、Magret Chu、陳方正、余紀忠、吳美雲、張作錦、簡靜惠、甘琦、劉振強、肖遠芬、陳航等等。這些朋友，幫助我、啟發我，我對他們感激不盡。

對於所有這些人，我誠摯地感謝你們的引導和幫助。沒有你們，我不可能有今天。謝謝。本書有關考古部分得以完成，需要感謝以下諸位給予的啟發和靈感：許宏、孫華、陳星燦、鄧聰、鄧淑蘋、郭大順、劉家和、李峰、林嘉琳、石興邦、孫岩、謝飛、施勁松、唐際根、吳霄龍、吳瑞滿、王明珂、王巍、楊建華、朱泓。他們的著作，有的給予我考古學方向上的提示，有的說明了某些地區具體的考古現象。他們所給予的啟發和解釋，都已融入這本書中。尤其是許宏，因為書名和結構的變化，兩度費心審稿並撰寫序言，糾誤指正數十處。其為學術這一共同志業所付出的心力，令我感佩，無以言表。

還需要特別感謝兩位故人：張忠培和童恩正。承蒙忠培的安排，我才能連續十年每年都回國，訪問考古遺址或研究單位；也和他共同安排了幾次討論班，與國內的考古同仁交換意見。那十年間，我從他那兒學習了中國考古學最重要的部分。我們同在遺址時，彼此商量對於這個特定遺址的解釋，尋找其在中國歷史上的意義。最後一次我們在一起，是訪問廣富林遺址。那一次我記得很清楚，我們的主題是：究竟如何尋找一個文化的發展——到了哪一個階段，這個集團可以稱為國家？這一些討論，總是脫離不了他記憶中的蘇秉琦先生和我記憶中的李濟之先生。我們常常感慨：假如沒有兩岸的分隔，這兩位老

先生能夠攜手合作，中國的考古學可以少走多少冤枉的途徑！

　　恩正在匹茲堡訪問過，也曾經替我代過課。這個絕頂聰明的朋友，不僅是見多識廣，而且常常可以從一個問題，引發我們共同尋找在某些方法學上課題進一步開展的可能。例如，我們都討論過「秦嶺—漢水—淮河線」，而且從那個現象上引出他的意見：在中國黃河流域和長江流域，從北面到西南，有一個巨大的山岳弧形；而且北部高原的緯度和西南山岳的高度，形成一個氣候的特殊地帶，高寒地點可以在北部的高緯度，也可以在西南部的高海拔。他也常常提到，所謂「絲綢之路」其實不只是西北通道而已，南部的海洋通道穿過西南山岳谷地，可以直達印度洋或者南海。從這些意見，我們也曾經想過：四川介於這兩個弧形帶的交界處，也許可以在這個方面找到一些線索，說明在黃河地帶以外，四川以下的長江，可以是中原以外另一個重要的發展線索。

　　我們也討論過，公元前 2000 年左右（距今四千年前），龍山文化的突然萎縮，應當是與歷史上「祝融八姓」的擴散有相當的關係。他們自稱是敬拜火神祝融的族群，這一群體就是來自東方，供奉日光、火焰的龍山文化族群。這次中國歷史上的大擴散，其意義不亞於中東歷史上猶太文化的大流散。說到這裏，我特別懷念與這兩位故人的交往。他們讓我體會到，「益友」的「多聞」，在人生之中是如何難得的際遇。

　　我無法在此處將每一位多聞益友給我的幫助一一敘述，只是我對上述各位朋友的幫助和提示，心存感激。

　　近年來，回憶當年在南京和國內各處訪問，獲得許多朋友的協助與照顧，其中尤其可感者，是葛岩與馬敬伉儷，以及劉波、樊和平、陸挺、陸遠、張維迎、趙冬梅、朱漢民等諸位學界朋友，他們對我護持有加，我銘感於心。

　　我還必須感謝，參與本書寫作與編輯的同仁。本書寫作的主要助手是馮俊文，沒有他做整理工作和規劃全書的出版事宜，僅憑我的口授稿，必定不能如現在的面貌出版——既具有可讀性，又在格式、體例上井然有序；他還將我的部分口語整理成文字，這牽扯到我的口語和他的筆錄之間如何調和的問題，是一項相當繁重的工作（張希琳也參與了前幾章文稿的初步整理）；本書幾度

更改結構、八易其稿，俊文全程參與討論，無論結構、論述、史實還是遣詞造句，他都盡心盡力，給予種種建議和協助。有此助手，是我晚年難得的幸運。姚大力、王奇生、王媛媛、楊博、鄭威五位教授，從專業角度提出若干修改建議，令我非常感激。林昌丈先生數易其稿，專門繪製了相當精確的地圖，使本書增色不少。還需要感謝本書的編輯馬希哲及其同仁，他們共同努力找到可用的圖片和資料，極大完善了本書的內容；對於他們的盡心盡力，我感激萬分。

最後，我不能不對我的家人表示我的感恩。父母生我，是個殘廢兒，但他們對我的照顧十分辛苦，終身教導，也處處顧全我能如何學習、如何吸收。我的兄弟姐妹，尤其我一胎同胞的翼雲，為了照顧我這一傷殘手足，無處不是小心翼翼，隨時準備伸以援手。對於家人，我不能說謝，但是我之所以有今日，都是因他們無私的容忍和幫助才能做到。曼麗是我的愛妻，任何女孩子要與一個殘缺之人攜手共度一生，如此難以預見的情況，必須是心裏先有準備，要終身勞累。她，就是做了如此勇敢的決定。我們之間的愛，無遮無掩，全心全力，這使我們兩個人之間今天如同一人；而所有因我而生的種種困難，她都盡心盡力，無怨無悔，終身負荷。我們的誓言是：如果人有來生，我們還會在一起。

兒子樂鵬、媳婦歸詩雅以及孫子歸仁，他們在我們的生命中，是非常重要的人。而在我病中，他們協助曼麗日夜操心，尤其媳婦的針灸，對於緩解我嚴重的神經痛，幾乎產生奇蹟一般的效果。每次針灸，都是他們夫婦二人共同尋找穴道，然後兒子扶持我，媳婦施針。小孫子只要有空，就在我床前與我談話，讓我知道他的學習過程。這種天倫之樂，是上帝的恩賜。

26 頁地圖：Zhao Zhijun,「Archaeobotanical Data for Research on the Introduction of Wheat into China,」*Chinese Annals of History of Science and Technology 1* (1), p.70. 根據本書觀點略有調整。安志敏《中國稻作文化的起源和東傳》,《文物》1999 年第 2 期。

33 頁地圖：韓茂莉《中國北方農牧交錯帶的形成與氣候變遷》,《考古》2005 年第 10 期。

46 頁圖表：張弛《原生新石器社會走了多遠——論中國史前複雜社會的三次區域性興衰》,《文物》2023 年第 6 期。感謝作者授權。

50 頁地圖：孫亞冰、林歡《商代地理與方國》,中國社會科學出版社,2010 年,238 頁。根據本書內容略有調整。

65 頁插圖：1-3：俄軍主編《甘肅省博物館文物精品圖集》,三秦出版社,2006 年；4,高大倫主編《三星堆出土文物全記錄·青銅器》,天地出版社,2009 年；5,《中國青銅器全集·滇昆明》,文物出版社,1996 年。

66-67 頁插圖：1,高大倫主編《三星堆出土文物全記錄·青銅器》；2,

孫華《三星堆「銅神壇」的復原》,《文物》2010 年第 1 期;3-5,《長沙馬王堆一號漢墓》,文物出版社,1973 年。

72 頁插圖:1-2,《雙璧同輝》,文物出版社,2022 年;3-4,《湖北保康穆林頭 2017 年第一次發掘》,《江漢考古》2019 年第 1 期;5,高大倫主編《三星堆出土文物全記錄‧玉器》。

124 頁插圖:《法藏敦煌西域文獻》,上海古籍出版社,2002 年,

153 頁插圖:1,劉朝輝《外銷、內銷與其他:唐青花瓷再議》,《跨文化美術史年鑒 3》,山東美術出版社,2022 年;2,曾超群編《南海 I 號:歷盡千帆歸來新》,西安出版社,2021 年;3-4,劉岩、秦大樹、齊里亞馬‧赫曼《肯尼亞濱海省格迪古城遺址出土中國瓷器》,《文物》2012 年 11 月。

202 頁插圖:《清宮武備圖典》,故宮出版社,2014 年。